Wilhelm Schlötterer

STAATSVERBRECHEN – DER FALL MOLLATH

Das vorsätzliche Verbrechen an Gustl Mollath zwischen Schwarzgeld-Millionen, Vertuschung und der Rolle der CSU

WILHELM SCHLÖTTERER

STAATSVERBRECHEN DER FALL MOLLATH

Das vorsätzliche Verbrechen an Gustl Mollath zwischen Schwarzgeld-Millionen, Vertuschung und der Rolle der CSU

FBV

Bibliografische Information der Deutschen Nationalbibliothek
Die Deutsche Nationalbibliothek verzeichnet diese Publikation in der Deutschen Nationalbibliografie. Detaillierte bibliografische Daten sind im Internet über http://dnb.d-nb.de abrufbar.

Für Fragen und Anregungen
info@finanzbuchverlag.de

1. Auflage 2021

Türkenstraße 89
80799 München
Tel.: 089 651285-0
Fax: 089 652096

Dieses Werk wurde vermittelt durch die Montasser Medienagentur, München.

Teile des Werkes entstammen dem Werk des Autors *Wahn und Willkür*, Heyne 2010.

Redaktion: Daniel Bussenius
Lektorat: Anja Hilgarth
Umschlaggestaltung: Marc-Torben Fischer
Umschlagabbildungen: Mollath: picture alliance/Lino Mirgeler/dpa, Merk: picture alliance/dpa, Stoiber/Beckstein: picture-alliance/ dpa
Satz: Carsten Klein, Torgau
Druck: GGP Media GmbH, Pößneck
Printed in Germany

ISBN Print 978-3-59572-447-0
ISBN E-Book (PDF) 978-3-96092-838-6
ISBN E-Book (EPUB, Mobi) 978-3-96092-839-3

Inhalt

Vorwort

»Also, das hätte ich nie gedacht, dass so etwas bei uns möglich ist.« Dieser von Freunden und Bekannten ständig gehörte Satz zeigt, dass der Fall Gustl Mollath das Vertrauen der Bürger in die bayerische Justiz und in deren politische Leitung bis in die Grundfesten erschüttert hat. Man muss hinzufügen: Endlich! Endlich hat dieser Fall vielen die Augen geöffnet, das blinde Vertrauen ist dahin. Immer wieder hat es in der Vergangenheit in Bayern schlimme Skandale gegeben, mit Franz Josef Strauß hatte es angefangen. Aber man hatte diese Affären rasch wieder vergessen oder von vornherein abgetan, indem man sich einredete, woanders sei es auch nicht besser, egal welche Partei regiere – so gehe es halt zu in der Politik, da drehe man die Hand nicht um.

Und schließlich war es ja so, dass die Regierungsgeschäfte anscheinend jahrein, jahraus im Großen und Ganzen ordentlich betrieben wurden. Die regierenden Protagonisten vermittelten einen seriösen, pflichtbewussten, ja sogar christlichen Eindruck. Immer wieder fuhren sie nach Rom, um sich vom Papst segnen zu lassen, und vor wichtigen Parteiveranstaltungen fanden demonstrativ ökumenische Gottesdienste statt, die sie besuchten. Selbst wenn sie beim Starkbieranstich auf dem Nockherberg oder bei der Veitshöchheimer Fastnacht durch scharfe Spottreden aufs Korn genommen wurden, reagierten die Herrschaften, wenn auch mit verspannten Mundwinkeln, lächelnd und leutselig. Da konnte man als gemeiner Bürger doch gar nicht auf die Idee kommen, dass zur gleichen Zeit ein unschuldiger Mitbürger namens Gustl Mollath seit Jahren in der forensischen Psychiatrie gefangengehalten wurde.

Der Fall Mollath war eine neue, eine ungeheuerliche Dimension von Skandal. Denn da wurde zum ersten Mal Gewalt angewendet, um jemanden zum Schweigen zu bringen – so etwas hatte es seit Bestehen der Bundesrepublik noch nie gegeben. Mit zwei Ausnahmen allerdings, hinter denen offensichtlich der Bundesverteidigungsminister Strauß stand. Ein Fall betraf den Finanzberater Hans Herrschaft, der Strauß vor dem FIBAG-Untersuchungsausschuss des Bundestags schwer belastet hatte und sofort nach seiner Rückkehr nach München 1962 für mehrere Wochen verhaftet wurde, wegen angeblichen Landesverrats. Strauß sah sich damals dem Vorwurf ausgesetzt, er habe die Hälfte des Gewinns aus dem geplanten Bau von 5.500 Wohnungen für US-Soldaten kassieren wollen. Der andere Fall war die *Spiegel*-Affäre, als Rudolf Augstein und mehrere seiner Redakteure 1962 mehrere Monate hinter Gitter kamen, ebenfalls wegen angeblichen Landesverrats. Mollath ist wieder frei, was ihm widerfahren ist, ist jedoch nicht mehr zu ändern.

Das Urteil des Landgerichts Regensburg im Wiederaufnahmeverfahren hat das Urteil des Nürnberger Landgerichts aufgehoben. Damit ist Mollath – dem Anschein nach – Gerechtigkeit widerfahren. Der Fall ist abgeschlossen, so sieht das die Allgemeinheit. Die Staatsregierung kann wieder durchatmen. Indessen, die Öffentlichkeit wurde übel getäuscht. Denn es war kein Justizirrtum, es war ein staatliches Verbrechen!

Der Vorsatz ist erwiesen: Eine Einweisung in die forensische Psychiatrie hat zwei Voraussetzungen, nämlich Geisteskrankheit und Gemeingefährlichkeit. Beide Voraussetzungen lagen bei Mollath nicht vor, sie wurden ihm von den Nürnberger Richtern, der Staatsanwaltschaft und dem medizinischen Gutachter untergeschoben, um ihn wegen seiner Strafanzeigen über Schwarzgeldverschiebungen in vielfacher Millionenhöhe mundtot zu machen.

Dies ist der von der politischen Spitze und der Justiz verheimlichte, in all ihren Stellungnahmen sorgsam umgangene Kern des Falles Mollath. Um von vornherein Klarheit zu schaffen, wird dieses in der nachfolgenden Darstellung immer wiederkehrende »Leitmotiv« hier bereits eingeführt.

Es kehrt zwangsläufig immer wieder, weil eine Vielzahl von Verantwortlichen mit dem Fall Mollath befasst waren, die sich über diesen entscheidenden Punkt sehenden Auges hinwegsetzten. Um ihnen Ausflüchte zu verwehren und um keine Fragen offenzulassen, ist es erforderlich, die von ihnen vorgebrachten Unwahrheiten und die Unhaltbarkeit von deren Begründungen detailliert aufzuzeigen.

Die unterbliebene Strafverfolgung der unmittelbaren Täter wie auch darüber stehender Verantwortlicher ist ein weiterer politischer Justizskandal. Sämtliche Strafanzeigen, die von Privatpersonen erstattet worden waren, wurden unter Justizminister Winfried Bausback als unbegründet zurückgewiesen. Es bestehe gegen keinen der Beteiligten auch nur ein Anfangsverdacht auf Vorsatz oder Willkür, behauptete Generalstaatsanwalt Christoph Strötz.

Nun wäre es eine Illusion zu glauben, man könnte die amtierende Regierung und die von ihr dirigierte Staatsanwaltschaft durch Offenlegung und Anprangerung der Fakten dazu zwingen, die rechtsstaatlich gebotenen Konsequenzen zu ziehen. Doch der Plan, sich aus dem Fall Mollath »davonzustehlen«, wie der Mollath-Verteidiger Dr. Gerhard Strate es prophezeit hat, darf nicht zum Erfolg führen. Dieses Buch will das mit einer Dokumentation des Falls verhindern. Die Menschen im Lande sollen erfahren, was da in Wirklichkeit gespielt wurde. Als Ersatz für die gebotene Anklage vor einem Gericht soll die Dokumentation dem existenziellen Bedürfnis von uns allen nach rechtstaatlich verbürgter Sicherheit dienen.

Über das geschehene Verbrechen und seine Vertuschung aus Bequemlichkeit oder Resignation oder gar aus Angst vor Vergeltung seitens der Regierenden zu schweigen, wäre nicht zu verantworten. Vor den Inhabern der Macht zurückzuweichen, wäre Verrat an den Mitbürgern, die nicht erkennen, welche unglaubliche Schandtat hier verübt wurde. Eine bestimmte Spezies hoher Amtsträger würde sonst glauben, sie könne sich alles erlauben. Es geht um unsere Zukunft.

Einige Themen und Teile des vorliegenden Werkes waren bereits Gegenstand meines Buchs *Wahn und Willkür*, das zuletzt im Heyne Verlag erschienen ist. Damals war mir allerdings nicht klar, wie tiefgreifend und wie komplex die Problematik sich durch alle Bereiche nicht nur der Justiz, sondern auch der Regierung und Verwaltung zog. War ich selbst damals noch von Staatsversagen ausgegangen, so wurde mir im Laufe meiner weiteren Forschungen an dem Fall bewusst, dass es sich um ein Staatsverbrechen handelt.

Einleitung

»Jemand musste Josef K. verleumdet haben, denn ohne dass er etwas Böses getan hätte, wurde er eines Morgens verhaftet.« So beginnt Franz Kafkas berühmter Roman *Der Prozess*. Er endet damit, dass Josef K. nach einem abstrusen Verfahren vor den Toren der Stadt exekutiert wird.

Ein Bittbrief

Einige Wochen, nachdem mein Buch *Macht und Missbrauch. Franz Josef Strauß und seine Nachfolger* im Juli 2009 erschienen war, befand sich unter den zahlreichen Zuschriften, die ich daraufhin erhielt, ein seltsamer Brief. Absender war ein Insasse des Bezirkskrankenhauses Bayreuth namens Gustl Mollath. Ein Bezirkskrankenhaus ist in Bayern das, was man früher eine Irrenanstalt nannte. »Seit vier Jahren gehe ich durch die Hölle«, schrieb Mollath, er sei in eine unglaubliche Situation geraten, er werde zu Unrecht seit Jahren zwangsweise in der Psychiatrie festgehalten. Er bat mich, mit ihm Kontakt aufzunehmen. Ich war äußerst skeptisch. In die Irrenanstalt kommt man nicht durch Zufall. Ich legte den Brief beiseite. Doch zwei Tage später besann ich mich: Wenn da etwas dran sein sollte, würde ich mich an dem Mann schuldig machen. Also rief ich in der Forensischen Abteilung des Bezirkskrankenhauses Bayreuth an und wurde mit Gustl Mollath verbunden.

Was der Häftling da ausbreitete, war eine bizarre Story. Er behauptete, er habe Jahre zuvor riesige Schwarzgeldverschiebungen in die Schweiz durch die HypoVereinsbank Nürnberg bei der Staatsanwaltschaft angezeigt. Seine Ehefrau sei bei dieser Bank beschäftigt gewesen und habe dort Schwarzgeldkunden betreut, sie habe sogar selbst als Kurier das Schwarzgeld in die Schweiz gebracht. Weil er befürchtete, dass sie bei Entdeckung jahrelang ins Gefängnis kommen würde, habe er versucht, die HypoVereinsbank und seine Ehefrau von diesen Steuerhinterziehungen abzubringen, jedoch ohne Erfolg. Darüber sei es zu ehelichen Spannungen gekommen, seine Frau habe ihn schließlich verlassen.

Nach der Trennung habe sie gegen ihn Strafantrag gestellt mit der falschen Anschuldigung, von ihm schwer misshandelt worden zu sein. Zugleich habe sie bei Gericht beantragt, ihn auf seinen Geisteszustand hin untersuchen zu lassen. Er sei jedoch völlig unschuldig gewesen. Dennoch habe ihn das Landgericht Nürnberg-Fürth als gemeingefährlich in die Psychiatrie eingewiesen mit der Begründung, die von ihm behaupteten Schwarzgeldverschiebungen seien Wahnvorstellungen und er leide unter schwerer Paranoia. Er, Mollath, bitte mich, ihm zu helfen.

Dieser Räuberpistole sollte ich Glauben schenken? Andererseits wartete Mollath in einem nachfolgenden Brief mit so vielen Einzelheiten und mit so vielen Namen von Verantwortlichen und Schwarzgeldkunden auf, dass ich mir sagen musste, das könne nicht alles erfunden sein. Vor allem aber war ich überrascht, dass Mollath mir seinen Fall ganz ruhig und geordnet schilderte, das Gegenteil hatte ich erwartet. Verzweiflung klang nur auf, als er beklagte, er sei all seiner Habe beraubt, er habe nicht einmal mehr ein Bild seiner Mutter. Ich war beeindruckt, sagte ihm zu, alles zu prüfen. Dazu würde ich unbedingt das Urteil des Landgerichts und das medizinische Einweisungsgutachten benötigen. An diese Unterlagen zu gelangen erwies sich indessen als schwierig. Ich erhielt sie erst Ende Februar 2011 von Mollaths Rechtsanwalt Hans-Berndt Ziegler in Marburg.

Am 21. Februar 2011 besuchte ich Mollath im Bezirkskrankenhaus Bayreuth, begleitet von drei seiner Freunde, die von seiner Unschuld überzeugt waren, ein Flugzeugbauer, ein Zahnarzt und ein Altenpfleger. Im kahlen Besucherzimmer konnten wir mehr als zwei Stunden mit

Mollath sprechen. Er äußerte sich klar, sachlich und differenziert. Zugegen war der stellvertretende Chefarzt Michael Zappe. Chefarzt Klaus Leipziger, den ich um ein Gespräch gebeten hatte, war angeblich wegen einer Besprechung verhindert, wohl eine Ausrede, um sich keinen Fragen stellen zu müssen.

Frappierend war: Trotz intensiven Befragens vermochte Zappe nicht zu begründen, warum Mollath gemeingefährlich sei. Er brachte keinen einzigen medizinischen Befund vor, auch keine gewalttätigen Vorkommnisse in den Jahren der Unterbringung. Er berief sich allein darauf, dass man halt an das rechtskräftige Urteil gebunden sei, wonach Mollath geisteskrank und gemeingefährlich sei. Dieser aber verweigere sich hartnäckig jeder Therapie. Solange dies der Fall sei, könne er nicht entlassen werden. Auf meine Frage, wie denn die Therapie aussehen solle, wich er aus: »Da gibt es schon Möglichkeiten ...« Auf die weitere Frage, wie denn das Ergebnis einer Therapie ausfallen müsste, damit Mollath freikomme, zuckte er bloß mit den Achseln.

Nachdem wir die mehrfachen Sicherheitsschleusen wieder passiert hatten, stand für uns alle fest: Hier wurde ein völlig normaler Mensch durch einen brutalen Willkürakt in der Psychiatrie gefangengehalten – allein wegen seines gefährlichen Wissens um die Schwarzgeldverschiebungen. Wir waren erschüttert und sahen uns aufgerufen, alles ins Werk zu setzen, um die Freilassung dieses Mannes zu erreichen.

Mir war klar, dass es hierfür nicht genügte, lautstark auf die Unschuld Mollaths hinzuweisen. Man musste eine gesicherte Faktenbasis schaffen. Es galt, das Urteil des Landgerichts Nürnberg-Fürth und das medizinische Einweisungsgutachten, das Klaus Leipziger als Facharzt für forensische Psychiatrie im Bezirkskrankenhaus Bayreuth erstellt hatte, zu durchleuchten. Unter dem Datum vom 28. März 2011 erarbeitete ich eine Analyse des Falls mit der Überschrift: »Justiz in Bayern«. Ich gelangte darin zu dem eindeutigen Ergebnis, dass der dringende Verdacht eines vorsätzlich falschen Gerichtsurteils und eines vorsätzlich falschen medizinischen Gutachtens gegeben war. Zugleich erhob ich schwere strafrechtliche Vorwürfe gegen die beteiligten Richter und Staatsanwälte, deren Vorgesetzte und den Gutachter. Damit hatte ich eine Lunte gelegt, die eine gewaltige Menge Sprengstoff entzünden musste.

Meine Ausarbeitung übersandte ich dem Pflichtverteidiger Mollaths als Argumentationshilfe. Zu meiner Überraschung leitete er sie nach rechtlicher Prüfung unverändert der Vollstreckungskammer des Landgerichts Bayreuth zu, das alljährlich darüber zu befinden hatte, ob die Fortdauer der Haft noch gerechtfertigt sei oder nicht. Als ich das erfuhr, war mir der weitere Ablauf ziemlich klar: Der Vorsitzende Richter dürfte meine Analyse sofort an die Staatsanwaltschaft weitergeleitet haben, von dort war sie höchstwahrscheinlich innerhalb von Stunden auf dem Schreibtisch des Generalstaatsanwalts in Nürnberg gelandet und von diesem in beflissener Eile der Justizministerin Beate Merk zugeleitet worden.

1. Verurteilung und Einweisung in eine psychiatrische Anstalt

Gustl Mollath war vom Landgericht Nürnberg-Fürth am 8. August 2006 in die forensische Psychiatrie weggesperrt worden – auf unbegrenzte Zeit. Nachdem ich das Urteil und das Einweisungsgutachten durchgesehen hatte, war ich entsetzt: Ohne wirkliche Beweise hatte die Strafkammer festgestellt, Mollath habe seine Ehefrau schwer misshandelt. Und ohne seine Angaben über die Schwarzgeldverschiebungen der HypoVereinsbank und seiner früheren Ehefrau überhaupt überprüft zu haben, hatte man sie als paranoide Wahnvorstellungen deklariert und Mollath als gemeingefährlichen Geisteskranken eingestuft. Schon auf den ersten Blick war klar, dass Gutachten und Urteil üble Konstruktionen waren.

Erschüttert stellte ich mir vor, was Mollath durchlitten haben musste. Seit Februar 2006 saß er unschuldig hinter Gittern, zusammengesperrt mit psychisch kranken Gewaltverbrechern, Sexualtriebtätern, Drogensüchtigen. Aus der Gesellschaft herausgerissen, isoliert und alleingelassen, amtlich für verrückt erklärt, sodass seine um Hilfe rufenden Briefe nach draußen nicht mehr ernst genommen wurden, war er den bürgerlichen Tod gestorben. Ohne Aussicht, ob er überhaupt wieder freikommen würde, anders als Strafgefangene und selbst Mörder, die wissen, dass sie nach 15 Jahren freikommen können! Molliaths Schicksal trieb mich um, ich schlief zwei Nächte lang unruhig, dachte im Halbschlaf immer wieder an diesen Unglücklichen. Dabei setzte mir der Gedanke zu: Wenn man das mit mir gemacht hätte, hätte ich das durchgestanden? Hätte ich nicht irgendwann durchgedreht? Wäre Mollath in der Haft wirklich wahnsinnig geworden, es wäre nur allzu verständlich gewesen.

Gustl Mollath, geboren am 7. November 1956, legte 1976 das zweitbeste Abitur an seiner Schule ab. Er begann Maschinenbau zu studieren, brach dieses Studium aber wegen der Krebserkrankung seiner Mutter ab, um diese zu pflegen. Von 1981 bis 1983 arbeitete er bei MAN, wo er eine Controllingabteilung unter sich hatte. Anschließend machte er sich selbstständig, beschäftigte sich mit der komplizierten Reparatur von Oldtimern, insbesondere Ferraris, beteiligte sich an Autorennen und betrieb einen Reifenhandel.

1978 lernte er Petra, seine spätere Ehefrau, von Beruf Bankkauffrau, kennen. Sie war ab 1990 bei der Hauptniederlassung der HypoVereinsbank Nürnberg beschäftigt. Wie ihre Tätigkeit dort aussah, schilderte Mollath in seinen späteren Strafanzeigen:

Zusammen mit Kollegen habe seine Frau in der Bank über zehn Jahre hinweg die Verschiebung von Schwarzgeld für eine Vielzahl von Kunden in die Schweiz betrieben, zunächst zur Anlage- und Kreditbank (AKB) in Zürich, einer Tochter der HypoVereinsbank, später zur Bank Leu. Diese fortwährende Steuerhinterziehung und Geldwäsche habe einen riesigen Umfang gehabt, es sei um Abermillionen D-Mark gegangen. Seine Frau habe sogar selbst Schwarzgeld als Kurier in die Schweiz transportiert. Anfangs habe er dies, wenn auch missbilligend, hingenommen und sich gesagt, das gehöre halt zu ihrem Beruf. Bisweilen habe er sie selbst in die Schweiz gefahren.

Im Oktober 1996, als seine Frau an einem »Fortbildungsseminar« im berühmten Nobelhotel Dolder in Zürich teilnahm, sei er dabei gewesen. Die AKB habe hierzu die 50 »besten Schwarzgeldverschieber der Bayerischen HypoVereinsbank« eingeladen. Die Themen hätten sich auf Steuerrecht, Steuerstrafrecht und Verhalten bei Entdeckung bezogen. Dieses Seminar habe Dr. Margarethe Edlin, die Direktorin der AKB, geleitet, wohnhaft wie Edmund Stoiber in Wolfratshausen.

Nach Einführung der Zinsabschlagssteuer am 1. Januar 1993 sei der Strom des Schwarzgeldes so rapide angeschwollen, dass seine Frau fast wöchentlich in die Schweiz gefahren sei. Da habe er Angst um sie bekommen, sie riskierte bis zu zehn Jahren Gefängnis, falls sie von der deutschen Zoll- und Steuerfahndung erwischt worden wäre. Zudem habe er die hinter dem gewaltigen Ausmaß der Steuerhinterziehungen stehende Unmoral verabscheut. Es habe ihn angeekelt, wenn seine Frau ihm jeden Abend erzählt habe, wer wieder wie viel Schwarzgeld verschoben habe. Meterlange, an seine Frau gerichtete Faxe aus der Schweiz seien bei ihm zu Hause eingegangen. Deshalb habe er versucht, seine Frau von ihrer illegalen Tätigkeit abzubringen. Das sei ihm jedoch nicht gelungen, weil sie von der Bank Leu in Zürich auf ein dortiges Konto Provisionen sowie Vergütungen für die Verwaltung des Schwarzgeldbestandes erhalten habe, schrieb er in einer Strafanzeige vom 9. Dezember 2003. All das habe ihm immer mehr zugesetzt: »Ich konnte keine Nacht mehr schlafen, bin schweißgebadet aufgewacht.« Im Mai 2002 sei es wegen der Schwarzgeldverschiebungen zum großen Streit mit seiner Frau gekommen, sie habe ihn daraufhin verlassen.

In der Folge schrieb ihr Mollath mehrere Briefe, in denen er sie immer wieder bat, ihre illegale Tätigkeit zu beenden. Er hoffte damals noch, dass sie zu ihm zurückkehren würde, sie war indessen anscheinend bereits mit einem Direktor der HypoVereinsbank liiert, den sie später auch heiratete. Da sie wohl befürchtete, dass ihr Ehemann sie wegen ihrer Schwarzgeldgeschäfte anzeigen würde, erstattete sie ihrerseits im November 2002, ein halbes Jahr nach der Trennung, Strafanzeige gegen ihn. Darin beschuldigte sie ihren Noch-Ehemann, er habe sie am 12. August 2001, somit ein Dreivierteljahr vor der Trennung, geschlagen, getreten und gebissen und schließlich so gewürgt, dass sie bewusstlos geworden sei. Außerdem beschuldigte sie ihn der Freiheitsberaubung: Als sie nach der Trennung restliche Sachen aus der ehelichen Wohnung abholen wollte, habe ihr Mann sie festgehalten und erst dann gehen lassen, als nach eineinhalb Stunden die draußen wartende Freundin ihres

Bruders geklingelt habe. Die Staatsanwaltschaft erhob Anklage gegen Mollath.

Das katastrophale Fehlverhalten eines Richters am Amtsgericht

Am 25. September 2003 fand vor dem Amtsgericht Nürnberg die Verhandlung unter dem Vorsitz des Richters Alfred Huber statt. Zwei Tage vorher hatte Petra Mollath über ihre Anwälte bei Gericht den überraschenden Antrag gestellt, ihren Mann auf seinen Geisteszustand zu untersuchen, er sei wahrscheinlich gemeingefährlich.

Zum Vorwurf der Misshandlung sagte Gustl Mollath laut Protokoll:

> *»Wie die Sache hier dargestellt wird, stimmt es nicht. Sie ging auf mich los. Ich habe mich nur gewehrt. Meine Frau ist ein Teil von mir. Ich habe sie geliebt. In unserer Ehe gab es immer wieder starke Probleme. Es ging um Tätigkeiten, die meine Frau ausübt, die ich aber nicht tolerieren kann. Es geht hier um Steuerhinterziehung und Schwarzgeldverschiebung im großen Stil.«*

Auf die Frage des Richters sagte dazu die als Zeugin geladene Ehefrau Petra Mollath laut Protokoll:

> *»Es gab in unserer Ehe öfters Streitigkeiten ..., es hat ihm einfach nicht gepasst, was ich für einen Job habe.«*

Diese Antwort war verblüffend. Sie gab sogar zu, dass ihre beruflichen Aktivitäten der Streitpunkt waren. Die angebliche Misshandlung beschrieb sie so:

»Mein Mann ist auf mich losgegangen und hat mich gewürgt. Ich hatte Prellungen und Bisswunden. Er hat mich schon öfters misshandelt. Ich hatte nur nie den Mut, einfach für immer zu gehen … Ich glaube einfach, dass mein Mann unter Bewusstseinsstörungen leidet.«

(Protokoll AZ: 41Ds 802 Js 4743/03)

Das aus dem Protokoll ersichtliche Verhalten des Richters Huber war nicht nur äußerst merkwürdig, es war pflichtwidrig. Warum hinterfragte er nicht den von Gustl Mollath angeführten Streitpunkt, die Steuerhinterziehung und Schwarzgeldverschiebung im großen Stil? Das Motiv war doch relevant für die Beurteilung des Tathergangs und für die Strafzumessung. Warum ließ er im Protokoll den Namen der HypoVereinsbank unerwähnt? Und warum bohrte der Staatsanwalt nicht sogleich mit Fragen nach? Steuerhinterziehung und Schwarzgeldverschiebung sind doch schwere Straftaten. Warum befragten weder der Richter noch der Staatsanwalt Petra Mollath, was das für ein geheimnisvoller Job war, dem sie nachging?

Gustl Mollath schrieb später, dass er ausdrücklich auf die HypoVereinsbank hingewiesen habe, aber dass weder der Richter noch der Staatsanwalt davon etwas wissen wollten. Noch dazu hatte er zu seiner Verteidigung einen 106 Seiten umfassenden Schnellhefter überreicht. Dieser enthielt u. a. eine Schilderung der Schwarzgeldverschiebungen sowie als Beweis dienende Belege, wie zum Beispiel Buchungsanordnungen für Nummernkonten in der Schweiz. Doch statt die Belege auf ihren Wahrheitsgehalt zu überprüfen, erließ der Richter kurzerhand den Beschluss, Mollath sei auf seinen Geisteszustand zu untersuchen – ganz so, wie es Petra Mollath beantragt hatte.

Dabei muss dem Richter bewusst gewesen sein, dass es sehr häufig vorkommt, dass ein Ehegatte den anderen in die Ecke der Geisteskrankheit zu rücken versucht, wenn eine Ehe auseinanderbricht. Bei den meisten Tätlichkeiten in Ehen, die vor Gericht landen, wird kein psychiatrisches Gutachten eingeholt. Warum geschah das dann hier, ausgerechnet in einem Fall, in dem es um angezeigte Schwarzgeldverschiebungen in riesigem Umfang ging?

Durch den pflichtwidrigen Beschluss des Richters war Mollath unversehens in Fänge geraten, aus denen er sich nicht mehr befreien konnte. Er berichtet später, im Zuschauerraum habe der Liebhaber seiner Frau, der HypoVereinsbank-Direktor, gesessen und gelacht, als er ihn anschaute. Der Banker habe, so Mollath, den Verhandlungssaal zusammen mit dem Richter betreten, sodass er das Gefühl gehabt habe, beide hätten vorher miteinander gesprochen. Sofort habe ihn der Richter angeherrscht: »Stehen Sie gefälligst auf!«

Strafanzeigen und Petitionen an Ministerpräsident Stoiber

Mollath erkannte, dass er sich gegen die Unterstellung, er sei geisteskrank, nur verteidigen konnte, indem er nachwies, dass es die Schwarzgeldverschiebungen tatsächlich gab. Erstmals hatte er diese in einer Strafanzeige vom 11. Juni 2003 an den Scheidungsrichter Blos dargestellt – es gab jedoch keine Reaktion, weder seitens des Richters noch seitens der Staatsanwaltschaft. Ferner hatte er sie in der besagten Gerichtsverhandlung am 25. September 2003 in Gegenwart des Staatsanwalts angezeigt, auch das ohne Konsequenzen. Warum erteilte die Staatsanwaltschaft keinen Bescheid, obwohl sie dazu verpflichtet war? Wer oder was hielt sie davon ab? Mit Schreiben an das Amtsgericht und das Landgericht Nürnberg-Fürth beschwerte er sich darüber, vergeblich. Da hatte er einen pfiffigen Einfall. Er wandte sich mit einer Anzeige vom 9. Dezember 2003 an den Generalstaatsanwalt von Berlin, an den Generalbundesanwalt beim Bundesgerichtshof und andere Justizstellen. Auf sechs Seiten schilderte er das System der Schwarzgeldverschiebungen und nannte die beteiligten Banker sowie Kunden samt Beruf und Adresse. Der Generalstaatsanwalt von Berlin leitete die Anzeige zuständigkeitshalber der Staatsanwaltschaft Nürnberg-Fürth zu – nun konnte diese nicht mehr anders, sie musste Mollath antworten.

Doch der Bescheid vom 19.Februar 2004 (AZ: 509 Js 182/04), den er erhielt, war der blanke Hohn. Die Staatsanwältin Verena Fili schrieb ihm, sie dürfe kraft Gesetzes keine Ermittlungen vornehmen. Ihre Begründung: »*Der Anzeigeerstatter trägt nur pauschal den Verdacht vor, dass Schwarzgeld in großem Umfang in die Schweiz verbracht wird. Aus diesen unkonkreten Angaben ergibt sich kein Prüfungsansatz.*« Das war eine dreiste Lüge. Mollath hatte Ross und Reiter genannt und, was gar nicht notwendig gewesen wäre, sogar Beweise vorgelegt. Anstößig war zudem, dass die Staatsanwältin den Namen der HypoVereinsbank in ihrem Bescheid vermied, so wie es schon der Richter Huber im Protokoll getan hatte. Sie sprach nur von einer »Anzeige gegen Petra Mollath«. Existierte vielleicht überhaupt keine HypoVereinsbank? Oder gab es eine von oben verordnete Sprachregelung? Es muss wohl so gewesen sein.

Mollath protestierte mit Schreiben vom 14. März 2004, wies die Staatsanwältin auf die übergebenen Buchungsanordnungen für Schweizer Nummernkonten und Anlagen- und Vermögensverzeichnisse von Schwarzgeldern in der Schweiz hin, erstellt von der Schweizer Bank Leu, ohne Erfolg. Er erhielt nicht einmal eine Antwort, geschweige denn eine Aufforderung, nähere Angaben zu machen. Wer hielt die Staatsanwältin, die sich damit der Strafvereitelung im Amt schuldig machte, davon ab?

Daraufhin wandte Mollath sich mit einer Petition vom 8. April 2004 an Ministerpräsident Edmund Stoiber. Der musste sich schließlich im Strafrecht bestens auskennen, schließlich hatte er eine Doktorarbeit über neuere Aspekte des Hausfriedensbruchs verfasst. Mollath erinnerte Stoiber daran, dass er ihn bereits mit einem Schreiben vom 20. Dezember 2003 über den Schwarzgeldskandal informiert, aber von ihm leider nichts gehört habe. Dann beklagte er, dass die Staatsanwaltschaft pflichtwidrig Ermittlungen ablehne, wobei er auf eingereichte Unterlagen über verschobene Schwarzgeldbeträge von insgesamt 780.000 D-Mark und angegebene Schweizer Nummernkonten verwies. »*In über zehn Jahren sind Milliarden verschoben worden*«, schrieb er Stoiber. Doch er bekam seltsamerweise keine Antwort.

Mit Brief vom 22. April 2004 wandte er sich erneut an Stoiber. Er bat ihn dringend um Hilfe, weil man jetzt versuche, ihn als psychisch krank hinzustellen, er müsse mit allem rechnen. Dabei beschrieb er wieder den Schwarzgeldskandal, außerdem verwies er, und das war wohl ein schwerer Fehler, auf eine von einer Betriebsprüferin festgestellte Steuerhinterziehung von 60 Millionen D-Mark durch den Waffenfabrikanten Karl Diehl.

Flehentlich schrieb er am 25. April 2004 nochmals an Stoiber: »*Jetzt soll ich durch eine Einweisung in eine psychiatrische Klinik ... mundtot gemacht werden.*« Mollath warf Stoiber vor, dass er wohl aufgrund seiner Verbindung zur HypoVereinsbank nicht Ordnung schaffe. In deren Aufsichtsrat säßen doch Ministerialdirektoren.

Im selben Schreiben wies er Stoiber auf die wie dieser in Wolfratshausen wohnende Direktorin der AKB in der Schweiz, Dr. Margarethe Edlin, hin, die das erwähnte Fortbildungsseminar für die besten Schwarzgeldverschieber der HypoVereinsbank geleitet hatte. Er hielt ihm vor:

> *»Frau Edlin berichtete mir 1996 in einem persönlichen Gespräch in Zürich, bei der Weiterbildung und Feier der besten Schwarzgeldverschieber der Bayerischen Hypobank (Vermögensanlageberater aus ganz Deutschland waren da), dass sie sehr gut mit Ihrem Ziehvater Franz Josef Strauß bekannt war.«*

Aber Stoiber hüllte sich in Schweigen. Später fand Mollath heraus, dass diese unmittelbare Nachbarin Stoibers war. Hatte dieser keinen Kontakt mit ihr? Dass sie sehr gut mit Strauß bekannt war, war aufgrund ihrer Aktivitäten glaubhaft.

Dass Stoiber Mollath nicht antwortete, war rechtswidrig. Denn mit dem verfassungsrechtlichen Petitionsrecht, das Mollath ausübte, ist ein Rechtsanspruch auf einen Bescheid verbunden. Normalerweise beantworten deshalb der Ministerpräsident und seine Staatskanzlei alle Eingaben. Warum geschah das ausgerechnet in diesem Fall nicht? Und zwar mehrmals nicht! Das konnte kein Zufall sein, es musste einen Grund haben.

Obwohl die Presse später wiederholt berichtete, dass Mollath sich vergeblich mit Petitionen an Stoiber gewandt hatte, ließ dieser kein Sterbenswörtchen von sich hören. Das war sehr auffällig.

Zwischenspiele in der forensischen Psychiatrie

Mollath sah, dass er in größter Gefahr war, in eine psychiatrische Anstalt eingewiesen zu werden, wenn er sich der angeordneten psychiatrischen Untersuchung stellte. Er erschien deshalb nicht bei dem beauftragten Nervenarzt. Daraufhin wurde er von der Polizei festgenommen, in Handschellen abgeführt und in die Forensische Abteilung des Bezirkskrankenhauses am Europakanal in Erlangen überstellt. Dr. Michael Wörthmüller, der Chefarzt dieser Abteilung, sollte ihn untersuchen. Über seinen achttägigen Aufenthalt dort schrieb Mollath:

> *»Ich wurde über Tage in Vollisolations-Einzelhaft gehalten, durfte in einer Woche nur dreimal Hofgang machen. Ich bekam Kreislaufbeschwerden und eine Krampfader. Nachts wurde mir durch eine erzwungene Beleuchtung der Schlaf entzogen. Ich musste mich nackt ausziehen. Ich wurde Tag und Nacht von einer Kamera beobachtet.«*

Überallhin sei er in Handschellen gebracht worden. Zuvor habe er entdeckt, dass Dr. Wörthmüller mit einem Mann befreundet war, der mit seiner Ehefrau eng zusammengearbeitet hatte und später zusammen mit zwei ihrer früheren Kollegen im Vorstand einer Finanzanlagegesellschaft tätig war. Diese Gesellschaft habe die Schwarzgeldverschiebungen in die Schweiz fortgesetzt. Als er den Chefarzt mit dieser Freundschaft konfrontierte, habe der ihm aufs Äußerste erschreckt angeboten, er erstelle über ihn ein harmloses, die Thematik der Schwarzgeldverschiebungen ausklammerndes Gutachten, wenn er die Verbindung nicht aufdecke. Er, Mollath, sei auf den Handel aber nicht eingegangen.

Zwei Monate später ordnete das Amtsgericht, es war der Richter Armin Eberl, die Einweisung Mollaths zu einer psychiatrischen Untersuchung für die Dauer von fünf Wochen in die Forensische Abteilung des Bezirkskrankenhauses Bayreuth an. Am 13. Februar 2005 verhaftete ihn die Polizei und lieferte ihn dort ein – liegend, mit am Rücken gestreckt parallel gefesselten Armen. Die dadurch verursachten Verletzungen dokumentierte der aufnehmende Arzt schriftlich, außerdem fotografierte er sie mit einer Digitalkamera. Facharzt Klaus Leipziger versuchte mehrmals, mit Mollath ein Explorationsgespräch zu führen. Dieser weigerte sich jedoch, erklärte, er sei völlig gesund und werde sich daher weder körperlich noch neurologisch untersuchen lassen oder Auskünfte geben. Nach fünf Wochen wurde Mollath wieder entlassen, er fuhr mit dem Zug zurück nach Nürnberg.

Ein wünschenswert hilfreiches Gutachten

Ohne Explorationsgespräch und ohne körperliche Untersuchung ist ein psychiatrisches Gutachten anerkanntermaßen praktisch wertlos, es kann nur Spekulationen anstellen. Erstaunlicherweise jedoch gelangte Leipziger in seinem Gutachten vom 25. Juli 2005 zu eindeutigen Resultaten. Er verkündete: »*Beim Angeklagten ist mit Sicherheit eine bereits seit Jahren bestehende, sich zuspitzende paranoide Symptomatik (Wahnsymptomatik) festzustellen, die ihn … so weit beeinträchtigt, dass er zu einem weitgehend normalen Leben und der Besorgung der für ihn wesentlichen Angelegenheiten im Außenraum nicht mehr in ausreichendem Maße in der Lage ist.«*

Der Angeklagte habe, so Leipziger, in mehreren Bereichen ein »paranoides Gedankensystem« entwickelt. Der Facharzt führte aus: »Hier ist einerseits der Bereich der Schwarzgeldverschiebung zu nennen, in dem der Angeklagte unkorrigierbar der Überzeugung ist, dass eine ganze Reihe von Personen aus dem Geschäftsfeld seiner früheren Ehefrau, diese selbst und nunmehr auch beliebige weitere Personen, die sich vermeintlich oder tatsächlich gegen ihn stellen (müssen), zum Beispiel auch Dr. Wörthmüller, der ursprünglich mit der stationären Begutachtung des Angeklagten beauftragt war, in dieses komplexe System der Schwarzgeldverschiebung verwickelt wäre.« Das begründete Leipziger mit 19 Zitaten aus den Strafanzeigen Mollaths.

Doch erstens hatte die Angaben Mollaths niemand überprüft, auch Leipziger nicht, wie konnte er da von »unkorrigierbaren« Wahnvorstellungen sprechen? Zumal es keinerlei Therapieversuche gab, weil Mollath mit ihm kein Gespräch führte. Zweitens gab er keinerlei Belege dafür an, dass Mollath »nunmehr auch beliebige« Personen in die Schwarzgeldverschiebungen einbezogen hatte.

Leipziger schrieb sodann: »Als weiteren Bereich eines paranoiden Systems des Angeklagten ist dessen krankhaft überzogene Sorge um seine Gesundheit, die Ablehnung der meisten Körperpflegemittel, von Nahrungsmitteln aus nicht biologisch-dynamischem Anbau … zu werten.« Endlich wurden die Menschen, die in Reformhäusern und Bioläden einkaufen, darüber aufgeklärt, dass sie an Paranoia leiden. Leipziger verdrehte völlig normales Verhalten ins Pathologische.

Diese Methode wiederholte er. Mollath habe gesagt, er höre eine innere Stimme, die ihm sage, er sei ein ordentlicher Kerl, er spüre hinsichtlich der Schwarzgeldverschiebungen sein Gewissen, die Gewissensfreiheit sei im Grundgesetz verankert. Dazu Leipziger: »Es muss dabei durchaus als möglich angesehen werden, dass der Angeklagte unter Halluzinationen leidet und er sein Tun und Handeln kommentierende Stimmen hört, ohne dass diese Annahme konkret belegt werden könnte.« Das Hören auf die Stimme des Gewissens münzte Leipziger um in ein mögliches paranoides »Hören von Stimmen«!

Er untermauerte seine Diagnose weiter: »Sicher pathologisch zu werten sind die massiven Auffälligkeiten in der Affektivität, der Ich-Bezogenheit und der extremen gedanklichen Rigidität des Angeklagten.« Beweise hierfür ersparte er sich freilich. Traf außerdem Ich-Bezogenheit nicht auf alle Menschen zu? Sogar auf Leipziger selbst? Bizarr sein Zitat aus einer sogenannten Dokumentation seiner Klinik über Mollath: »Die Ich-Grenzen wirken verschwommen.« Was sollte das denn sein?

Gewissenhaft stellte Leipziger schließlich fest, dass als Diagnose neben Paranoia auch Schizophrenie oder eine schwere seelische Abartigkeit in Betracht komme. Man erstarrt vor Erstaunen darüber, welchen Krankheitsbefund Strafanzeigen über Schwarzgeldverschiebungen bei einer Großbank nach sich ziehen.

Der Facharzt Leipziger gelangte schließlich zum Ergebnis, dass Mollath gefährlich sei, von ihm seien weitere Straftaten zu befürchten. Er müsse deshalb zwingend in der Psychiatrie untergebracht und behandelt werden.

Die wissenschaftlich unhaltbare Machart dieses Gutachtens war nicht nur für Fachärzte, sondern auch für jeden Richter und Staatsanwalt schon von Weitem erkennbar. Selbst ein Laie konnte mühelos nachvollziehen, dass die Diagnose auf Begründungen aufgebaut war, die so absurd waren, dass Leipziger selbst unmöglich daran geglaubt haben konnte. Doch das Gutachten war das vorweggenommene Verdikt, das den auf Steuergesetze und Steuermoral pochenden Bürger Gustl Mollath in die Psychiatrie bringen sollte.

So stellt sich die Frage: Wer oder was veranlasste Leipziger zu diesem Fachgutachten?

Vergebliche Hilferufe

Zunehmend aufgeregt reagierend, hatte Mollath zuvor versucht, das Verhängnis durch weitere Strafanzeigen und Petitionen abzuwenden. Mit einer Strafanzeige vom 5. August 2004 hatte er sich an Hasso Nerlich, den Präsidenten des Amtsgerichts, gewandt, mit einer weiteren vom 23. September 2004 nochmals an diesen. Mit einer Strafanzeige vom 27. Oktober 2004 an den Generalstaatsanwalt Heinz Stöckel und den Leitenden Oberstaatsanwalt Klaus Hubmann, aber er wurde keiner Antwort gewürdigt, was rechtswidrig war. Zuvor schon hatte sich Mollath in seiner Verzweiflung mit einer Eingabe vom 7. Februar 2005 an Innenminister Günther Beckstein gewandt.

Beckstein nahm sich der Sache nicht an, sondern reichte die Eingabe weiter an das Justizministerium, geleitet von Justizministerin Beate Merk.

Der Bescheid vom 1. März 2005 (AZ: II-4114/04), den Mollath von dort erhielt, während er in Bayreuth inhaftiert war, kam einer Verhöhnung gleich. Ein Ministerialrat namens Dr. Herbert Veh teilte ihm mit, für Strafanzeigen seien Staatsanwaltschaft und Polizei zuständig. »*Es bleibt Ihnen unbenommen, sich unmittelbar an eine der genannten Stellen zu wenden*«, belehrte er ihn. Die Zurückverweisung an die Staatsanwaltschaft, obwohl sich die Beschwerde gerade gegen deren rechtswidrige Untätigkeit richtete, war perfide. Das Justizministerium verletzte dadurch sowohl seine Aufsichtspflicht als auch das Petitionsrecht Mollaths.

Ein Querverweis ist angebracht. Der besagte Ministerialrat war bereits einige Jahre zuvor durch erstaunliches, vermutlich sogar rechtswidriges Handeln in Erscheinung getreten. Es ging damals um das gegen den CSU-Staatssekretär im Bundeswirtschaftsministerium, Erich Riedl, eingeleitete Strafverfahren wegen des Verdachts der Bestechlichkeit. Die Staatsanwaltschaft Augsburg hatte nach eingehenden Ermittlungen festgestellt, dass der Verdacht unbegründet war. Trotzdem erteilte damals der Ministerialrat Veh – sicher nicht aus eigenem Antrieb, sondern auf

Anordnung von oben – die Weisung, das Verfahren gegen Erich Riedl nicht einzustellen. Andererseits wurde aber nicht weiter ermittelt, wie der Vorsitzende des Immunitätsausschusses des Bundestags auf Nachfrage erfuhr. Als Hintermann machte Erich Riedl Ministerpräsident Edmund Stoiber aus, was er auch öffentlich kundtat. Das Strafverfahren, das nach einem halben Jahr hätte eingestellt werden müssen, wurde über sechs Jahre lang offengehalten! Erich Riedl verlor bei der nächsten Bundestagswahl sein Abgeordnetenmandat und sein Amt als Staatssekretär, seine politische Existenz war vernichtet. In einer veröffentlichten Broschüre mit dem Titel *Die Stellung des Abgeordneten des Deutschen Bundestags* bezeichnete die Bundestagsverwaltung das Verhalten der bayerischen Justiz als böswillig. Auf Weisung der Staatskanzlei Stoibers musste die Bayerische Landesvertretung in Berlin gegen die Broschüre intervenieren, die Bundestagsverwaltung blieb jedoch fest.

Die Parallelen des Falles Riedl und des Falles Mollath, beide politisch hochbrisant, liegen offen zutage. Hier wie dort belastete sich Ministerpräsident Edmund Stoiber durch sein Verhalten schwer. Hervorzuheben ist der fatale Anschein: Die Existenzvernichtung durch die Justiz geschah jeweils im Rahmen eines scheinbar rechtstaatlichen Verfahrens, sodass die Betroffenen in der Öffentlichkeit mit dem Vorwurf des politischen Missbrauchs kein Gehör finden konnten.

Die ersten Stationen seines Leidenswegs hatte Mollath bereits hinter sich. Aber nachdem Leipziger sein Gutachten vorgelegt hatte, griff man ihn sich endgültig. Aufgrund eines richterlichen Beschlusses vom 1. Februar 2006 wurde er in die Forensische Abteilung des Bezirkskrankenhauses Bayreuth verbracht. Das war rechtswidrig, denn es bestand keine konkrete Gefahr – bis dahin war er nach der fünfwöchigen Zwangsuntersuchung fast ein Jahr in Freiheit gewesen, ohne dass man ihm irgendeine Straftat hätte anlasten können.

Eine weitere Maßnahme war, dass man ihn höchstfürsorglich unter vorläufige Betreuung stellte, also faktisch entmündigte. Es ging jetzt um seine Habe. Seine mittlerweile von ihm geschiedene Ehefrau machte Forderungen gegen ihn geltend. Bald sollte Mollath mittellos sein.

Voller Verzweiflung verfasste er am 21. April 2006 eine Petition an den Grünen-Bundestagsabgeordneten Hans-Christian Ströbele. Er übergab sie dem Stationsleiter seiner Abteilung zur Weiterleitung an die Post. Doch am übernächsten Tag, um 7.30 Uhr, wurde er aufgefordert, seine Sachen zu packen. Mollath berichtet: »*Um 8.30 Uhr saß ich, mit Hand- und Fußfesseln, im Gitterbus auf dem Weg in den Ober-Gulag der bayerischen forensischen Psychiatrien, dem BKH Straubing.*« Wer hatte das veranlasst? Und warum? War es eine Sanktion für seine Petition? Oder wollte man ihn vor dem bevorstehenden Prozess vollends von seiner Umgebung abschneiden, den Kontakt mit Anwälten oder Freunden erschweren? Ein legitimer Grund ist nicht ersichtlich, und in der Sache Mollath an Zufälle zu glauben, fällt allen damit Befassten sehr schwer.

Der Prozess in Nürnberg

Die nächste Station auf Mollaths Leidensweg war die Aburteilung am 8. August 2006 durch eine Kammer des Landgerichts Nürnberg-Fürth, besetzt mit dem Vorsitzenden Richter Otto Brixner, der Richterin Petra Heinemann und zwei Schöffen. Gefesselt wurde der Angeklagte in den Gerichtssaal geführt, dort wurden ihm die Handschellen abgenommen. Die Schöffen konnten sehen, wie gefährlich er einzuschätzen war.

Die Anklage lautete auf Misshandlung seiner früheren Ehefrau, ihre Freiheitsberaubung für eineinhalb Stunden und – was seit der Verhandlung vor dem Amtsgericht überraschend hinzugekommen war – das angebliche Aufstechen von Reifen an den Autos mehrerer Personen, von denen einige mit seiner Frau in Verbindung standen. Von diesem zusätzlichen Anklagepunkt hatte er, so Mollath später, erst vier Tage vor Prozessbeginn erfahren.

Weil es bei Verhandlungen vor einer Strafkammer des Landgerichts, anders als vor einem Amtsgericht, eigenartigerweise nicht vorgeschrieben ist, gibt das Sitzungsprotokoll weder die Aussagen Mollaths noch der Zeugen wieder, ebenso nicht Fragen und sonstige Äußerungen des Vorsitzenden Richters und des Staatsanwalts. Aber Mollath berichtete darüber später in einem an mich gerichteten Brief:

> *»Richter Brixner ... hat getobt, sobald ich auf die Schwarzgeldverschiebungen der HypoVereinsbank zu sprechen kommen und den ursächlichen Zusammenhang erklären und darstellen wollte. Er verbot mir sofort das Wort und (sagte), wenn ich nicht still wäre, würde ich des Saales verwiesen. Vom Gericht selbst geladene Zeugen waren nicht gekommen. Als ich fragte, wo die denn blieben, meinte Richter Brixner lächelnd: ›Wer nicht da ist, ist halt nicht da.‹ Als ich schon im Gerichtssaal ankündigte, gegen dieses unglaublich skandalöse Urteil Revision einlegen zu wollen, schrie Richter Brixner: ›Ihnen wird niemand helfen! Kein Bundesgerichtshof! Kein Bundesverfassungsgericht! Kein Europäischer Gerichtshof!‹«*

Die Darstellung Mollaths findet eine Bestätigung im Brief einer Frau namens Concepción Vila Ambrosio, die der Hauptverhandlung beigewohnt hatte. Sie schrieb acht Tage später an Brixner, sie sei erschüttert, wie er Mollath behandelt habe. Er habe Mollath, einen von ihm als krank bezeichneten Menschen, acht Stunden lang malträtiert, provoziert und angeschrien. Dennoch habe dieser nicht die Haltung verloren. Er hingegen habe sich in keinem Moment beherrscht, sei sehr zornig gewesen und habe sich wie ein Diktator aufgeführt. Er habe sich so erregt, dass *»bei mir ein Bild entstand, Sie wären nicht ein souveräner, gerechter, achtender und würdiger Richter. Warum nahmen Sie Herrn Mollath die menschliche Würde ab?«*

Erschütternd war auch, was die Frau über den Pflichtverteidiger schrieb: *»Ich sah Herrn Mollath ganz alleingelassen. Und das Schlimmste* *war zu sehen, wie dieser Anwalt ..., statt bei seinem Mandanten zu sitzen, sich zu seinem Ankläger setzte. Ihm wurde die Aufgabe gegeben, Herrn Mollath zu verteidigen. Das hat er zumindest in der Verhandlung durch seine Körpersprache nicht getan.*« Dass der Pflichtverteidiger – den Mollath abgelehnt hatte, weil er vor ihm gewarnt worden war – ihn völlig pflichtwidrig alleine ließ, sich nicht neben ihn, sondern neben den Staatsanwalt setzte, das beklagte auch Mollath selbst.

In einem Brief vom 14. August 2006 schilderte ein weiterer Prozessbeobachter die Verhandlung als »nicht hinnehmbar«. Der Mann rügte, der als psychisch krank geltende Angeklagte wurde »*vom verhandlungsführenden Richter immer wieder laut angeschrien und das weit über die Zeit meiner doch nur eineinhalbstündigen Anwesenheit hinaus, nach Aussagen weiterer Prozessbeobachter sogar über die ganze Zeit hinweg. Die Verhandlung war voll von Einschüchterungsversuchen und erinnerte an weniger ruhmreiche Zeiten deutscher Geschichte.*« Und weiter: »*Schon zu Verhandlungsbeginn ließ der Richter die Anwesenden wissen: ›Schließlich geht es hier um eine Einweisung ..., darauf läuft es ja bei Ihnen hinaus.*‹«

Später bestätigte auch der Schöffe Heinz Westenrieder, dass die Verhandlung so ablief. Einen solchen richterlichen Ton habe er sonst nie erlebt. Warum protestierte hiergegen in der Verhandlung nicht der Staatsanwalt? Dazu wäre er zwingend verpflichtet gewesen, er durfte nicht zusehen, wie das rechtliche Gehör mit Füßen getreten wurde. Und warum ließ der Leitende Oberstaatsanwalt Klaus Hubmann nicht Revision zugunsten Mollaths einlegen? Das musste doch seinen Grund haben.

Das Urteil

Am Ende der achtstündigen Verhandlung verkündete das Gericht das Urteil (AZ: 7 KLs 802 Js 4743/2003). Es stellte fest, Gustl Mollath habe die ihm zur Last gelegten Straftaten verübt – er sei aber wegen Geisteskrankheit schuldunfähig. Daher werde er freigesprochen, jedoch als gemeingefährlich in einem psychiatrischen Krankenhaus untergebracht. Die Kosten des Verfahrens wurden Mollath auferlegt. Anschließend wurde er zurück nach Straubing transportiert. Der Freispruch war nur eine scheinheilige Wohltat gewesen, um ihm Schlimmeres zufügen zu können – Wegsperren auf unbestimmte Zeit.

Die Urteilsbegründung war ein bodenloses Machwerk. Mollath wurde, wie bereits erwähnt, zur Last gelegt, er habe seine Frau schwer misshandelt, ihr gegenüber Freiheitsberaubung begangen und die Reifen der Autos dritter Personen aufgestochen. Tatsächlich aber gab es dafür keine Beweise. Unterstellt man trotzdem, er hätte diese Straftaten wirklich begangen – was wäre dann normalerweise die Rechtsfolge gewesen? Die Misshandlung ohne sichtbare Verletzungen außer blauen Flecken und einer angeblichen Bisswunde hätte als Affekttat gegolten. Die Freiheitsberaubung von etwa einer Stunde wäre als relativ leichte Straftat zu bewerten gewesen, ebenso das Aufstechen der Reifen mit einem Gesamtschaden von 6870 Euro. Mollath hätte, weil er nicht vorbestraft war, höchstens eine Freiheitsstrafe von neun Monaten auf Bewährung erhalten, wie der Richter Huber, der den Vorsitz im Prozess vor dem Amtsgericht geführt hatte, im Untersuchungsausschuss des Landtags später aussagte.

Ins Verderben aber stürzte ihn, dass ihm der Facharzt Leipziger und die Richter eine Geisteskrankheit andichteten, die ihn gemeingefährlich machte. Das war der arglistige Kern der Urteilsbegründung.

Die Richter Brixner und Heinemann zitierten hierfür die Befunde des Leipziger-Gutachtens, insbesondere dass Mollath an einem paranoiden Wahnsystem leide, weil er unkorrigierbar der Überzeugung sei, eine Reihe von Personen aus dem Geschäftsfeld seiner früheren Ehefrau sowie diese selbst seien in Schwarzgeldverschiebungen verwickelt. Die beiden Berufsrichter wussten jedoch, dass die Angaben über die Schwarzgeldverschiebungen, die sie selbst nicht auf ihren Wahrheitsgehalt überprüft hatten, auch nicht von der Staatsanwaltschaft überprüft worden waren und daher keinesfalls als Wahnvorstellung eingestuft werden konnten.

Der Wahn zeige sich auch daran, behaupteten sie, dass er beliebige weitere Personen »in dieses komplexe System der Schwarzgeldverschiebung« einbeziehe, zum Beispiel Dr. Wörthmüller. Doch hatte Mollath gar nicht vorgebracht, dass dieser in den Schwarzgeldskandal verwickelt sei. Vielmehr hatte er lediglich gesagt, dieser sei mit einem Mann befreundet, der zusammen mit zwei früheren Kollegen seiner Frau Schwarzgeldverschiebungen betrieben habe. Außerdem konnte das alles zutreffen. Ebenso war nicht auszuschließen, dass diese Entdeckung Dr. Wörthmüller sehr unangenehm war und er deshalb Mollath tatsächlich ein Gefälligkeitsgutachten angeboten hatte, wenn er darüber schweige.

Somit musste Brixner und Heinemann bewusst gewesen sein, dass Leipziger ein unhaltbares Gutachten erstellt hatte. Und sie mussten erkannt haben, dass dies nicht aus Versehen, sondern mit Absicht geschehen war, weil auch Leipziger die Angaben Mollaths ersichtlich nicht überprüft, sondern willkürlich eine Wahnsymptomatik diagnostiziert hatte.

Die Richter hätten daher durch Beweiserhebungen die von Leipziger zitierten Angaben Mollaths selbst überprüfen oder den anwesenden Staatsanwalt um Ermittlungen ersuchen müssen. Solchen Zwang aber taten sie sich nicht an. Stattdessen schrieben sie ungeniert in die Urteilsbegründung:

> *»Die Kammer schließt sich dem überzeugenden Gutachten des Sachverständigen aufgrund eigener kritischer Würdigung an. Auch in der Hauptverhandlung hat sich – wie bereits in den von den Zeugen geschilderten Vorfällen – die wahnhafte Gedankenwelt vor allem in Bezug auf den ›Schwarzgeldskandal‹ der HypoVereinsbank bestätigt.«*

Dafür führten die Richter indessen keinen einzigen Beleg an. Bloße Behauptungen und leere Formulierungen aber sind in Urteilsgründen unzulässig. Und den in der Urteilsbegründung als Beispielsfall angeführten Dr. Wörthmüller hatte das Gericht unzulässigerweise nicht einmal vernommen!

Der Schöffe Heinz Westenrieder erzählte mir später, Brixner habe geäußert, Mollath habe zu den Schwarzgeldverschiebungen überhaupt nichts Konkretes vorgebracht. Die Strafanzeigen Molllaths seien den Schöffen nicht gezeigt worden. Heute wisse er, dass das Urteil ein Fehlurteil war.

Ebenso skandalös war die Urteilsbegründung hinsichtlich der vorgeworfenen Straftaten. Die angebliche schwere Misshandlung hatte seine Ex-Frau erst im November 2002 angezeigt, ein halbes Jahr nach der Trennung. Als Tatzeitpunkt gab sie den 12. August 2001 an. Obwohl ihr Mann sie angeblich schwer geschlagen, mit Füßen getreten, gebissen und so gewürgt habe, dass sie bewusstlos geworden sei, wäre sie demnach noch ein Dreivierteljahr bei ihm geblieben. Wer so gewürgt wird, dass er bewusstlos wird, erleidet Todesangst. Sie hatte keine Kinder, verfügte über ein gutes eigenes Einkommen. War es da plausibel, dass sie trotzdem weiter bei ihrem Mann geblieben wäre?

Dass es eine tätliche Auseinandersetzung gab, hatte Petra Mollath allerdings nicht erfunden. Gustl Mollath gab das selbst zu, sagte aber, seine Frau sei auf ihn losgegangen und nicht umgekehrt – er habe sich lediglich gewehrt. Der Streit sei wegen ihrer Schwarzgeldgeschäfte entstanden (siehe das Protokoll des Prozesses am 25. September 2003 vor dem Amtsgericht Nürnberg).

In der Verhandlung vor dem Landgericht legte Petra Mollath das Attest einer Ärztin namens Dr. Madeleine Reichel vor. Darin wurde ihr bescheinigt, dass sie mehrere blaue Flecken am Körper hatte, Würgemale am Hals (wohl ebenfalls blaue Flecken) und eine Bisswunde am rechten Ellenbogen. Das Attest hatte jedoch einen recht hässlichen Schönheitsfehler: Es datierte erst vom 3. Juni 2002 – das war fast ein Jahr nach der angeblichen Tat! Allerdings bezog es sich auf eine Untersuchung, zu der

Petra Mollath (angeblich) zwei Tage nach dem Streit in der Praxis erschienen sei. Fotos von den Flecken und der Bisswunde wurden freilich nicht präsentiert. Das Attest erwähnte auch keine Tetanusspritze wegen der angeblichen Bisswunde.

Außerdem gab es eklatante Widersprüche. Laut Attest hatte Petra Mollath der Ärztin erzählt, ihr Mann habe sie zunächst an den Oberarmen festgehalten (was dafür sprach, dass er sich tatsächlich schützen wollte), sie dann »mehrfach mit der flachen Hand geschlagen«. Bei ihrer gerichtlichen Vernehmung gab sie jedoch an, ihr Mann habe sie »mindestens 20-mal mit beiden Fäusten geschlagen«. Das war ein beträchtlicher Widerspruch. Doch Brixner und Heinemann ließen ihn unberücksichtigt, sie bedienten sich der schärferen Version. Ein weiterer auffälliger Widerspruch war, dass Petra Mollath vor dem Amtsgericht laut Protokoll nur ausgesagt hatte, ihr Mann habe sie »gewürgt« – dass sie bewusstlos geworden sei, behauptete sie damals nicht. Der Ärztin hingegen hatte sie laut Attest erzählt, ihr Mann habe sie »bis zur Bewusstlosigkeit« gewürgt. Das Wort »bis« besagte zudem nicht, dass sie tatsächlich ohnmächtig geworden war.

Doch Brixner und Heinemann erwähnten auch diese Abweichung nicht. Außerdem führten sie an, die Bisswunde hätte geblutet, obwohl das überhaupt nicht im Attest stand. Und Mollath habe seine Frau mehrmals mit den Füßen gegen die untere Körperhälfte getreten – auch das hatte sie der Ärztin gegenüber laut Attest nicht behauptet. Dennoch hieß es zu alldem wahrheitswidrig im Urteil, die Schilderung Petra Mollaths vor Gericht sei »durch ein ärztliches Attest von Dr. Madeleine Reichel ... vom 03.06.2002 bestätigt« worden.

Überdies war nicht auszuschließen, dass das Attest ein Gefälligkeitsattest war: Die Lebensgefährtin von Petra Mollaths Bruder war in dieser Praxis Sprechstundenhilfe, wie Gustl Mollath herausfand! Die von ihm beantragte Vernehmung der Ärztin wurde aber von den Richtern abgelehnt – ein schwerer Verstoß gegen das Gebot der Unmittelbarkeit der Beweiserhebung.

Im Übrigen: Woher wollte die Ärztin wissen, dass die blauen Flecken am Hals Würgemale waren? So etwas konnte nur ein Gerichtsmediziner feststellen. Und wer hatte die blauen Flecken verursacht? Als Jurastudent habe ich bei einem Prozess wegen versuchter Vergewaltigung erlebt, wie die Frau plötzlich zugab, dass die angeblichen Würgemale in Wahrheit Knutschflecken waren, die von ihrem Liebhaber stammten. Man denke daran, welche Mühe sich im Fall des Wettermoderators Jörg Kachelmann das Gericht machte, um die Herkunft der Verletzungen der betreffenden Frau aufzuklären. Es holte Gutachten von Gerichtsmedizinern ein und psychologische Gutachten, um die Glaubwürdigkeit der Frau festzustellen. Das Gericht sprach Kachelmann frei nach dem Grundsatz »im Zweifel für den Angeklagten«, Brixner und Heinemann entschieden genau umgekehrt.

Die beiden Richter stellten Petra Mollath ein uneingeschränktes Redlichkeitszeugnis aus. Sie sei völlig glaubwürdig und habe keinen Belastungseifer gezeigt. In Wirklichkeit aber konnten sie unmöglich verkannt haben, dass Petra Mollath ein massives Interesse daran haben musste, ihren Mann mundtot zu machen. Im Scheidungsverfahren hatte ihr Mann, wie erwähnt, bereits in einem Brief vom 11. Juni 2003 an den zuständigen Richter beim Amtsgericht angezeigt, dass seine Frau Schwarzgeldverschiebungen betreibe, Schwarzgeldkonten in der Schweiz habe, auf die ihr Provisionen überwiesen worden seien – und dass deshalb ihre eidesstattliche Versicherung, sie sei völlig mittellos, falsch sei. Wenn das zutraf, dann hatte sie dringende Gründe, ihn zum Schweigen zu bringen. Anderenfalls musste sie fürchten, jahrelang ins Gefängnis zu kommen.

Mit einer bloßen Verurteilung ihres Mannes zu einer relativ kurzen Freiheitsstrafe, erwartungsgemäß mit Bewährung, wäre ihr bei diesem Szenario nicht gedient gewesen. Er würde dann trotzdem – sogar erst recht – Strafanzeigen erstatten. Nur wenn er für geisteskrank erklärt und als gemeingefährlich weggesperrt wurde, konnte sie sich in Sicherheit fühlen. Die Strafanzeigen eines Geisteskranken würde niemand ernst nehmen.

Dazu passte, dass Petra Mollath sich plötzlich drei Monate nach der erwähnten Anzeige ihres Mannes im Scheidungsverfahren, unmittelbar vor dem vorangegangenen Prozess vor dem Amtsgericht, die Stellungnahme einer Fachärztin für Psychiatrie besorgte und über ihre Anwälte dem Gericht zuleitete. Darin attestierte die Ärztin, den Schilderungen Petra Mollaths zufolge leide ihr Ehemann »mit großer Wahrscheinlichkeit« an einer ernst zu nehmenden psychiatrischen Erkrankung, aufgrund derer eine erneute Fremdgefährlichkeit zu erwarten sei. Sie habe daher der Ehefrau empfohlen, Vorsichtsmaßnahmen zu ergreifen und eine »psychiatrische nervenärztliche Abklärung« bei ihrem Ehemann anzustreben.

Die besagte Fachärztin war im Klinikum Erlangen am Europakanal beschäftigt. Petra Mollath wohnte in Nürnberg, wieso wandte sie sich an diese Klinik in Erlangen? Was erwartete sie sich von dort? Bald stellte sich heraus, dass der Chefarzt der dortigen Forensischen Abteilung Dr. Wörthmüller war – jener Arzt, der Mollath später untersuchen sollte. Gustl Mollath sah einen Zusammenhang mit der Herkunft des Attests – verständlicherweise. (Später kam heraus, dass die Ärztin eine HypoVereinsbank-Kundin war, die Petra Mollath bei ihren Geldanlagen wiederholt beraten hatte!)

Keinen Belastungseifer habe Petra Mollath gezeigt, behaupteten die Richter Brixner und Heinemann. Wie war dann ihr Versuch zu werten, ihren Mann mithilfe eines derartigen Attests für geisteskrank und gemeingefährlich erklären zu lassen? Und das zwei Jahre, nachdem sie sich von ihm getrennt hatte und mit einem neuen Mann, einem Hypo-Vereinsbank-Direktor, liiert war. Sie hatte doch von ihrem früheren Ehemann nichts mehr zu befürchten. Kein Belastungseifer? Von wegen!

Von der Rechtslage her war klar, dass eine Geisteskrankheit allein noch nicht zur Einweisung in die Psychiatrie führen würde. Es musste eine aus der Geisteskrankheit resultierende Gemeingefährlichkeit hinzukommen. Eine Misshandlung der Ehefrau innerhalb der häuslichen Gemeinschaft war noch kein Beweis, dass auch Dritte gefährdet waren.

Doch Petra Mollath geriet auch nach der Scheidung immer stärker in Bedrängnis, weil ihr Ex-Mann weiter Strafanzeigen erstattete, zum Beispiel mit Schreiben vom 27. Oktober 2004 an den Generalstaatsanwalt und den Leitenden Oberstaatsanwalt in Nürnberg. Merkwürdig: Bald darauf ereignete sich eine Serie von Reifenstechereien an den Autos verschiedener Personen. Es handelte sich um acht Fälle, in einem weiteren Schadensfall waren die Seitenfenster des Autos verkratzt worden. Die Polizei konnte zunächst keinen Zusammenhang erkennen, bis Petra Mollaths Rechtsanwalt der Polizei einen Brief übermittelte, den Gustl Mollath fünf Monate zuvor an ihn gerichtet hatte. Darin warf er fünf der Geschädigten vor, sie hätten gegen ihn, Mollath, gearbeitet. Die Staatsanwaltschaft zog daraus den Schluss, dass Mollath sich an diesen und weiteren Personen habe rächen wollen. Mollath wurde nun auch noch wegen der Reifenstechereien angeklagt. Jetzt galt er als gemeingefährlich! Jetzt war es um ihn geschehen!

Mollath wurde von dem neuen Vorwurf völlig überrascht, wie bereits erwähnt, wurde er erst vier Tage vor der Hauptverhandlung durch die ihm übergebene Anklageschrift damit konfrontiert. Nach § 163a der Strafprozessordnung hätte ihn zuvor die Staatsanwaltschaft zu diesem Vorwurf vernehmen müssen, ihm rechtliches Gehör und die Möglichkeit zu aufklärenden Anträgen einräumen müssen. Das war zwingend vorgeschrieben. Warum setzte sich die Staatsanwaltschaft darüber hinweg? Mollath erklärte vor Gericht, dass er deswegen nicht in der Lage sei, sich wirksam zu verteidigen. Die Richter Brixner und Heinemann rührte das nicht.

In der Urteilsbegründung erwähnten sie beiläufig in einem Nebensatz, nur ein Teil der Schadensfälle sei von der Staatsanwaltschaft angeklagt worden. Als ich das las, stutzte ich. Wieso nur ein Teil? Warum schwiegen sich die Richter darüber aus? Der Bericht der Kriminalpolizeiinspektion Nürnberg-Ost vom 12. Mai 2005 gab Aufschluss: In drei der nicht angeklagten Fälle ließ sich eine Verbindung zu Mollath nicht herstellen, die Polizei stufte sie deshalb als »Zufallsgeschädigte« ein. Die These, Mollath sei der Täter, stand damit aber auch in den angeklagten fünf Fällen auf wackligen Beinen, was anscheinend im Prozess nicht aufscheinen sollte. Dann aber der vierte nicht angeklagte Fall, bei dem sich – es handelte sich um ein Transportunternehmen – eine Beziehung zu Mollath herstellen ließ. Warum wurde sogar dieser Fall in der Anklage ausgespart?

Laut Polizeibericht waren da nicht nur Reifen aufgestochen, sondern in der Garage und im Keller des Inhabers gelagertes Schießpulver war auf dem Firmengelände verstreut worden. Ein anonymes Schreiben, das jemand in den Briefkasten der Feuerwache 3 in Nürnberg eingeworfen hatte, verwies in primitivem Deutsch auf das Schießpulver. Und ein unbekannter Mann machte in einem Telefonanruf bei der Feuerwache auf den eingeworfenen Brief aufmerksam. Der Polizeibericht vermerkte: »Vom Original wurde eine erkennungsdienstliche Behandlung durchgeführt. Die gesicherten daktyloskopischen Fingerspuren konnten jedoch nicht dem Tatverdächtigen Mollath zugeordnet werden.« Schau, schau! Es kam also ein ganz anderer Täter für diesen Fall in Betracht – und damit auch für die anderen Fälle! Welchen Grund hätte die Staatsanwaltschaft sonst gehabt, diesen Fall auszusparen? Warum wurde in der Hauptverhandlung nicht darauf hingewiesen? Warum vermieden die Richter im Urteilstext jeden Hinweis auf den anderen Täter? Zu schließen ist daraus, dass sie auch die Schöffen in Unkenntnis ließen.

Die These, Mollath habe sich an seinen Feinden rächen wollen, wurde auch dadurch infrage gestellt, dass an den Autos seiner früheren Frau, ihres sie nachhaltig unterstützenden Bruders und des mit ihr liierten HypoVereinsbank-Direktors, die er als seine Hauptfeinde betrachten musste, die Reifen nicht aufgestochen worden waren. Auch das ließen die Richter unerwähnt. Stattdessen stellten sie heraus, dass eine installierte Videoüberwachung eine Person gezeigt hatte, die nachts mit einem Werkzeug vier Reifen des Pkw des Anwalts der Ex-Ehefrau zerstach. Das Bild war aber so dunkel, dass beim besten Willen die Person nicht zu erkennen war. Brixner befragte Petra Mollath, ob sie ihren Mann wiedererkenne. Sie erklärte, er könnte es sein. Im Urteil hieß es dann freisinnig, das sei zwar kein eindeutiger Beweis, aber ein zusätzlicher Hinweis. So kann man auch aus nichts noch etwas machen.

Die bei der Verhandlung anwesende Concepción Vila Ambrosio hielt, wie bereits erwähnt, Brixner in ihrem Brief vor, sie halte es für unentschuldbar, dass er die Aussagen Petra Mollaths einfach hingenommen und nicht hinterfragt habe. Ob er wirklich sicher sei, »dass alles sich so zugetragen hat, wie es die geschiedene Frau Mollath erzählte«? Ob es nicht sein könne, dass irgendjemand ein Interesse daran habe, bestimmte Sachen anzustellen, um Mollath damit unter Verdacht zu setzen? Auch der andere bereits erwähnte Prozessbeobachter beanstandete in seinem Brief, dass die Richter die Aussagen der Zeugen nicht hinterfragt hätten.

Das Urteil wurde nur von Brixner unterschrieben, er vermerkte, die Richterin Heinemann sei bereits in Urlaub. Sicher, nach einer solchen Anstrengung war diese Erholung wohl verdient. Die beiden Hauptziele der Justiz waren erreicht: Gerechtigkeit, weil Mollath zum Schweigen gebracht worden war, und Rechtssicherheit, weil von nun an die steuerhinterziehenden Schwarzgeldverschieber und ihre Helfer in der HypoVereinsbank wieder ruhig schlafen konnten. Am Tag nach dem Prozess berichteten die *Nürnberger Nachrichten* unter der Überschrift »Im Wahn verstrickt«, der 49-jährige Angeklagte sei in die Psychiatrie eingewiesen worden, weil er wahnhaft geglaubt habe, seine Ehefrau stehe im Mittelpunkt eines Bankenskandals, sie helfe Schwarzgeld in die Schweiz zu schleusen. Die Ex-Frau schließlich konnte jetzt ihre neue Ehe mit ihrem HypoVereinsbank-Direktor ungestört genießen.

Weiter hieß es in dem Artikel der *Nürnberger Nachrichten*, dass der Angeklagte bisher eine Therapie verweigert habe, weil er sich für gesund halte. Richter Brixner habe ihm prophezeit: »Wenn Sie so weitermachen, kommen Sie nie wieder heraus. Der Einzige, der Ihnen helfen kann, sind Sie selbst – indem Sie eine Behandlung annehmen.« Das hieß: Entweder erklärte Mollath sich selbst für wahnsinnig oder er blieb für immer weggesperrt. Beide Alternativen konnten die Interessierten erfreuen.

Vollisolation im geschlossenen Gang

Mollath legte gegen das Urteil Revision ein.

Was dann an Unglaublichem geschah, schilderte mir Mollath in einem Brief:

»Als ich im BKH Straubing die Einlegung meiner Revision gegen das Urteil sicherstellen wollte – es war bereits der letzte Tag der Frist und ich wusste nicht, ob die Revision tatsächlich eingelegt worden war –, wurde ich in die ›Folterstation‹ A1 im geschlossenen Gang geworfen. Ich wurde unter Vollisolation in Einzelhaft gehalten. 23 Stunden am Tag war ich in der kargen Zelle eingesperrt. Selbst meine Armbanduhr nahm man mir ab. Nachts wurde die Zelle durch ein kleines Fenster in der Zellentür stündlich ausgeleuchtet – Schlafentzug gilt als eine der schlimmsten Folterarten. Ich hatte Sprechverbot mit Gefangenen. Trotz Hochsommerhitze wurde das Zellenfenster abgeschlossen.
Als Therapie musste ich Rädchen in Vorhanghalter klicken, eine Arbeit für Schwerstbehinderte, für einen Euro die Stunde. In meiner Zelle habe ich fast 350 Kilogramm gefertigt.
Meiner Zelle gegenüber war die Fixierungszelle. Die Schreie und Bitten meiner Mitgefangenen werde ich nie vergessen. Ein Beispiel: Vlastimil S. aus Tschechien telefonierte mit seinem Konsulat in München, natürlich

> *in seiner Muttersprache. Da kam eine Aufseherin und schlug, das Gespräch unterbrechend, ohne Ankündigung auf die Gabel des Telefons. Telefonsprache nur auf Deutsch, habe der Stationsarzt angeordnet, sagte sie. Vlastimil beschwerte sich verbal. Daraufhin rief die Aufseherin den Sicherheitsdienst. Männer schleiften den kleinen, schmächtigen Vlastimil in die »Fixe« und fesselten ihn auf die Pritsche in der bis oben weiß gekachelten Zelle. Seine Schreie und Bitten nützten nichts, er wurde vom Stationsarzt abgespritzt.*
> *Als meine Revision gegen das Urteil verworfen wurde, kam ich in eine andere Station. Ein halbes Jahr hatte man mich in der Zelle im geschlossenen Gang gehalten.«*

Dass sich alles so abgespielt hat, wie Mollath es schildert, unterliegt für mich keinem Zweifel. Denn auch seine Angaben über den Ablauf der Hauptverhandlung wurden von unabhängigen Zeugen bestätigt.

> *»Verglichen mit den Häftlingen im Gefängnis sind die Menschen in der Psychiatrie rechtlos. Für sie gibt es, anders als für Gefängnisinsassen, keine Vollzugsgesetze, die den Alltag hinter Gittern regeln. Die forensische Psychiatrie ist daher ein willkürnahes Regime«,*

so Heribert Prantl, früherer Staatsanwalt und Richter, in der *Süddeutschen Zeitung* (SZ) vom 5. Juli 2014 zum Schicksal Mollaths.

Die Verbringung in das Bezirkskrankenhaus Straubing war bösartige Willkür. Die Staatsanwaltschaft Regensburg rügte später: »Das BKH Straubing ist für besonders gefährliche nach § 63 untergebrachte Personen zuständig, die für Vollzugslockerungen nicht in Betracht kommen. Dort befinden sich überwiegend Personen, die schwerste Straftaten begangen haben.« Als Mollath Beschwerde einlegte, beschied ihn der Vorsitzende Richter Brixner, die Verlegung sei »aus organisatorischen Gründen« erfolgt. Dazu die Staatsanwaltschaft Regensburg: »Diese Antwort kam einer Rechtsverweigerung gleich und zeigt nachhaltig die Voreingenommenheit des Richters« (Wiederaufnahmeantrag, 1. Fassung vom 18. Dezember 2012 AZ: 151 Js 22423/12 - WA). Erst recht war das Wegsperren in den »geschlossenen Gang« ein krimineller Übergriff.

Wer veranlasste, dass Mollath in den geschlossenen Gang geworfen wurde? Und warum? Mollath hatte keine Tätlichkeit begangen, sondern lediglich, wie er erzählt, darum gebeten, wegen der Revisionseinlegung Kontakt mit einem Rechtspfleger herzustellen, wie es in der Rechtsmittelbelehrung empfohlen wurde. Während er in einem Raum darauf wartete, sei plötzlich der Stationsarzt mit zwei Männern hereingekommen, die ihn gepackt und in den geschlossenen Gang verbracht hätten – ohne jede Begründung.

Mollath galt nunmehr als krank und damit therapiebedürftig. Aber was war denn das für eine Therapie, einen Mann, der Maschinenbau studiert hatte, in der Vollisolation stumpfsinnig Rädchen in Vorhanghalter klicken zu lassen? Man beachte: Die Anstalt firmiert als Krankenhaus.

Als sich Mollath deswegen mit einer Petition an den Landtag wandte, wies der CSU-Staatssekretär Jürgen Heike in seiner Stellungnahme vom 12. Dezember 2006 die Vorwürfe zurück – unter Verweis auf eine Stellungnahme des Bezirkskrankenhauses, in der es u. a. unverfroren hieß: »Das Verschließen des Zimmerfensters bei Herrn Mollath ist zeitweise aus Behandlungsgründen und aus Sorge um ein ungestörtes therapeutisches Klima der Abteilung notwendig.« Wenn man das liest, muss man selbst nach Luft schnappen.

Die von Mollath beim Bundesgerichtshof eingelegte Revision blieb erfolglos. Allerdings war das kein Beweis für die Richtigkeit des Urteils. Denn der Bundesgerichtshof ist keine Tatsacheninstanz, sondern grundsätzlich an die Beweiswürdigung der Vorinstanz gebunden. Zudem hängt der Prüfungsumfang von der Revisionsbegründung des Anwalts ab. Ist diese unzureichend, wie es hier in hohem Maße der Fall war, ist das Unglück geschehen. Der Anwalt, der die Revision begründete, hatte die Hauptverhandlung nicht erlebt, die Zeugenaussagen nicht gehört.

Die Tatsache, dass Justizministerin Beate Merk und ihr Nachfolger Bausback später trotz genauer Kenntnis des Falles weder gegen die Richter noch gegen die verantwortlichen Staatsanwälte ein Strafverfahren wegen Rechtsbeugung und Freiheitsberaubung eingeleitet haben, weckt für mich den schweren Verdacht der politischen Einflussnahme.

Die Vorgänge hinter den Kulissen

Es war nach meinen beruflichen Erfahrungen im Finanzministerium undenkbar, dass ein einfacher Staatsanwalt Ermittlungen zu einer mit detaillierten Angaben und vielen Namen gespickten Strafanzeige über Schwarzgeldverschiebungen in vielfacher Millionenhöhe aus eigener Machtvollkommenheit verweigert hätte. Er hätte sich damit strafbar gemacht wegen Strafvereitelung im Amt und seine Karriere ruiniert. Und selbst der mit dem Fall befasste Leitende Oberstaatsanwalt Hubmann sowie der ebenfalls damit befasste Generalstaatsanwalt Stöckel hätten sich nie und nimmer dieser Gefahr ausgesetzt. Es muss daher eine Weisung von oben gegeben haben.

Das war meine sofortige Schlussfolgerung. Es konnte nicht anders sein, denn jeder Beamte sichert sich nach oben ab. In einem vergleichbaren Skandalfall – es ging um ein Steuerstrafverfahren gegen den Medienmogul Leo Kirch wegen des Verdachts der Steuerhinterziehung von 400 Millionen D-Mark – hatte ein Münchner Oberstaatsanwalt 1998 einen Eingriff von hoher Hand bestätigt. Die Staatsanwaltschaft vernahm Leo Kirch, der Strauß und Stoiber in ihren Wahlkämpfen massiv unterstützt hatte, zwar formell, sie durfte aber »keine strenge Vernehmung« durchführen, wie der Oberstaatsanwalt der verblüfften Steuerfahndung eröffnete, sich auf eine Weisung »der Justiz außerhalb der Staatsanwaltschaft«

berufend. Das hieß, es gab eine Weisung des Justizministeriums. Der empörte Leiter der Steuerfahndung München hielt dies in einem nach oben weitergeleiteten Aktenvermerk fest. Bald nach der Vernehmung Kirchs wurde das Strafverfahren mit einer skandalösen, unhaltbaren Begründung eingestellt – unmittelbar vor der Bundestagswahl, für die Kohl und Stoiber die Hilfe der Fernsehsender Kirchs benötigten. Auch als es um ein Auskunftsersuchen nach Luxemburg wegen des Verdachts der Steuerhinterziehung durch das Unternehmen des Strauß-Freundes Karl Diehl ging, meldete sich bei der Staatsanwaltschaft in Nürnberg ein Ministerialrat aus dem Justizministerium mit Einwänden. Warum sollte es hier anders sein?

Meine Beurteilung sah ich durch eine zur Vorlage beim Landtag bestimmte eidesstattliche Versicherung des früheren Nürnberger Richters Rudolf Heindl bestätigt. Er schrieb darin, die Strafanzeige Mollaths sei von der Justiz »aufgrund einer Anordnung, die ihr aus der Politik zugegangen ist, unterdrückt worden« (Anlage zur Petition der Arbeitsgemeinschaft »Solidarität mit Gustl Mollath« vom 11. März 2010). In einem späteren Schreiben vom 25. November 2010 an den Gutachter Friedemann Pfäfflin nannte Heindl auch den Namen des Politikers aus Franken, der, wie er behauptete, dahinterstand. Einen Beweis hierfür führte er allerdings nicht an.

Mollath freilich führte das Fehlverhalten der Justiz noch auf einen anderen Umstand zurück. Er wies wiederholt darauf hin, dass der Leitende Oberstaatsanwalt Hubmann als Präsident und Schatzmeister eines Rotarier-Clubs enge Beziehungen mit den Direktoren der HypoVereinsbank, die selbst Rotarier seien, unterhalte. In einem Brief warf er Hubmann vor, der Club habe sogar sein Büro in den Räumen der Bank, die Clubsekretärin sei eine Bankangestellte. Tatsächlich gibt dieser Rotarier-Club als Adresse seines Sekretariats die HypoVereinsbank an. Dasselbe gilt für die weiteren Rotarier-Clubs in Nürnberg, darunter auch denjenigen, in dem der frühere Landgerichtspräsident und spätere Oberlandesgerichtspräsident Ernst Neusinger Mitglied war. Der Verdacht Molllaths war daher nachvollziehbar.

Was Hubmann angeht, so sagte man ihm eine starke Nähe zur CSU nach, insbesondere zu Günther Beckstein; er wurde schließlich Generalstaatsanwalt. Zimperlich war er nicht. Beim Festakt zu seiner Verabschiedung in den Ruhestand sorgte er für einen gewaltigen Eklat, als er die anwesende Bundesjustizministerin Sabine Leutheusser-Schnarrenberger im Hinblick auf die Regelung zur Vorratsdatenspeicherung zum Rücktritt aufforderte.

Dennoch ist wenig wahrscheinlich, dass sich die Nürnberger Justiz allein aufgrund der geschilderten Rotarier-Konstellation zu ihrem ungeheuerlichen Verhalten verleiten ließ. Ohne eine Weisung des Justizministeriums und ohne dessen Rückendeckung wäre das Risiko viel zu groß gewesen. Hubmann behauptete später vor dem Untersuchungsausschuss, die Causa Mollath sei damals eine »bedeutungslose Sache« gewesen, »08/15-Ware«. Dies war ganz und gar unglaubhaft, zumal die Staatsanwältin Verena Fili ausgesagt hatte, ihr Abteilungsleiter habe ihr persönlich eine Strafanzeige Molllaths überbracht. Abgesehen davon: Die Diktion Hubmanns ist aufschlussreich!

Justizministerin Merk wird dadurch schwer belastet, dass sie gegenüber dem Landtag zu einer Petition Molllaths und einer späteren Petition der »Solidargemeinschaft für Gustl Mollath« jeweils Stellungnahmen abgab, aufgrund deren Mollath weiterhin weggesperrt blieb. Sie schrieb darin zudem: »Die Sachbehandlung der Staatsanwaltschaft Nürnberg-Fürth vermag ich nicht zu beanstanden« (AZ: II Ls 293/04,jo).

Bei der »Solidargemeinschaft«, angeführt von Gerhard Dörner, handelte es sich um einen Kreis von Freunden und um andere Unterstützer, die alle das an Mollath verübte Verbrechen erkannt hatten. Ihren nimmermüden Bemühungen, ihm wieder zur Freiheit zu verhelfen, gebührt hoher Respekt.

Die Verantwortlichkeit des Ministerpräsidenten Edmund Stoiber

Wie bereits erwähnt, hatte Mollath den Ministerpräsidenten mehrmals schriftlich auf die Schwarzgeldverschiebungen und Steuerhinterziehungen der HypoVereinsbank hingewiesen und ihn aufgefordert, dagegen einzuschreiten, ohne dass Stoiber darauf geantwortet hätte. Auch wenn er sich blind, taub und stumm stellte, konnte er sich jedoch seiner Verantwortlichkeit nicht entledigen.

Wie der frühere Kultusminister Hans Zehetmair in einem SZ-Interview am 22. September 2007 preisgab, forderte Stoiber wegen aller Dinge, die ihm auffielen, vom jeweiligen Minister Rechenschaft – ohne Rücksicht auf das Ressortprinzip. Hier aber hätte er sogar eingreifen müssen. Zum einen durfte er nicht über das ihm angezeigte krasse Fehlverhalten der Justiz hinweggehen, weil darin eingeschlossen war, dass die Justizministerin gegebenenfalls ihrer Aufsichtspflicht nicht genügte, Machenschaften duldete oder sogar dazu anwies. Zum anderen war der Freistaat Bayern zu 10 Prozent Anteilseigner der HypoVereinsbank. Über Straftaten der Banker durfte der Ministerpräsident daher keinesfalls hinwegsehen. Zumal zu klären war, ob die Vertreter des Staates im Aufsichtsrat davon wussten oder vom Vorstand der Bank hintergangen wurden. Auf Milliardenbeträge hätten sich die über zehn Jahre hinweg betriebenen Schwarzgeldverschiebungen addiert, hatte Mollath dem Ministerpräsidenten eindringlich vorgehalten.

Freilich bedachte die HypoVereinsbank die CSU großzügig mit Parteispenden. Wie mir ein hoher Manager der Bank verriet, betrugen diese Zuwendungen um die 500.000 Euro, der Stückelung halber gezahlt über Tochtergesellschaften wie zum Beispiel die Salvatorplatz GmbH oder die Hawa GmbH. War das Motiv für das Schweigen Stoibers, dass er es sich mit dieser großzügigen Geldquelle der CSU nicht verscherzen wollte? Wer einen üppigen Betrag spendet, wird vermutlich seinen Protegé daran erinnern, wenn ihm ein Strafverfahren ins Haus steht.

Im Schreiber-Untersuchungsausschuss des Bayerischen Landtags (im Jahr 2002) – es ging um die etwaige Einflussnahme politischer Amtsträger auf die strafrechtlichen Ermittlungen gegen Karlheinz Schreiber, Max Strauß, Dieter Holzer u.a. – konnte sich Stoiber angeblich nicht daran erinnern, wie er eine Eigentumswohnung im Münchner Lehel finanziert hatte, die sich im selben Haus befand wie eine von dem mit ihm befreundeten, mehrfach verurteilten Lobbyisten Dieter Holzer erworbene. In einem denkbaren zweiten Mollath-Untersuchungsausschuss sollte Stoiber Gelegenheit gegeben werden, die Frage nach der Finanzierung dieser Wohnung bzw. eventueller weiterer Eigentumswohnungen zu beantworten. Vielleicht ergibt sich daraus sein Motiv, warum er auf die Petitionen Mollaths nicht geantwortet hat?

In der Erlebniswelt der forensischen Psychiatrie

Nach dem Scheitern seiner Revision beim Bundesgerichtshof war Mollath endgültig in einer geschlossenen Anstalt weggesperrt. Er verlor den Kontakt zur Außenwelt; Freunde und Bekannte wussten nicht, wo er geblieben war. Mollaths Hilferufe verhallten – Briefe eines gemeingefährlichen Geisteskranken, wer nahm sie schon ernst? Mit so einem wollte man nichts zu tun haben.

Sein Alltag war trostlos. Eine Stunde Hofgang am Tag, anfangs nur in Handschellen. Keine sinnvolle Beschäftigung. Nachts fand drei Mal eine Zellenkontrolle statt, in Straubing sogar stündlich! Das vom Gang hereinfallende Licht riss ihn jeweils aus dem Schlaf, er litt darunter schwer. Demütigend waren Durchsuchungen seiner Zelle, noch demütigender Körperkontrollen, bei denen er sich nackt ausziehen musste. Eine Therapie fand nicht statt, weil er sich ihr zu Recht verweigerte.

Das Essen war anfangs schlecht, später akzeptabel. Abends gab es Fernsehen, zusammen mit den Mithäftlingen, teils primitiven und wirklich psychisch kranken Menschen, teils Schwerverbrechern. Deren Geschmack war auf Pornofilme ausgerichtet, sie spielten zusätzlich eigene, besonders harte Porno-DVDs ab. Mollath ist ein intelligenter Mann, die Insassen wandten sich daher oft an ihn, wenn sie Probleme hatten. Er versuchte ihnen mit Rat zu helfen. Der Abteilungschefarzt Leipziger freilich deklarierte es in seinen Stellungnahmen gegenüber dem Vollstreckungsgericht Bayreuth (das jährlich über die Fortdauer der Inhaftierung zu entscheiden hatte) als Symptome des paranoiden Wahns, dass Mollath sich gegenüber Mithäftlingen als Rechtsberater betätige und des Öfteren das Fernsehprogramm umschalten wolle. Mollath war Leipziger ausgeliefert. Sein Haus war versteigert, Möbel, Autos und Kleidung waren weggebracht worden. Er hatte keinen Pass, keine Zeugnisse mehr.

Sein Leben war zerstört. Er vegetierte dahin, als Geisteskranker ausgestoßen aus der Gesellschaft, vielleicht für immer. Und das im Bewusstsein endgültiger Ohnmacht, inmitten eines demokratischen Staates, der in seiner Verfassung die Grundrechte eines jeden Bürgers garantierte. In ihm Wut und Verzweiflung ohne Ende.

2. Der Kampf um die Freilassung

All das, was ich im vorigen Kapitel an Scheußlichkeiten beschrieben habe, war mein Erkenntnisstand nach Durchsicht der wenigen amtlichen Unterlagen, die ich von Mollaths Anwalt Dr. Ziegler erhalten hatte, ergänzt um briefliche Mitteilungen Mollaths. Ich sah, dass ich keine andere Wahl hatte, als für seine Freilassung zu kämpfen, so schwer es auch sein würde. Aber die Frage war:

Würde Gustl Mollath überhaupt jemals wieder freikommen?

Eine vereitelte Chance

Im April 2007 beantragte Mollaths Ex-Frau über eine Anwaltskanzlei, ihren früheren Ehemann wieder unter Betreuung zu stellen, weil sie wegen Forderungen von über 100.000 Euro gegen ihn sein Einfamilienhaus ersteigern wolle (eine vorläufige Betreuung war ausgelaufen). Die Betreuungsstelle der Stadt Straubing widersprach dem Antrag, weil Mollath durchaus in der Lage sei, seine Angelegenheiten selbst zu regeln. Daraufhin beauftragte das Amtsgericht Straubing den Leitenden Arzt des Bezirkskrankenhauses Mainkofen, Dr. Hans Simmerl, ein psychiatrisches Gutachten zu erstellen (AZ:XVII 258/06). Dieser kam im September 2007 zu dem klaren Ergebnis, dass Mollath voll geschäftsfähig sei. Er leide »mit Sicherheit« nicht an Schizophrenie oder Paranoia (wie Leipziger behauptet hatte), auch eine gehirnorganische Störung scheide aus. Was Mollath sage, sei »jederzeit nachvollziehbar und geordnet«.

Anders als beim Leipziger-Gutachten waren hier, wie vorgeschrieben, eine körperliche Untersuchung und ein Explorationsgespräch erfolgt.

Mollath hätte daher sofort freigelassen werden müssen. Der Direktor des Amtsgerichts Straubing und ein weiterer Richter lehnten die beantragte Betreuung (sprich: Entmündigung) ab. Zugleich teilten sie einer Richterin der Vollstreckungskammer des Landgerichts Regensburg mit, es sei zu prüfen, ob die Unterbringung in der Psychiatrie gerechtfertigt sei. Daraufhin forderte die Vollstreckungskammer die Staatsanwaltschaft Nürnberg-Fürth auf, Stellung zu nehmen.

Was daraufhin geschah, liegt im Dunkeln. Mollath blieb weiterhin hinter Gittern, sein Martyrium setzte sich fort. Wer hatte seine Freilassung hintertrieben?

Fest steht, dass man flugs ein »Gegengutachten« einholte, das Prof. Hans-Ludwig Kröber (Berlin-Mitte) mit Datum vom 27. Juni 2008 erstellte. Er konnte Mollath allerdings nicht untersuchen, weil dieser sich ahnungsvoll weigerte. Dennoch disqualifizierte Kröber das sorgsame Gutachten des Dr. Simmerl, weil dieser die Angaben Molllaths zu den Schwarzgeldverschiebungen als nicht wahnhaft befunden habe. Wieso konnte Kröber behaupten, die Angaben seien wahnhaft, obwohl weder er noch andere sie je überprüft hatten? Man kann sich kaum vorstellen, dass Kröber selbst seine Begründung für plausibel gehalten hat. Was aber war dann sein Motiv?

Die »ehrbaren« Richter des Landgerichts Bayreuth

Die Unterbringung in einer psychiatrischen Anstalt ist laut Gesetz spätestens in jährlichem Abstand durch das Vollstreckungsgericht zu überprüfen. Ein solcher Termin stand am 9. Mai 2011 an. Deswegen hatte Molllaths Anwalt Dr. Ziegler dem Landgericht Bayreuth, wie erwähnt, meine 30-seitige Analyse des Falles als Verteidigungsvorbringen zugeleitet. Zugleich beantragte er, für die Anhörung die Öffentlichkeit zuzulassen und mir als »Person des besonderen Vertrauens« von Mollath die Anwesenheit zu gestatten.

Die Staatsanwaltschaft beantragte sofort, beide Anträge abzulehnen. Dass sie mich als den Autor von *Macht und Missbrauch* und als den Verfasser der Analyse nicht dabeihaben wollte, war verständlich. Und dass ihr an Öffentlichkeit ganz und gar nicht gelegen war, war ebenso nachvollziehbar. Was tat das Gericht? Es folgte den Anträgen der Staatsanwaltschaft und behauptete, eine Anhörung sei kraft Gesetzes nicht öffentlich. Dies war unwahr. Vielmehr ist es so, dass das Gesetz insoweit keine Regelung enthält, so der maßgebliche Gesetzeskommentar. Warum diese Scheu des Gerichts vor der Öffentlichkeit? Warum wollte es mich nicht als Beobachter dulden? Es befand, es gebe hierfür »keinerlei Anlass«, weil man bereits dem früheren Richter Rudolf Heindl die Anwesenheit gestattet habe. Aber das wäre doch kein Hindernis gewesen, eine weitere Vertrauensperson zuzulassen! Wer sich nur auf die leere Formel »es bestehe kein Anlass« beruft, offenbart, dass er keine sachlichen Gründe anführen kann. Auf den Protest Mollaths hin ließ mich das Gericht schließlich doch zu, dafür wurde der frühere Richter Heindl ausgeschlossen.

Den Beginn der Anhörung hatte das Gericht auf Montag neun Uhr festgesetzt. Um 8.30 Uhr standen vor dem stattlichen neubarocken Gerichtsgebäude außer mir Rechtsanwalt Dr. Ziegler, eine Rechtsanwältin aus seiner Kanzlei, die den Fall Mollath mitbearbeitete, und der Richter a. D. Heindl. Auch Fernsehen und Rundfunk waren präsent. Die ARD-Redakteurin Monika Anthes von »Report Mainz« und der Redakteur Erwin Kohla vom Südwestrundfunk und zwei Kameraleute warteten auf die Ankunft Mollaths. Sein Verteidiger wollte sich verabredungsgemäß mit ihm noch eine halbe Stunde vor dem Termin besprechen. Aber Mollath blieb aus. Erst nach neun Uhr fuhr ein Polizeiwagen vor, zwei Polizisten brachten Mollath. Warum so verspätet? Offensichtlich wollte man den Kontakt mit dem Verteidiger und der Presse behindern.

Bevor die Sitzung begann, machten die Fernsehleute draußen auf dem Gang noch ein Interview mit Mollath. Er sprach sehr ruhig, sagte, er habe überhaupt keine Angst, das habe er schon hinter sich. Auf alle Fragen antwortete er erstaunlich gefasst, ohne ein einziges aggressives Wort gegen diejenigen, die an seinem Schicksal schuld waren. Doch dann, zum Schluss, brach es aus ihm heraus. Ein unterdrücktes Aufschluchzen, nur ein paar Sekunden, dann hatte er sich wieder in der Gewalt.

Die Sitzung begann. Der Vorsitzende Richter Werner Kahler belehrte mich, es handle sich um eine nicht öffentliche Verhandlung. Daraus ergäben sich für mich Geheimhaltungspflichten. Das war falsch. Eine Geheimhaltungspflicht besteht nur dann, wenn die Öffentlichkeit vom Gericht ausgeschlossen wird, nicht aber, wenn eine Verhandlung von vornherein nicht öffentlich ist. Zudem hätte die Kammer die geheim zu haltenden Tatsachen bezeichnen müssen, was aber nicht geschah. Vor allem jedoch sollen Geheimhaltungsvorschriften nicht das Gericht schützen, sondern Prozessbeteiligte. Mollath aber wollte keine Geheimhaltung, eben deswegen hatte er Öffentlichkeit beantragt.

An einem Seitentisch saß Prof. Friedemann Pfäfflin, der psychiatrische Sachverständige, ein Mann mit düsteren Gesichtszügen. Verstohlen blickte er immer wieder zu mir herüber. Der Verteidiger hatte gerade an ihn zwei, drei Fragen gerichtet, da fuhr der Vorsitzende plötzlich die Anwältin aus Zieglers Kanzlei in scharfem Ton an: »Was machen Sie dahinten? Schreiben Sie etwa mit?« Die Anwältin zuckte erschreckt zusammen, bejahte. Kahler untersagte ihr, mitzuschreiben. Das war nicht rechtens. Wo steht denn geschrieben, dass man in einer nicht öffentlichen Sitzung nicht mitschreiben darf?

Was Pfäfflin bei seiner Befragung durch den Pflichtverteidiger von sich gab, war so erstaunlich, dass es in die Annalen der forensischen Psychiatrie eingehen sollte. Das Landgericht Nürnberg-Fürth hatte, wie ausgeführt, seinem Urteil die Diagnose zugrunde gelegt, Mollaths Angaben über die Schwarzgeldverschiebungen seien paranoide Wahnvorstellungen – eine Prüfung dieser Angaben war jedoch, wie erwähnt, nie erfolgt. Pfäfflin hätte daher in seinem Gutachten rügen müssen, dass der ursprünglichen Diagnose »Wahn« jede Grundlage fehlte. Doch er tat das genaue Gegenteil. Er schrieb: »Die Einweisungsdiagnose der wahnhaften Störung gilt aus meiner Sicht auch heute noch.« Denn Mollath sehe sich »als einen Menschen, der voll bei Verstand ist ... und Wissen von unrechtmäßigen Vorgängen im Bankgewerbe hat, das mithilfe der befassten juristischen und psychiatrischen Instanzen unterdrückt werden soll«. Allerdings liege weder eine Paranoia noch Schizophrenie vor (wie der Erstgutachter Leipziger steif und fest behauptet hatte), sondern eine psychische Störung.

Daraufhin stellte Anwalt Ziegler die Frage, ob man denn von Wahn sprechen könne, wenn die Angaben zu den illegalen Geldgeschäften der Realität entsprächen. Die verblüffende Antwort des Friedemann Pfäfflin: Das könne man trotzdem! Es sei hier so, »dass die Gedanken des Untergebrachten um einen fernen Punkt von Unrecht kreisen, das sich in der Welt ereignet. Dabei handelt es sich um den Kristallisationspunkt seiner wahnhaften Störung. Das reale Geschehen spielt lediglich eine untergeordnete Rolle.« Dass der Wahn der Gegensatz zur Wirklichkeit ist, störte den Herrn Professor mitnichten.

Überdies offenbarte er nicht, was man sich unter diesem »fernen Punkt von Unrecht«, das draußen in der Welt geschieht, vorzustellen habe. Als Gutachter hatte er sich auf Fakten zu stützen, er aber verwies ins Imaginäre – notgedrungen, weil er seine Diagnose »Wahn« aufrechterhalten wollte. Natürlicherweise kreisten die Gedanken Mollaths nicht um einen fernen, sondern sehr nahen Punkt von Unrecht, nämlich, dass er seit Jahren in eine psychiatrische Anstalt weggesperrt wurde.

Sodann begründete Pfäfflin das angebliche Wahnsystem zusätzlich damit, dass Mollath »sich in vielfältiger Weise verfolgt fühlt«. Ja, welche Meinung sollte Mollath denn sonst von den Staatsanwälten und Richtern haben, die ihn ins Unglück gestoßen hatten? Was wohl hätte Friedemann Pfäfflin empfunden, wenn es ihm so ergangen wäre mit Strafanzeigen zu Schwarzgeldverschiebungen, Steuerhinterziehung und Geldwäsche?

Mollath hatte sich schon vor der Trennung von seiner Frau wegen der Schwarzgeldverschiebungen mehrmals an die Direktoren der HypoVereinsbank und sogar an den Vorstandsvorsitzenden Dieter Rampl gewandt. Er bat sie inständig darum, seine Frau von den illegalen Geschäften freizustellen. Doch nun verstieg sich Pfäfflin dazu, sogar diese Bitte als Symptom des Wahns hinzustellen. Mollath, postulierte er, hätte stattdessen seine Ehefrau bei der Polizei anzeigen müssen! Dass Mollath schon aufgrund seiner rechtlichen Pflichten aus dem Eheverhältnis gehalten war, zunächst den anderen Weg zu gehen, kümmerte Pfäfflin nicht. Er fuhr fort, normales Verhalten in wahnhaftes umzumünzen. Erst auf Vorhalt des Verteidigers räumte er notgedrungen ein, er halte »den Gedanken, die Ehefrau schützen zu wollen, für nachvollziehbar«.

Pfäfflin hatte auch eine Prognose über die künftige Gefährlichkeit Mollaths abzugeben. Dazu hatte er geschrieben: »Vor dem Hintergrund dessen, was in Abschnitt 7.1 gesagt wurde, liegt die Annahme nahe, dass Herr Mollath womöglich wieder den im Einweisungsurteil genannten Taten vergleichbare Taten begehen wird.« Der Anwalt hielt ihm vor, dass in dem zitierten Abschnitt dazu nichts stehe. Die Antwort Pfäfflins: »Das ist ein Schreibversehen, es steht in Abschnitt 7.2.« Aber auch in diesem Abschnitt fand der Anwalt nichts. Daraufhin Pfäfflin: »Ich hätte vielleicht besser schreiben sollen: ›vor dem Hintergrund der diagnostischen Einschätzung‹.« Schwuppdiwupp, anstatt pflichtgemäß seine Prognose mit Fakten zu begründen, verwies er einfach auf seine Diagnose, so als ob sich daraus schon die Prognose selbst ergäbe.

Als ihm der Anwalt weiter vorhielt, er habe bloß von der Möglichkeit künftiger Straftaten Mollaths gesprochen, während der Bundesgerichtshof für die Fortdauer der Unterbringung eine gehobene Wahrscheinlichkeit verlange und das Bundesverfassungsgericht neuerdings sogar eine sehr hohe Wahrscheinlichkeit, reparierte Pfäfflin auch diesen Mangel geschwind: »Ich habe da vielleicht eine fast zu weiche Formulierung gewählt ... Ich halte die Wahrscheinlichkeit für sehr hoch, weil Mollath keine Krankheitseinsicht zeigt und sich nicht therapieren lässt.«

Es war unfassbar, wie dieser Sachverständige für forensische Psychiatrie im Handumdrehen alles passend machte. Er musste doch wissen, dass seine Wahndiagnose ohne Grundlage war. Wie konnte er dann Mollaths angebliche Gefährlichkeit damit begründen, dass er sich nicht therapieren lasse? Noch empörender aber war, wie bereitwillig die Richter diese untauglichen Anpassungsversuche Pfäfflins akzeptierten, obwohl es hier um wenigstens ein Jahr weitere Haft für Gustl Mollath ging. Was nur war ihr Motiv?

Zur gleichen Zeit fand im Bayerischen Landtag ein Experten-Hearing zum Entwurf eines neuen Unterbringungsgesetzes statt. Prof. Norbert Nedopil von der Psychiatrischen Klinik der Universität München stellte dabei nüchtern fest: »Ohne Fakten gibt es keine Prognose.« Das gilt logischerweise erst recht für die Diagnose einer Krankheit. Pfäfflin war ein erfahrener Gutachter, er konnte unmöglich an seine eigene Argumentation glauben. Was aber war sein Motiv?

Das sah auch Dr. Friedrich Weinberger, Vorsitzender der renommierten Walter-von-Baeyer-Gesellschaft für Ethik in der Psychiatrie, in einem von ihm erstellten Gegengutachten vom 30. April 2011 nicht anders, das die »Solidargemeinschaft für Gustl Mollath« initiiert hatte. Weinberger, selbst Psychiater und Träger des Bundesverdienstkreuzes, fällte ein vernichtendes Urteil über Pfäfflin: Er habe seine Diagnose »aus Fahrlässigkeit oder Absicht« falsch gestellt. Jetzt, im Anhörungstermin vom Verteidiger damit konfrontiert, tat Pfäfflin es forsch ab als »satirische Parodie eines Gutachtens«. Dem Gericht genügte dies. Trotz Antrags des Verteidigers hatte es Weinberger rechtswidrigerweise nicht einmal geladen. Warum nicht?

Es war ein bizarres Szenario, das sich da abspielte. Dem Gericht oblag eine Amtsermittlungspflicht. Es hätte Pfäfflin die offenkundigen Mängel seines Gutachtens und seiner Aussagen vorhalten müssen. Nichts dergleichen geschah. Fragen an Pfäfflin stellten ausschließlich der Verteidiger und schließlich auch Mollath. Kahler stellte keine einzige Frage, die Beisitzer schauten mit hängenden Köpfen vor sich hin. Zwar vermerkt das Protokoll eine Frage des Vorsitzenden. Doch die hatte der Verteidiger gestellt – der Vorsitzende reichte sie lediglich an Pfäfflin weiter. Was ich im Gerichtsgebäude von Bayreuth erlebte, hatte mit dem, was Gesetz und Rechtsprechung vorgaben, nichts mehr zu tun. Ich war entsetzt, beobachtete stumm, ein Rederecht hatte ich nicht.

Die Sitzung war beendet. Als sich die Tür des Gerichtssaals hinter uns schloss, waren der Pflichtverteidiger, seine Kollegin und ich uns einig: Die Richter würden Mollath nicht freilassen, die Anhörung war eine reine Formsache gewesen. Dennoch hatte ich noch eine vage Hoffnung. Ich sagte: »Wenn die da drinnen nicht von allen guten Geistern verlassen sind, dann lassen sie Mollath frei. Sie haben meine Analyse und die Gutachten des Dr. Weinberger und des Dr. Simmerl in Händen. Daher müsste ihnen klar sein, dass ihnen keine Ausrede bleibt, wenn der Fall zum öffentlichen Skandal wird.«

Mollath, bis dahin von Journalisten und Polizisten umringt, stand unversehens vor mir. Als ich mit ihm sprach, glitt mein Blick an ihm herunter, ich sah plötzlich, dass er mit Handschellen gefesselt war. Da ließen mich die Demütigungen, denen der Mann ausgesetzt war, und all das Leid, das man ihm zugefügt hatte, die Fassung verlieren. Dem Missbrauch der Amtsgewalt ohnmächtig zusehen zu müssen, war zu viel. Mir stiegen die Tränen in die Augen – ich musste mich abwenden. Von den Journalisten um ein Statement gebeten, presste ich heraus: »Als ehemaliger Ministerialbeamter schäme ich mich, dass so etwas in einem angeblichen Rechtsstaat möglich ist.« Mollath wurde abgeführt.

Die Einschätzung, dass der Vorsitzende Kahler und seine Beisitzer Mollath weiterhin wegsperren würden, sollte sich bewahrheiten. Sie ordneten die Fortdauer der Unterbringung für ein weiteres Jahr an. In ihrem Beschluss vom 9. Juni 2011 (AZ: StVK 551/09) erwähnten sie die Einwände nicht. Mit einer Ausnahme: Sie begründeten, warum Mollaths Angaben über die Schwarzgeldverschiebungen Wahnvorstellungen waren. Dazu führten sie aus: »Zu der von dem Untergebrachten immer wieder thematisierten Frage, ob seine (damalige) Ehefrau tatsächlich an illegalen Finanztransaktionen beteiligt war«, habe der Sachverständige Pfäfflin »ausdrücklich« erklärt, sie spiele für die Beurteilung, ob ein Wahn vorliegt, keine entscheidende Rolle. Die Gedanken Mollaths kreisten »um einen fernen Punkt von Unrecht, das sich in der Welt ereigne. Das sei der Kristallisationspunkt seiner wahnhaften Störung. Dazu gehöre, dass er sich in vielfältiger Weise verfolgt fühle.«

Jetzt zeigte es sich: Diese surrealistische Aussage Pfäfflins war für die Richter Gold wert! Damit hatte er die bis dahin klaffende Wunde in der Beweisführung, dass Mollath unter einem Wahnsystem leide, endlich mit einem Pflaster überklebt. Auf die Realität kam es gar nicht an! Das hatte der Herr Sachverständige sogar »ausdrücklich« gesagt, wie die Kammer hervorhob, also berief sie sich darauf. Dass der logische Gegensatz zwischen Wahn und Wirklichkeit irrelevant sein sollte, war freilich eine in der Psychiatrie völlig neue These. Würde sie sich durchsetzen, wüchsen den psychiatrischen Sachverständigen ungeahnte Kompetenzen zu. Sie könnten jeden Angeklagten, jeden Prozessgegner für geisteskrank erklären, je nachdem, ob seine Gedanken angeblich um einen »fernen Punkt von Unrecht« kreisten oder nicht.

Mühelos aber erkannten die Richter – womit sie sich verrieten –, dass es geboten war, die HypoVereinsbank und deren Schwarzgeldkunden nicht zu belasten! Diese sparten sie im Text aus, indem sie wahrheitswidrig nur von möglicherweise illegalen Finanztransaktionen der Ehefrau Mollaths sprachen. Mollath hatte außerdem nicht lediglich »thematisiert«. Er hatte Ross und Reiter genannt! Warum nur klammerten die Richter die HypoVereinsbank aus? Hielten sie sich an eine »von oben« vorgegebene Sprachregelung? Dieser Verdacht besteht, weil sich dieses Ausklammern wie ein roter Faden durch alle gerichtlichen Beschlüsse und Protokolle im Fall Mollath zieht, ebenso durch die Bescheide der Staatsanwaltschaft. Einzige Ausnahme: Im Urteil des Landgerichts Nürnberg wird einmal die HypoVereinsbank erwähnt.

Aber da war doch der erfahrene Dr. Weinberger, der bei Mollath keine Geisteskrankheit hatte feststellen können. Sein Gutachten schoben die Richter beiseite, weil es »von Personen in Auftrag gegeben worden ist, die die Unterbringung des Gustl Mollath als unrechtmäßig ansehen«, und weil es nicht objektiv sei. War der Leitende Amtsarzt Dr. Simmerl, der zuvor Mollath im Auftrag des Amtsgerichts Straubing untersucht hatte und ebenfalls keine Geisteskrankheit feststellen konnte, etwa auch nicht »objektiv«?

In der Begründung der Bayreuther Kammer lugte ein unscheinbarer Satz hervor: »Die Staatsanwaltschaft Nürnberg-Fürth beantragt, die Fortdauer der Unterbringung anzuordnen.« Die Staatsanwaltschaft setzte also munter ihr Treiben fort, obwohl sie und wohl auch Justizministerin Beate Merk meine Ausarbeitung vom 28. März 2011 kannten. Das ließ Rückschlüsse zu.

Entlarvend war, dass die gleiche Vollstreckungskammer wenige Monate zuvor einen Straftäter, der zunächst seine Ehefrau und Jahre später seine Lebensgefährtin unter Alkoholeinfluss getötet hatte, aus der Sicherungsverwahrung entlassen hatte, weil nicht erwiesen sei, dass er sehr gefährlich sei. Und das, obwohl der Sachverständige »ausdrücklich« erklärt hatte, er sei weiterhin sehr gefährlich. Dass Mollath aufgrund seiner Strafanzeigen für die HypoVereinsbank und ihre Schwarzgeldkunden als brandgefährlich galt, war für die Richter überdeutlich. Aber diese spezielle Art der Gefährlichkeit rechtfertigte nach geltender Gesetzeslage kein Wegsperren in eine psychiatrische Anstalt. Dies konnte die Vollstreckungskammer nicht verkannt haben.

Die »weisen« Richter des Oberlandesgerichts Bamberg

Die sofortige Beschwerde des Verteidigers schmetterten die Richter des ersten Senats beim Oberlandesgericht Bamberg, der Vorsitzende hieß Norbert Baumann, auf nur drei Seiten mit markigen Worten ab. In ihrem Beschluss vom 26. August 2011 (AZ: 1 Ws 337/11) bescheinigten sie der Vollstreckungskammer, sie sei »nach sorgfältiger Ermittlung [!] aller Umstände zu dem Ergebnis gelangt, dass bei dem Verurteilten eine wahnhafte Störung vorliegt ...«. Alle angeführten Gründe seien zutreffend, das Gutachten des Prof. Pfäfflin sei überzeugend. Die Sache hatte aber einen gewaltigen Haken: Die Richter setzten sich der Einfachheit halber mit den massiven Einwänden des Verteidigers überhaupt nicht auseinander. Sein Vorbringen schmolzen sie gar auf die wenigen Worte ein, der Verteidiger habe in seinem Schriftsatz vorgetragen, Mollath »leide weder unter einem Wahn noch sei zu erwarten, dass er außerhalb des Maßregelvollzugs rechtswidrige Taten begehen werde«. Sie schrieben: »Hinsichtlich der Ausführungen im Einzelnen wird auf den Inhalt dieses Schriftsatzes Bezug genommen« (gemeint der Schriftsatz des Verteidigers). Ähnlich einem Zauberer, der mit einem Trick einen Elefanten von der Bühne verschwinden lässt, machten die Richter durch diese Verweisung auf den Akteninhalt schwerstwiegende Gegenargumente in ihrer Begründung unsichtbar.

Damit brauchten die Richter nicht selbst darzulegen, worin der angebliche Wahn bestand, und sie konnten zugleich ausblenden, dass Molllaths Angaben nie überprüft worden waren. So mussten sie nicht auf die unsägliche Behauptung Pfäfflins zurückgreifen, für die Annahme eines Wahns spiele die Wirklichkeit nur eine untergeordnete Rolle. Auf diese Falltüre wollten sie nicht treten – sie zeigten, dass sie der Vollstreckungskammer Bayreuth intellektuell überlegen waren.

Stattdessen schoben die Richter eine den Wahn darlegende Stellungnahme Leipzigers vor. Sie zitierten daraus, Mollath sei unverändert überzeugt, er sei »ein Opfer des Bankensystems und solle als unliebsamer Mitwisser aus dem Weg geräumt werden, da er die Schwarzgeldverschiebungen aufdecken wolle«. Man beachte, wie elegant der Name der HypoVereinsbank durch die Vokabel »Bankensystem« verdeckt wird!

Weitere Punkte Leipzigers waren reine Stimmungsmache gegen Mollath: Er betätige sich gegenüber Mitpatienten als Rechtsberater, schalte das Fernsehprogramm eigenmächtig um, beharre auf einem bestimmten Sitzplatz, wolle den anderen seine Meinungen aufdrängen usw. Und schließlich der Gipfel: Einem medikamentösen Behandlungsversuch mit Neuroleptika stehe der Verurteilte, der sich psychisch für völlig gesund halte, rigoros ablehnend gegenüber. Wie abstrus oder lächerlich diese Argumente auch waren, die Richter erklärten sie für überzeugend! Richter eines Oberlandesgerichts!

Vor allem ist nochmals zu unterstreichen: Für diese Richter war aus den Akten klar ersichtlich, dass Mollaths Angaben über die Schwarzgeldverschiebungen gar nicht überprüft worden waren, die Verteidigung hatte zudem darauf hingewiesen, mehrmals. Wie konnten sie da ebenfalls von einem Wahn ausgehen? Richter eines Oberlandesgerichts!

Doch sie hatten noch ein weiteres Problem zu bewältigen. Um die weitere Inhaftierung Mollaths zu begründen, mussten sie darlegen, dass Mollath auch künftig gemeingefährlich sei. Beweis hierfür seien, argumentierten sie, »insbesondere die Körperverletzungsdelikte zum Nachteil der früheren Ehefrau«. Das Argument aber hatte gleich zwei Defekte. Wer seine Ehefrau schlägt, ist deswegen nicht gleich gefährlich für andere. (Eine Befragung von 10.000 Frauen im Auftrag des Bundesfamilienministeriums ergab: Jede sechste Frau hat Gewalt mit Verletzungsfolgen seitens ihres Partners erlebt – unabhängig vom Bildungsstand, zitiert nach dem evangelischen Magazin *Chrismon, April 2012.*) Mollaths Ehe war zudem seit acht Jahren geschieden. Und das Landgericht Nürnberg-Fürth hatte seinem Urteil nicht mehrere Körperverletzungsdelikte zugrunde gelegt, wie die Bamberger Richter plötzlich behaupteten, sondern nur ein einziges. Die angeblichen Reifenstechereien ließen sie unerwähnt, da sie rechtlich gesehen nach damals schon sechs Jahren Inhaftierung bedeutungslos waren.

Aber wie macht man aus einem Delikt gegenüber der Ehefrau eine Gefahr für die Allgemeinheit? Mit unvergleichlichem Scharfsinn schafften der Vorsitzende Baumann und seine Beisitzer auch dies. Sie argumentierten: »*Selbst wenn sich die Aggressivität des Verurteilten nur gegen einzelne Personen richtet und nur hier Straftaten drohen, ist gleichwohl eine Gefährdung der Allgemeinheit anzunehmen, weil auch diese einzelnen Personen Mitglieder der Allgemeinheit sind und in vollem Umfang geschützt werden müssen.*« Erstaunlich, wie sich eine frühere Ehefrau in die Allgemeinheit verwandeln ließ!

Unausweichlich das Verdikt: Mollath bleibt weggesperrt! Das hatte selbstverständlich auch die der Justizministerin Merk unmittelbar unterstehende Generalstaatsanwaltschaft beantragt.

»So etwas ist mir noch nicht passiert«, empörte sich Mollaths Anwalt Ziegler. Er war außer sich über dieses üble Machwerk und die völlige Versagung des rechtlichen Gehörs und stellte Antrag auf dessen Nachholung (§ 33a Strafprozessordnung). Prompt beantragte die Generalstaatsanwaltschaft, den Antrag kostenpflichtig abzuweisen. Die Richter des Oberlandesgerichts lehnten weiteres rechtliches Gehör ab. Der reguläre Rechtsweg war nunmehr ausgeschöpft, das wussten sie!

Sich an den Landtag zu wenden, war aussichtslos. Aufgrund des Gewaltenteilungsgrundsatzes befasst sich der Landtag nicht mit Petitionen, wenn ein Gericht entschieden hat. Im Fall von Rechtsbeugung durch ein Gericht allerdings müsste nicht nur die Justizministerin oder der Justizminister einschreiten, der Landtag könnte die Sache ebenfalls aufgreifen. Gegen einen Bayreuther Richter zum Beispiel, der Verkehrssünder angeblich zu milde abgeurteilt hatte, war die Ministerin vorgegangen. Aber hier würde sie sicherlich den Vorwurf der Rechtsbeugung entschieden zurückweisen. Mollath konnte allenfalls auf einen Regierungswechsel hoffen, aber nur sehr vage.

In der Forensisch-psychiatrischen Anstalt Bayreuth war Mollath in einem Teufelskreis gefangen. Leipziger hielt ihn gefangen mit der Begründung, er weigere sich hartnäckig, sich einer Therapie zu unterziehen. Wie freilich sollte eine solche Therapie aussehen? Und wann war sie erfolgreich? Doch nur dann, wenn er wider besseres Wissen eingestand, dass seine bisherigen Angaben über die Schwarzgeldverschiebungen Wahnvorstellungen seien. Allein schon, wenn er in eine Therapie einwilligte, nur um endlich freizukommen, gab er damit zu, dass er verrückt sei. Dann könnte Leipziger vor Gericht triumphieren und erklären, jetzt endlich zeige der Patient Krankheitseinsicht.

Aber Leipziger verlangte sogar von ihm, er müsse sich mit Neuroleptika behandeln lassen. Das heißt, in seinem Gehirn sollten physiologische Veränderungen herbeigeführt werden mit dem erklärten Ziel, ihn von seinen wahnhaften Behauptungen über die Schwarzgeldverschiebungen zu »heilen«. Mit anderen Worten: Er sollte sich einer Gehirnwäsche unterziehen. Woher sollte Mollath außerdem das Vertrauen nehmen, dass nicht zu viel oder falsch gespritzt wurde? Vertrauen? Nach dem eklatant falschen Einweisungsgutachten Leipzigers? Abgesehen davon gab es ein großes Merkblatt der Anstalt, das auf schädliche Nebenwirkungen von Neuroleptika hinwies.

Aber selbst wenn Mollath sich auf all das eingelassen hätte, welche Gewähr hatte er, dass Leipziger ihn dann als geheilt freilassen würde? Mollath sagte mir, er glaube nicht daran. Mit der Aussicht auf Freilassung wolle Leipziger ihn lediglich ködern, einer Therapie zuzustimmen. Es würde sich immer eine Begründung finden lassen, dass er noch nicht geheilt sei.

Und wer könnte nicht wirklich am Ende verrückt werden, wenn er plötzlich in die Psychiatrie verbracht würde? Und wer könnte für sich verbürgen, dass er nach langen Jahren dort drinnen noch normal wäre? In der zermürbenden Ungewissheit, ob man je wieder in Freiheit kommt, während wertvolle Jahre des Lebens verstreichen. Von früh bis spät in der Gesellschaft von Mördern, Sexualtriebtätern, Drogen- und Alkoholsüchtigen. Eine Stunde Hofgang am Tag, sonst eingesperrt auch bei schönstem Wetter, während die draußen ihre Freizeit genießen und in Urlaub fahren.

Eines Tages rief Mollath mich bestürzt an. Ein früherer Zimmergenosse habe sich erhängt. Kurz darauf schickte er mir den Bericht eines Inhaftierten, der darlegte, wie viele sich schon umgebracht hätten. Wenig später teilte er mir mit, ein neu eingelieferter Gewalttäter aus Russland habe ihm wiederholt gedroht, er werde ihn zusammenschlagen. Ich begann zu fürchten, Mollath könnte eines Tages die Nerven verlieren und seinem Leben ein Ende setzen. Um ihn aufzumuntern, rief ich ihn nun regelmäßig an.

Die Justiz im Fangeisen

Wie erwähnt, hatte Mollath in der Verhandlung vor dem Amtsgericht Nürnberg am 25. September 2003 einen Schnellhefter mit 106 Seiten als Verteidigungsvorbringen übergeben. Ich stiftete Mollaths Anwalt Dr. Ziegler an, Akteneinsicht zu beantragen. Mir war klar, dass die Justiz dadurch in höchste Bedrängnis geraten würde. Gab sie den Schnellhefter heraus, dann wäre sie, sofern die Beweise manifest waren, erst recht der Strafvereitelung überführt, da sie sich geweigert hatte, gegen die Hypo-Vereinsbank und ihre Schwarzgeldkunden vorzugehen. Hielt die Justiz jedoch das Beweismaterial zurück oder hatte sie es vernichtet, sah sie sich dem schlimmen Vorwurf der Aktenunterdrückung ausgesetzt. Meine Erwartungen wurden nicht enttäuscht.

Nachdem der Anwalt innerhalb eines Vierteljahres dreimal vergeblich Akteneinsicht in den Schnellhefter beantragt hatte, fragte ein von mir informierter Journalist der *Nürnberger Nachrichten* bei der Justiz an, warum man die 106 Seiten nicht herausgebe. Das Justizministerium verwies ihn an die Pressesprecherin der Staatsanwaltschaft Nürnberg-Fürth, die

Oberstaatsanwältin Antje Gabriels-Gorsolke. Diese versicherte ihm, der Anwalt habe sie längst erhalten und sogar schon wieder zurückgeschickt! Als sich das auf Rückfrage als unwahr herausstellte, behauptete sie, sie habe sich geirrt. Sie habe das verwechselt mit einer Aktenversendung drei Jahre zuvor. Ein sehr merkwürdiger Irrtum. Aber, so behauptete die Oberstaatsanwältin nun, die 106 Seiten seien wahrscheinlich gemäß der sogenannten Aufbewahrungsverordnung nach fünf Jahren vernichtet worden. Dies konnte schon deshalb nicht stimmen, weil, wie ihr bewusst sein musste, von einem Angeklagten übergebene Schriftstücke als dessen Eigentum gelten und deshalb nicht vernichtet werden dürfen, sondern ihm als Asservate zurückzugeben sind. Mit anderen Worten: Die Aufbewahrungsverordnung griff in diesem Fall gar nicht.

Auf Bitte des Journalisten sandte die Oberstaatsanwältin ihm den Text der Verordnung zu; eine dort vorgesehene Fünfjahresfrist für Aktenvernichtung hatte sie umkreist. Als der Journalist ihr vorhielt, die Regelung gelte für andere Strafrechtsfälle, sah sie sich gezwungen, dies einzuräumen. Jetzt plötzlich gab sie zu, dass der Schnellhefter doch vorhanden sei. Bald darauf schrieb indessen ein Staatsanwalt aus der Pressestelle dem Journalisten, der Schnellhefter sei gemäß der Aufbewahrungsverordnung vernichtet worden. Damit konfrontiert, sagte Gabriels-Gorsolke, das sei ein Missverständnis, er existiere noch. Trotzdem erhielt der Anwalt den Schnellhefter auch weiterhin nicht – es war unfassbar, was sich diese Justizbeamten da herausnahmen, wie sie mit Mollaths Verteidiger Katz und Maus spielten. Erst nachdem Rechtsanwalt Ziegler sich beim Generalstaatsanwalt heftig beschwert hatte, bekam er den Schnellhefter – nach einem halben Jahr! Zu spät, die Vollstreckungskammer Bayreuth hatte schon entschieden. Das war mutmaßlich das Kalkül gewesen.

Der Schnellhefter belastete die Justiz gewaltig. Denn er enthielt neben anderen Unterlagen eindeutige Dokumente, die die von Mollath geschilderten Schwarzgeldverschiebungen bewiesen. All das lag den Staatsanwälten und den Richtern längst vor. Seit der Verhandlung am 25. September 2003 saßen sie darauf. Dennoch hatten sie Molllaths Angaben als paranoide Wahnsymptomatik erklärt und ihn weggesperrt. Da war es schon verständlich, dass man die Einsichtnahme zu verhindern versuchte, die Öffentlichkeit durfte um Gottes willen nichts erfahren!

Ein unverhoffter Wiederaufnahmegrund und eine Verfassungsbeschwerde

Nachdem das Oberlandesgericht ablehnend entschieden hatte, rief mich der Zahnarzt Edward Braun aus Bad Pyrmont an. Wie ich war er bedrückt über das Schicksal seines langjährigen Freundes Gustl Mollath. »Aber seine Frau hat mir doch selbst erzählt, dass sie das Schwarzgeld von Kunden in die Schweiz transportiere«, erinnerte er sich. Dann erzählte er, dass er auch mit ihr über viele Jahre engstens befreundet gewesen sei. Er und die Molllaths hätten zusammen an Ferrari-Rennen teilgenommen und gemeinsame Urlaubsreisen unternommen. Als es wegen der Schwarzgeldverschiebungen zu Eheproblemen kam, habe sie ihn gebeten, auf ihren Mann einzuwirken. Braun schilderte mir Details. Völlig überrascht sagte ich: »Herr Braun, das, was Sie hier sagen, ist ja ungeheuer wichtig. Das ist ein Wiederaufnahmegrund! Legen Sie das schriftlich nieder und möglichst präzise.«

Unter dem Datum vom 7. September 2011 verfasste Braun eine eidesstattliche Versicherung. Die zentralen Passagen lauteten: Petra Mollath habe ihm etwa 1999/2000 bei einem Telefonanruf angeboten, »falls ich Geld anlegen wolle, könne sie mir helfen. Sie fahre häufig mit Kundengeldern in die Schweiz«. Gustl Mollath habe ihm damals mitgeteilt, er mache sich große Sorgen. Petra sei in Geldtransfers verwickelt, die nicht legal seien, er habe das dokumentiert (Name, Geldbetrag, Kontonummer!). Sicherheitshalber habe er alle Daten außerhalb seines Hauses hundertprozentig sicher vor Zugriffen geschützt.

Im Jahr 2002 habe ihn Petra Mollath erneut angerufen und inständig gebeten, auf ihren Mann einzuwirken. Er würde sich »in ihre beruflichen Belange einmischen. Sie lasse sich das nicht länger gefallen.« Später habe ihn (vermutlich nach der Trennung von ihrem Mann) ein weiterer Anruf von ihr erreicht. Sie habe ihm sinngemäß erklärt:

> *»Wenn Gustl meine Bank und mich anzeigt, mache ich ihn fertig. Ich habe sehr gute Beziehungen. Dann zeige ich ihn auch an, das kannst Du ihm sagen. Der ist doch irre, den lasse ich auf seinen Geisteszustand überprüfen, dann hänge ich ihm was an, ich weiß auch wie.« Am Schluss des Gesprächs habe sie in etwa gesagt: »Wenn Gustl seine Klappe hält, kann er 500.000 Euro von seinem Vermögen behalten, das ist mein letztes Wort.«*

Braun weiter: »Petra Mollath hat mir gegenüber zu keinem Zeitpunkt erwähnt, dass ihr Mann sie misshandelt oder gewürgt habe.« Der Kontakt zu den Molläths sei dann abgerissen. Erst 2010 habe er erfahren, dass Gustl Mollath in die Psychiatrie verbracht worden war.

Seine eidesstattliche Versicherung übersandte Edward Braun der Justizministerin Merk und der Staatsanwaltschaft. Doch es kam keine Reaktion. Und das, obwohl nunmehr feststand, dass Petra Mollath tatsächlich als Kurier Schwarzgeld in die Schweiz transportiert hatte. Zugleich untergrub ihre seinerzeitige Drohung, dass sie ihrem Mann etwas anhängen werde, die Basis seiner Verurteilung.

Absolut plausibel war die Drohung Petra Mollaths, sie habe »sehr gute Beziehungen«. Jeder der Schwarzgeldkunden war ihr ausgeliefert, musste ihr gefügig sein. Das konnten Ärzte, Anwälte, aber auch Angehörige der Justiz sein. Wer wollte zudem ausschließen, dass auch Juristen betroffen waren, die vielleicht Schwarzgeld geerbt hatten oder deren Ehefrau oder Verwandte über Schwarzgeld in der Schweiz verfügten?

Dass die eidesstattliche Versicherung Brauns zutraf, fand u. a. eine Bestätigung in einem Brief Gustl Mollaths vom 25. August 2002 an seine von ihm getrennt lebende Ehefrau. Darin hielt er ihr vor: »Du kamst wieder mit deinem verrückten Angebot: Wenn ich Stillschweigen bewahre, könne ich mit einer halben Million rechnen. Was soll das?« Braun zufolge hatte Petra Mollath ihm seinerzeit aufgetragen, ihrem Mann ebendieses Angebot zu überbringen. Hinzuzufügen ist: Braun kannte diesen Brief bei Abfassung seiner eidesstattlichen Versicherung nicht, der lag zu dieser Zeit noch bei den Gerichtsakten.

Mehrere Male schon hatte der Zahnarzt Edward Braun Justizministerin Merk energisch in Schreiben vom 5. August und 7. September 2011 sowie in weiteren Schreiben auf das an Mollath verübte Unrecht hingewiesen, ohne Erfolg. Da übersandte er ihr nochmals seine eidesstattliche Versicherung, nachdrücklich mahnend: »Sie haben die Pflicht, die Ihnen unterstehende Staatsanwaltschaft anzuweisen, ein Wiederaufnahmeverfahren durchzuführen.« Nach der Strafprozessordnung ist die Staatsanwaltschaft berechtigt und gegebenenfalls verpflichtet, einen solchen Antrag bei Gericht zu stellen.

Zwei Monate später sollte er aus allen Wolken fallen. Da flatterte ihm ein Beschluss des Landgerichts Regensburg ins Haus: Sein Wiederaufnahmeantrag werde wegen fehlender Antragsberechtigung und Formverstoßes als unzulässig verworfen, er habe die Kosten des Verfahrens zu tragen! Braun hatte eindeutig keinen Antrag gestellt, schon gar nicht bei Gericht. Jetzt sollte er sogar noch zahlen! Das war ein übler Streich, der ihm da gespielt wurde. Nach Einschaltung eines Anwalts hob das Oberlandesgericht Nürnberg die Kostenpflicht auf, weil er keinen Antrag gestellt habe. Trotzdem verkündete die Oberstaatsanwältin Gabriels-Gorsolke der SZ, Braun habe einen solchen Antrag gestellt – den aber habe das Landgericht Regensburg als unzulässig abgewiesen. Damit stellte sie klar, an ihrer Chefin Merk hafte kein Makel. Dem Zahnarzt Braun aber war vor Augen geführt worden, welche Folgen unbotmäßiges Verhalten haben kann.

Neben dem Wiederaufnahmegrund gab es noch eine zweite rechtliche Waffe:

Im Namen Mollaths legte Anwalt Michael Kleine-Cosack Verfassungsbeschwerde beim Bundesverfassungsgericht gegen die vom Landgericht Bayreuth und Oberlandesgericht Bamberg angeordnete Fortdauer der Unterbringung ein. Damit hatte die Gegenseite vermutlich nicht gerechnet, denn Mollath war mittellos. Edward Braun als langjähriger Freund des Ehepaars Mollath und ich übernahmen die Kosten. Nur 2 Prozent der Verfassungsbeschwerden haben Erfolg. »Aber hier ist was dran«, bestätigte mir der Anwalt. Denn: »Der Grundsatz der Verhältnismäßigkeit ist hier nicht einmal ansatzweise gewahrt.« Eine Chance bestand.

Doch darauf durfte man sich nicht verlassen. Es galt, die Öffentlichkeit zu informieren, zu mobilisieren. Ihr musste bewusst gemacht werden, dass der Fall Mollath eine neue Dimension des Machtmissbrauchs aufzeigte. Hier ging es um die verbrecherische Anwendung von Gewalt, kostümiert als rechtmäßiges Justizverfahren.

Anrufung der Öffentlichkeit

Nach der skandalösen Entscheidung des Oberlandesgerichts Bamberg war ich zwei Tage lang niedergeschlagen. Jede Initiative zugunsten Mollaths würde die Justizministerin Merk mit dem Argument vereiteln, dass die Gerichte entschieden hätten, und deren Entscheidungen habe sie zu respektieren. Hinter diesen Festungsmauern konnte sie sich sicher fühlen. Aber gab es nicht vielleicht doch eine unvermutete Schwachstelle?

Plötzlich fiel es mir wie Schuppen von den Augen: Die Staatsanwaltschaft war das Einfallstor! Sie hatte zum einen sämtliche Strafanzeigen Mollaths verworfen. Zum anderen hatte sie ihn ohne jede Überprüfung seiner Angaben angeklagt. Und sie saß am 8. August 2006 im Gerichtssaal, als gegen ihn verhandelt wurde. Was hatte der Staatsanwalt im Prozess beantragt? Ich schaute im Protokoll nach. Er hatte die Einweisung Molllaths in die Psychiatrie gefordert, obwohl er genau wissen musste, dass nichts als Wahnvorstellung eingestuft werden konnte, was man nicht überprüft hatte! Und obwohl er nicht einmal beantragt hatte, die Direktoren und andere Verantwortliche der HypoVereinsbank zu vernehmen! Sein Einweisungsantrag war deshalb schwer strafbar. Überdies hatten die Staatsanwaltschaft und ebenso die Generalstaatsanwaltschaft bei der jährlichen gerichtlichen Prüfung der Unterbringung immer wieder den Antrag gestellt, deren Fortdauer anzuordnen.

Dafür war die Justizministerin Merk verantwortlich, sie war die Vorgesetzte. Sie konnte sich nicht darauf hinausreden, Anträge der Staatsanwaltschaft hätten, weil jeweils das Gericht entscheide, keine Wirkung. Wäre dem so, wäre die Beteiligung der Staatsanwaltschaft überflüssig. Zudem hatte das Justizministerium, wie schon erwähnt, eine Beschwerde Mollaths über die Untätigkeit der Staatsanwaltschaft rechtswidrig zurückgewiesen: Die Ministerin war damit persönlich massiv belastet!

Am 5. März 2011 hatte ich den Fall bei einem Vortrag vor etwa 150 Zuhörern in der Villa Leon in Nürnberg erstmals öffentlich angeprangert, ich rechnete damit, dass Justizangehörige darunter waren – was auch der Fall war, wie ich später erfuhr.

Ich informierte die Oppositionsparteien des Landtags über den ungeheuerlichen Fall. Parallel dazu versorgte ich die Presse mit Material. Die ARD kam auf mich zu, nachdem sie erfahren hatte, dass ich mich für Mollath einsetzte. Als Erstes brachten die *Nürnberger Nachrichten* unter dem ironischen Titel: »Ein gar nicht so fernes Unrecht?« einen Bericht, in dem aus juristischen Gründen der Deckname Ferdl G. gewählt wurde. Dann, am 11. November 2011, erschien in den *Nürnberger Nachrichten* ein weit schärferer Artikel. Darin wurde ich zitiert mit dem Vorwurf, es handle sich um einen »menschenverachtenden politischen Justizskandal« bis hinauf zur Ministerin Beate Merk. Es bestehe der dringende Verdacht eines vorsätzlich falschen Urteils und eines vorsätzlich falschen medizinischen Gutachtens. Jetzt war Feuer am Dach.

Die Zeitung berichtete weiter, die HypoVereinsbank habe auf Anfrage mitgeteilt, aufgrund der Angaben, die Mollath seinerzeit ihr gegenüber gemacht habe, habe ihre Innenrevision ermittelt, dass sich Mitarbeiter »im Zusammenhang mit Schweizer Bankgeschäften, u. a. mit der AKB-Bank, weisungswidrig verhalten hätten. Mehrere Mitarbeiter seien daraufhin entlassen worden.« Die Justiz war jetzt zweifach bloßgestellt. Es war offenkundig, dass der, den sie weggesperrt hatte, nicht verrückt war! Und die Angaben Mollaths waren offenkundig so präzise, dass man – ebenso wie die Innenrevision der Bank – hätte ermitteln können und müssen. Justizministerium und Staatsanwaltschaft verhielten sich mucksmäuschenstill. Selbst auf journalistische Anfrage wollten sie sich nicht äußern. Justizministerin Merk ließ schließlich notgedrungen verlautbaren, »wir möchten die gegenüber unserem Haus erhobenen haltlosen und völlig aus der Luft gegriffenen Vorwürfe nicht weiter kommentieren«. Gemeint war ich.

Aber dann, am 13. Dezember 2011, war es endlich so weit. Die ARD-Sendung »Report Mainz« prangerte den Fall an. Die Fernsehzuschauer waren, wie die Reaktionen zeigten, erschüttert. Dass so etwas in Bayern möglich wäre, hätte zuvor niemand glauben wollen. Das Land wurde doch von Persönlichkeiten regiert, die eigenem Bekenntnis zufolge fromme Christen waren!

Zwei Tage später brachten die Freien Wähler im Plenum des Landtags einen Dringlichkeitsantrag zum Fall Mollath ein. Der stellvertretende Fraktionsvorsitzende Florian Streibl, ein Sohn des früheren Ministerpräsidenten Max Streibl, verlangte von Beate Merk umfassende Aufklärung. Die gleiche Forderung erhoben Inge Aures, stellvertretende Fraktionsvorsitzende der SPD, und die Landtagsvizepräsidentin Christine Stahl von Bündnis90/Die Grünen.

Erwartungsgemäß verschanzte sich die Ministerin hinter der Unabhängigkeit der Gerichte. Und sie berief sich darauf, renommierte psychiatrische Sachverständige hätten bei Mollath eine paranoide Wahnsymptomatik festgestellt. Allerdings verschwieg sie geflissentlich, worin der angebliche Wahn bestehen sollte. Warum verschwieg sie das? Der eidesstattlichen Versicherung des früheren Richters Rudolf Heindl, die Strafanzeigen Mollaths seien von der Staatsanwaltschaft »aufgrund einer Anordnung aus der Politik unterdrückt worden«, setzte sie in einer Pressemitteilung vom 30. Oktober 2012 entgegen: »Dieser frühere Richter wurde für die Republikaner in den Nürnberger Stadtrat gewählt.« Als ob deswegen diese eidesstattliche Versicherung falsch sein müsste.

In allen Details beschrieb sie sodann in ihrer Rede die angebliche Misshandlung seiner Ehefrau durch Mollath – jedes Wort ein Hammerschlag. Die Taktik der Ministerin war klar: Nichts sagen zu dem so heiklen »Wahnsystem«, dafür die angebliche Körperverletzung als unglaublich brutal herausstellen!

Ich saß hoch oben auf der Zuschauertribüne des Landtags und hörte mir das alles an. Die Gefühlskälte, mit der diese Ministerin da unten am Rednerpult auf den im fernen Bayreuth weggesperrten Mollath einhackte, machte mir klar, warum sie selbst in der CSU, wie die Presse immer wieder berichtete, nur geringe Sympathien genoss. Guten Glaubens konnte sie bei dem, was sie vortrug, nicht sein. Denn zweifellos hatte ihr die Staatsanwaltschaft längst meine Ausarbeitung zugeleitet, mit der ich das Einweisungsurteil und die medizinischen Gutachten auseinandergenommen hatte. Und ich wusste: Es lag ihr die eidesstattliche Versicherung des Zahnarztes Braun vor.

Der Landtag beschloss schließlich, die Nichtverfolgung der Strafanzeigen Mollaths im Rechtsausschuss zu erörtern, nicht aber seine Unterbringung in der Psychiatrie, weil hierüber Gerichte entschieden hätten. Das war ein herber Rückschlag, doch die Schlacht war noch nicht verloren.

Die hartleibige Justizministerin Beate Merk war selbst jetzt nicht bereit, die Staatsanwaltschaft anzuweisen, Gustl Mollaths Freilassung zu veranlassen. Sie fühlte sich stark, zumal sie stellvertretende Vorsitzende der CSU war. Dagegen half nur, der Öffentlichkeit den ungeheuer politischen Justizskandal, um den es sich handelte, noch mehr bewusst zu machen. Die Berichte der Medien sind meist Eintagsfliegen, wenn nichts nachfolgt. Die »Solidargemeinschaft für Gustl Mollath« in Nürnberg stellte daher den Skandal im Internet dar, einschließlich eines Videos über meinen Auftritt in der Villa Leon in Nürnberg. Alle Interessierten, und das waren sehr viele, konnten jetzt in aller Muße studieren, was da abgelaufen war und noch ablief. So erwies sich das Internet als ein mächtiger Rammbock gegen die Justizministerin. Das mochte Wählerstimmen kosten, bewirkte aber noch keinen Durchbruch.

Es war unfassbar: Der Justizskandal war aufgedeckt, und doch sollte Mollath weiterhin hinter Gittern bleiben! Die Regierung von Horst Seehofer und ihr Machtapparat glaubten sich weiterhin sicher.

Zu Hilfe eilte der hoch angesehene Psychiater Prof. Klemens Dieckhöfer, Bonn. Er war lange Jahre in der forensischen und Sozialpsychiatrie als Gutachter tätig gewesen, er hatte auch für das Bundesverteidigungsministerium gearbeitet. Ich fragte bei ihm an, ob er bereit sei, eine methodenkritische Stellungnahme zu den unhaltbaren Gutachten Leipzigers und Pfäfflins zu erstellen.

Im Februar 2012 nahm Prof. Dieckhöfer zu deren Argumentation Stellung. Er qualifizierte sie schlichtweg als pseudowissenschaftlich ab. Beide Gutachten seien »Falschgutachten bzw. Gefälligkeitsgutachten«, also vorsätzlich falsch. Er stellte den Kernpunkt heraus: Leipziger und Pfäfflin hätten die von Mollath angegebenen Schwarzgeldverschiebungen völlig willkürlich als Wahnsystem, als paranoides Gedankensystem hingestellt, obwohl man überhaupt nicht recherchiert habe, ob sie zutrafen. »Eine solche diagnostische Feststellung wäre nur dann wissenschaftlich zulässig, wenn die Aussage über die Schwarzgeldverschiebungen in die Schweiz ... nicht der Wirklichkeit entsprochen hätte« und Mollath dennoch darauf »unkorrigierbar beharrt hätte«. Die differenzialdiagnostischen Äußerungen Leipzigers zu einer möglichen Schizophrenie seien nur »hilfloses Wortgeplänkel«, um seinem Gutachten einen wissenschaftlichen Anstrich zu geben.

Pfäfflin habe sich, so Dieckhöfer, einer »geradezu lächerlichen wissenschaftlichen Argumentation« bedient, wenn er ausführte, die Gedanken Mollaths kreisten um einen fernen Punkt von Unrecht und das reale Geschehen spiele lediglich eine untergeordnete Rolle. Er vermeide in grotesker Weise jede Einholung nachprüfbarer Angaben, »nur um auf jeden Fall die Diagnose einer Wahnkrankheit felsenfest zu perpetuieren«. Seine absurden diagnostischen Äußerungen hätten offensichtlich zum Ziel gehabt, den »befürchteten Justizskandal nicht an das Licht der Öffentlichkeit gelangen zu lassen«.

Prof. Dieckhöfer fasste sein Gutachten in die Form eines Briefes an die Justizministerin Beate Merk. Er schloss mit den Worten, es werde für sie unumgänglich sein, ihre Staatsanwälte anzuweisen, Mollath umgehend auf freien Fuß zu setzen, zumal von einer hochgradigen Gefährlichkeit Mollaths keine Rede sein könne. Denn die Gutachten des Dr. Simmerl und des Dr. Weinberger und »sogar auch das ansonsten wissenschaftlich verheerende Gutachten Professor Pfäfflins« hätten nichts für Mollath irgendwie Nachteiliges oder Belastendes erwähnt.

Was würde die Justizministerin nunmehr tun?

Die Justizministerin Beate Merk im Rechtsausschuss des Landtags

Am 8. März 2012 befasste sich der Rechtsausschuss des Landtags mit dem Fall Mollath. Die Justizministerin zeigte sich hart gesotten, sie stritt alles ab. Das Verhalten der Staatsanwaltschaft sei nicht zu beanstanden. Vor allem versteckte sie sich hinter dem Argument, dass hier unabhängige Gerichte entschieden hätten – deren Entscheidungen dürfe sie nicht einmal bewerten. Doch sie verschwieg, dass Richter sehr wohl einer Dienstaufsicht unterliegen. Gemäß § 26 des Richtergesetzes musste sie bei Rechtsbeugung und anderen Straftaten einschreiten! Im Fall eines Bayreuther Richters hatte sie das auch getan, ebenso bekannt ist der Fall eines Bamberger Amtsgerichtsdirektors.

Die Gutachten Prof. Dieckhöfers und Dr. Weinbergers tat sie nonchalant als unwissenschaftlich ab, das Gutachten des Amtsarztes Dr. Simmerl als nicht relevant. Wahrheitswidrig behauptete sie, Prof. Dieckhöfer stütze sich allein auf die Angaben Mollaths. Der Höhepunkt der Unverfrorenheit: Sie gab plötzlich vor, das Vorbringen Mollaths über die Schwarzgeldverschiebungen sei für seine Einweisung in die Psychiatrie nicht maßgeblich gewesen (ihr Bericht S. 9 ff). Doch im Urteil vom 8. August 2006 stand klipp und klar: »Auch in der Hauptverhandlung hat sich ... die wahnhafte Gedankenwelt des Angeklagten vor allem in Bezug auf den ›Schwarzgeldskandal‹ der HypoVereinsbank bestätigt.« Der Facharzt Leipziger hatte in seinem Einweisungsgutachten vom 25. Juli 2005, dem sich das Landgericht voll anschloss, ausdrücklich erklärt, »der Bereich der Schwarzgeldverschiebung« sei ein paranoides Gedankensystem. Und Staatssekretär Jürgen Heike hatte bezüglich einer Petition Mollaths an den Landtag 2006 geschrieben: »Sein Bestreben nach Einführung einer Strafverfolgung für forensisches Personal entspricht ebenso der wahnhaften Störung wie seine Auslassungen über Bankgeschäfte und Schwarzgeldaffären.« Das war entlarvend: Es zeigte überdeutlich, dass die politische Spitze nicht gewillt war, die Aufdeckung der Schwarzgeldverschiebungen der HypoVereinsbank zuzulassen!

Die Bedrängnis der Beate Merk war offenkundig: Die Diagnose »paranoider Wahn« war als falsch enttarnt. Daher hätte sie sofort alles tun müssen, damit Mollath aus der Psychiatrie freikam! Aber das verweigerte sie. Warum? Jeder andere Justizminister hätte bestürzt über ein Fehlurteil die unverzügliche Freilassung herbeigeführt. Warum nur wollte sie ihn weiter wegsperren? Da sie hierfür keinen medizinischen Grund angeben konnte, drängte sich mir der Verdacht auf, sie müsse ein heimliches Motiv haben, ein politisches, genauer: ein pseudopolitisches.

Weiter versuchte die Ministerin zu rechtfertigen, warum die Staatsanwaltschaft sich geweigert hatte, aufgrund der Strafanzeigen Mollaths zu ermitteln. Diese seien, behauptete sie wahrheitswidrig, so unkonkret gewesen, dass die Staatsanwaltschaft mangels Anfangsverdachts gar nicht habe ermitteln dürfen! Doch für die Innenrevision der Bank waren sie sogar sehr konkret gewesen, und für die Steuerfahndung waren sie später eine Fundgrube.

Sodann schilderte Merk detailliert den Inhalt des von Mollath seinerzeit übergebenen Schnellhefters von 106 Seiten: Schriftverkehr mit der HypoVereinsbank, Schreiben an Bundestagsabgeordnete, an Medienvertreter, Zeitungsartikel u. a. Sogar einen Brief Mollaths an den Papst, in dem er seinen Kirchenaustritt begründete, erwähnte sie. Gleich an drei Stellen ihres Berichts verwies sie auf diesen Brief, offensichtlich um Mollath lächerlich zu machen. Aber geflissentlich verschwieg sie die in dem Schnellhefter ebenfalls enthaltenen Beweise, insbesondere handschriftliche Buchungsanordnungen seiner Ehefrau für unter Decknamen geführte Nummernkonten und Anlagen- und Vermögensverzeichnisse von Schwarzgeldern in der Schweiz.

Warum verheimlichte sie ausgerechnet diese Unterlagen? Es waren genau jene, um deren Einsichtnahme Mollaths Anwalt Dr. Ziegler ein halbes Jahr lang hatte kämpfen müssen. Die Gründe der Justizministerin waren klar: Diese Beweise überführten die Justizverantwortlichen der Strafvereitelung im Amt! Und warum verschwieg sie, worum es in der Korrespondenz Mollaths mit der HypoVereinsbank ging? Er bat darin inständig, seine Frau von den Schwarzgeldgeschäften fernzuhalten, weil ihr im Entdeckungsfall bis zu zehn Jahre Gefängnis drohten. Und warum verschwieg Beate Merk die ebenfalls beigefügte Korrespondenz mit seiner Frau nach der Trennung? Es war darin immer wieder von den Schwarzgeldgeschäften die Rede.

Sodann berichtete Merk, die Staatsanwaltschaft habe die HypoVereinsbank zu den Schwarzgeldverschiebungen inzwischen um Auskunft gebeten. Warum handelte die Staatsanwaltschaft erst jetzt? Und warum so lächerlich schüchtern? In anderen Fällen schickt die Staatsanwaltschaft sofort die Steuerfahndung los, die alles durchsucht und Unterlagen beschlagnahmt. Als ob eine Bank sich bei einer solchen Anfrage selbst belasten würde! Die Bank, trug die Ministerin vor, habe bestimmte Praktiken eingeräumt, diese seien aber 1998 nach einem staatsanwaltschaftlichen Ermittlungsverfahren eingestellt worden. Doch die erwähnten Buchungsanordnungen und Anlagenverzeichnisse datierten von 2001 – warum verschwieg sie das dem Rechtsausschuss? Abgesehen davon trafen die Schwarzgeldverschiebungen dann zumindest bis 1998 zu. Die Verjährungsfrist war zum Zeitpunkt der Strafanzeigen Mollaths nicht abgelaufen.

Überdies entband die Anfrage bei der HypoVereinsbank die Staatsanwaltschaft nicht von ihrer Ermittlungspflicht hinsichtlich der Schwarzgeldgeschäfte, die Petra Mollath – hinter dem Rücken der HypoVereinsbank – für eigene Kunden mit der Bank Leu (einer Tochter der Credit Suisse) getätigt hatte. Dort hatte sie auch ihre eigenen Vermögenswerte untergebracht, wie Mollath u. a. in einem Schreiben vom 12. August 2002 an die Credit Suisse anprangerte. Obwohl dieses Schreiben in dem besagten Schnellhefter enthalten war, wurde es den Abgeordneten von der Ministerin ebenfalls verschwiegen.

Und wieder verlor die Justizministerin kein Sterbenswörtchen über die ihr vorliegende eidesstattliche Versicherung des Zahnarztes Edward Braun, wonach Petra Mollath gedroht habe, sie werde ihrem Mann etwas anhängen, falls er sie und ihre Bank anzeige, und dass sie ihn auf seinen Geisteszustand überprüfen lassen werde. Zur Verurteilung Mollaths wegen angeblicher Misshandlung seiner Ehefrau allein aufgrund von deren Aussagen erklärte Merk lapidar: »Dass es für ein Tatgeschehen nur eine Zeugin, nämlich das Opfer, gibt, ist keine Seltenheit, sondern Gerichtsalltag.«

Auf verschiedene Fragen der Oppositionsabgeordneten gab sie keine Antwort. Damit war der Fall Mollath auf der Tagesordnung des Rechtsausschusses abgehakt, die Dame ging ab. Ich war bei der öffentlichen Sitzung anwesend. Es wunderte mich, dass diese Justizministerin glaubte, sie könnte mit ihrer maßgeschneiderten Darstellung davonkommen. Gerade durch ihre Unwahrheiten und ihr Verschweigen hatte sie sich selbst als böswillig entlarvt.

Öffentlicher Angriff auf die Justizministerin

Nach ihrem Auftritt im Rechtsausschuss war endgültig klar, dass Beate Merk kalt entschlossen war, Mollath weiterhin in der Psychiatrie gefangen zu halten. Jeder Hoffnung beraubt, war ernstlich zu befürchten, dass Mollath sich etwas antun könnte. Deshalb entschloss ich mich, die Justizministerin öffentlich anzugreifen. Mein Ziel war, sie zum Rücktritt zu zwingen, so vermessen das klingen mag. Es schien der einzige Weg zu sein.

Am 5. Mai 2012 hielt ich auf Einladung von Markus Rinderspacher, dem Vorsitzenden der SPD-Landtagsfraktion, in München-Trudering einen Vortrag. Ich legte dar, wie übel vormals das Justizministerium – unter Stoibers Verantwortlichkeit – dem CSU-Staatssekretär Erich Riedl mitgespielt hatte. Daran anknüpfend schilderte ich den Justizskandal Mollath. Die Zuhörer waren sichtlich betroffen. Sodann berichtete ich, dass Justizministerin Merk im Landtag vorgetragen hatte, Mollath habe keinerlei Beweise, sondern nur ein in einem Schnellhefter enthaltenes »abstruses Sammelsurium« vorgelegt. Ich las aus ihrem Bericht vor, in dem sie detailliert den Inhalt aufgeschlüsselt hatte.

»Meine Damen und Herren«, fuhr ich fort, »die Ministerin hat dabei jedoch gerade die Schriftstücke unterschlagen, die beweiskräftig waren.« Ich hielt diese Schriftstücke in die Höhe, damit sie jeder sehen konnte, und las dann genüsslich daraus vor. Es waren insbesondere

- vier Überweisungsanordnungen für Nummernkonten bei der Bank Leu in Zürich über insgesamt 115.000 D-Mark als Schwarzgeldgeschäft nur eines einzigen Tages;
- von der Bank Leu in Zürich an die Ehefrau Petra Mollath gefaxte Anlagen- und Vermögensverzeichnisse mit einer Gesamtsumme von 392.000 Euro bzw. 780.000 D-Mark;
- die Vollmacht einer Kundin, aus der hervorging, dass die bei der HypoVereinsbank beschäftigte Petra Mollath deren Gelder bei zwei Banken in Zürich und in Kreuzlingen verwaltete;
- von Gustl Mollath aufgenommene Personenfotos von einer Veranstaltung in der Schweiz, die er als »Schwarzgeldseminar« für die 50 erfolgreichsten Schwarzgeldverschieber der HypoVereinsbank in Deutschland bezeichnete.

Und ich zitierte die verwendeten Schweizer Nummernkonten, nämlich: Pythagoras, Selingstadt 2986, DVD 6006, Klavier 2285, Laim 1112.

Sodann warf ich der Ministerin vor, sie habe den Landtag getäuscht, indem sie diese Beweise unterschlagen habe. Markus Rinderspacher fragte mich anschließend, ob er die Sache aufgreifen solle. Ich winkte ab, es war noch zu früh.

Zehn Tage später hielt ich wieder einen Vortrag in München, in der renommierten Gabriel-von-Seidl-Villa in Schwabing, dieses Mal auf Einladung von Transparency International, der Initiative Bayerischer Strafverteidigerinnen und Strafverteidiger sowie der Vereinigung demokratischer Juristen und Juristinnen. Der Saal war voll besetzt. Wieder schilderte ich den Fall Mollath und wie die Justizministerin im Landtag die Beweise unterschlagen hatte. Wieder las ich aus diesen Unterlagen vor, zitierte zum Amüsement der lachenden Zuhörer die Nummernkonten. Es gab kräftigen Beifall.

Ich war mir sicher, dass der Justizministerin alles zugetragen würde. Denn es waren sehr viele Juristen da, der Anwalt von Max Strauß aus

Hamburg saß im Publikum, ein Rechtsanwalt sagte, er habe auch vier Beamte der Staatskanzlei bemerkt. Mein Kalkül war: Wenn die Ministerin gegen meinen Vorwurf nichts unternahm, war das ein Offenbarungseid. Dann war sie bloßgestellt. Stellte sie aber gegen mich einen Strafantrag wegen Verleumdung, würde sie verlieren und zurücktreten müssen, denn die Täuschung war urkundlich nachweisbar. Das Risiko, dass mich ein auf Beförderung hoffender Richter dennoch verurteilen würde, war freilich alles andere als gering, ich nahm es in Kauf. Doch der Strafantrag blieb aus.

Die Ministerin sah sich unversehens noch einem weiteren Angriff ausgesetzt. Forsch hatte sie im Rechtsausschuss behauptet, die erwähnte Stellungnahme von Prof. Dieckhöfer genüge nicht wissenschaftlichen Standards. Als die Ministerin eine Abmahnung seines Anwalts schroff zurückwies, verklagte Prof. Dieckhöfer sie auf Unterlassung ihrer herabsetzenden Behauptung – für jeden Fall der Zuwiderhandlung auf Zahlung von 250.000 Euro, ersatzweise sechs Monate Haft.

Es war eng für Beate Merk geworden. Aber es sollte noch enger werden.

Die Zeit seit der letzten gerichtlichen Überprüfung der Unterbringung Mollaths im Juni 2011 war rasch verstrichen, nicht aber für ihn selbst, für den sie sich endlos hinzog. Man hatte ihn ein weiteres Jahr in der Psychiatrie dahinvegetieren lassen. Die nächste Überprüfung stand nun an. Der bisherige Anwalt Mollaths war überlastet, es galt, einen neuen Pflichtverteidiger zu finden. Es fand sich die sehr engagierte Münchner Rechtsanwältin Erika Lorenz-Löblein, für Mollath ein Glücksfall. Sie las das Urteil des Landgerichts Nürnberg-Fürth und sagte dann spontan zu mir: »Das enthält ja überhaupt keine Beweise!« Sie schürfte in den Abgründen der staatsanwaltschaftlichen und gerichtlichen Akten, die rätselhafterweise lückenhaft waren, förderte Rechtswidrigkeit um Rechtswidrigkeit zutage.

Aber was würde sein, wenn man Mollath dennoch nicht freiließe? Würde er das weiter durchstehen? Es gab Anzeichen, dass er mürbe wurde, resignierte. Bei einem Telefonat äußerte er, an der bevorstehenden gerichtlichen Anhörung wolle er nicht teilnehmen, es sei doch alles sinnlos. Bei weiteren Gesprächen sagte er: »Ich habe keine Perspektive mehr, ich bin am Ende.« Auch fühle er sich gesundheitlich schwach. An seiner rechten Hand empfinde er eine Taubheit, diese habe bereits auf seine linke Hand übergegriffen. Ich erschrak. Verabreichte man ihm heimlich Medikamente? Bestürzt erfuhr ich von ihm, dass er schon seit Monaten nicht mehr den täglichen einstündigen Gang in den Garten wahrnehme, er sei zu müde. Bei den drei Mal in der Nacht stattfindenden Zimmerkontrollen würde er stets aufwachen, diese unentwegten Schlafstörungen setzten ihm zu.

Natürlich redete ich ihm gut zu, nicht aufzugeben. Und der Nürnberger Unterstützerkreis, angeführt von Gerhard Dörner, bemühte sich rührend um ihn, wies auf sein Schicksal weiterhin im Internet hin, verteilte in Nürnberg Flugblätter. Doch die Frage blieb: Würde er zerbrechen?

Seine wiederverheiratete Ex-Frau, die von ihrer Bank entlassen worden war, bot mittlerweile auf ihrer Homepage Geistheilung und Seelenverbindungen an. Sie habe den Wunsch, andere Menschen, die das Leben aus der Spur geworfen hat, zu unterstützen, damit auch sie wieder »zurück zu ihrer Mitte« fänden, schrieb sie. Ausgerechnet sie!

Rudolf Elmer, ein Schweizer, war in leitender Position bei der Schweizer Großbank Julius Bär beschäftigt, zuletzt in deren Niederlassung auf den Cayman-Inseln. Er konnte die kriminellen Geldverschiebungen riesigen Ausmaßes nicht mehr ertragen, ließ seine Bank auffliegen. Diese setzte ihm Detektive auf die Fersen. Er erinnert sich an Verfolgungsjagden auf der Autobahn, an quietschende Reifen. Er fürchtete, man trachte ihm und seiner Familie nach dem Leben. Schließlich wurde er verhaftet, kam wegen Verletzung des Schweizer Bankgeheimnisses in Winterthur ein halbes Jahr ins Gefängnis. Die Presse berichtete groß über sein Schicksal. Mollath schrieb ihm, erzählte seinen parallelen Fall.

Elmer antwortete aus dem Gefängnis, er habe Bayreuth in guter Erinnerung, sein Schwiegervater habe dort manchmal in der Kirche gepredigt und Orgelkonzerte gegeben. Zum Schwarzgeld sagte er, der Begriff decke nur die Spitze des Eisbergs ab. »In den meisten Fällen geht es um kriminelle Handlungen und deshalb werden Methoden angewandt von Psychoterror bis Körperverletzung, um die Steueruntersuchung zu stoppen.« Er kenne auch den Fall der hessischen Steuerfahnder. Die Bankenwelt werde sich erst ändern, wenn ein paar der Topbanker hinter schwedischen Gardinen säßen. Die HypoVereinsbank-Banker wurden trotz der präzisen Strafanzeigen Mollaths nicht einmal angeklagt. Weder Ministerpräsident Stoiber noch Justizministerin Merk schien daran gelegen zu sein.

Vorerst traf es diejenigen, die sich ein Gewissen machten. Bei den erwähnten Steuerfahndern in Hessen handelt es sich um vier Steuerbeamte, die es gewagt hatten, bei den Großbanken in Frankfurt Durchsuchungen vorzunehmen. Zusammen mit ihren Kollegen holten sie eine Milliarde an hinterzogenen Steuern herein. Unter der Regierung von Roland Koch aber wurden sie von einem beauftragten Nervenfacharzt für geisteskrank erklärt und im Alter von 35 bis 45 Jahren zwangspensioniert. Das Verwaltungsgericht Gießen und das Landgericht Frankfurt stellten später fest, dass die Gutachten vorsätzlich falsch waren. Die Parallele zum Fall Mollath ist unübersehbar.

Die Wende zugunsten Mollaths

Ende August 2012 erreichte Gustl Mollath ein köstlicher und zugleich kostbarer Brief. Ein Rechtsanwalt aus Nürnberg forderte ihn unter Klageandrohung auf, die unwahre Angabe in seiner Strafanzeige zu widerrufen, dass sein Mandant R.A. Schwarzgeld in die Schweiz transferiert habe. Die Steuerfahndung werfe das seinem Mandanten nunmehr vor. Ein beigefügtes Schreiben des Finanzamts Nürnberg-Süd vom 2. Juli 2012 bestätigte dies. Es hieß darin außerdem: »Diese Erkenntnisse beziehen sich nicht nur auf Ihren Mandanten, sondern auch auf weitere Personen. Dabei hat sich gezeigt, dass die vorliegenden Erkenntnisse in mehreren Fällen zutreffend waren.« Sodann führte das Schreiben folgende Schweizer Nummernkonten an: Pythagoras, Selingstadt 2986, DVD 6006, Klavier 2285, Laim 1112. Es waren genau die Nummernkonten der von Mollath der Justiz übergebenen Buchungsanordnungen, welche die Justizministerin im Rechtsausschuss des Landtags am 8. März 2012 unterschlagen hatte!

Dreist hatte Merk die Abgeordneten in dieser Sitzung mit einer lächerlichen Fabel übertölpelt: Ein Staatsanwalt liest in der Zeitung, dass nach einer wissenschaftlichen Studie fünf von zehn Steuerpflichtigen Steuern hinterziehen. Er will deshalb gegen jeden zweiten Steuerpflichtigen ein Ermittlungsverfahren einleiten und Durchsuchungsbeschlüsse beantragen. Genau das aber gehe nicht, sagte Merk. Würde man ohne jegliche fundierte Angaben Fahndungsmaßnahmen ergreifen, »dann gute Nacht Rechtsstaat!«, hatte sie pathetisch ausgerufen. Die Dame wusste natürlich genau, dass die Staatsanwaltschaft, hätten die Angaben Mollaths wirklich nicht ausgereicht, diesen im Zuge von Vorermittlungen hätte ergänzend befragen können und müssen.

Die skrupellose Konstruktion, Mollath leide an einem paranoiden Wahn, der ihn gemeingefährlich mache, war nunmehr vollends zusammengebrochen. Der Journalist Michael Kasperowitsch von den *Nürnberger Nachrichten* hielt dies der Nürnberger Oberstaatsanwältin Gabriels-Gorsolke vor. Doch diese erklärte ungerührt, für die Staatsanwaltschaft bestehe kein Handlungsbedarf. Was war das für eine Oberstaatsanwältin! Aber sie hatte offenbar Rückendeckung von oben: Mollath sollte weiterhin weggesperrt bleiben. Gute Nacht, Rechtsstaat!

Bevor ich die Briefe des Anwalts und des Finanzamts den *Nürnberger Nachrichten* zuleiten konnte, stellte sich zunächst ein recht banales Problem: Wie gelangte man an diese unersetzlichen Beweisstücke? Versandte Mollath sie mit der Post, war nicht auszuschließen, dass sie innerhalb der Psychiatrischen Anstalt oder auf dem Postweg verloren gingen. Zahnarzt Braun fuhr deshalb mit seinem Ferrari von Bad Pyrmont nach Bayreuth und holte sie.

Der Rechtsstaat musste jetzt endlich, endlich aufwachen!

Am 29. Oktober 2012 veröffentlichten die *Nürnberger Nachrichten* unter dem Titel »Steuerfahnder haben die Spur aufgenommen« einen hochexplosiven Bericht, der unter Bezug auf die zitierten Schreiben darlegte, dass sich die Angaben Mollaths als zutreffend herausgestellt hätten und dass somit von paranoiden Wahnvorstellungen bei ihm keine Rede sein könne. Am Tag, an dem, wie ich wusste, der Zeitungsbericht erscheinen würde, schrieb ich frühmorgens per Fax einen Brief an die Landtagsfraktionen von SPD, Grünen und Freien Wählern. Darin wies ich zum einen auf die neuen Beweise hin. Zum anderen machte ich darauf aufmerksam, dass die Justizministerin die Abgeordneten am 8. März 2012 im Landtag über den wahren Inhalt des Schnellhefters getäuscht und ihnen die Mollath entlastende eidesstattliche Versicherung des Zahnarztes Edward Braun verschwiegen habe.

Die Oppositionspolitiker griffen die Justizministerin scharf an, Florian Streibl (Freie Wähler) sprach von einem »Justizskandal ungeheuren Ausmaßes«. Dr. Maria Fick, die Menschenrechtsbeauftragte der Landesärztekammer Bayern, rügte das menschenverachtende Vorgehen gegen Mollath und kündigte in einem Schreiben an die Justizministerin eine Überprüfung der von ihr als nicht stichhaltig betrachteten Gutachten Leipzigers und Pfäfflins an (SZ vom 2. November 2012). Dann geschah Unvorhergesehenes. Eine anonyme Person spielte über ein Internetcafé jemandem den Bericht der Innenrevision der HypoVereinsbank vom März 2003 zu, aus dem Justizministerin Merk im Rechtsausschuss ausführlich zitiert hatte. Sie hatte behauptet, die Innenrevision habe zwar Verstöße einzelner Mitarbeiter festgestellt, die allerdings »nichts mit der von Mollath angezeigten Problematik und auch nichts mit seiner damaligen Ehefrau zu tun hatten«. Tatsächlich aber sah der Bericht der Innenrevision ganz anders aus. Er stellte Verstöße gegen die Abgabenordnung und das Geldwäschegesetz fest, sprach von verschobenem Schwarzgeld und von heimlichen Provisionen, die von Petra Mollath auf ein Konto bei der Bank Leu in Zürich überwiesen worden waren. Zusammenfassend hatte die Innenrevision über Mollaths Anschuldigungen, die die Prüfung ausgelöst hatten, bemerkt: »Alle nachprüfbaren Behauptungen haben sich als zutreffend herausgestellt« (Bericht S. 15). Das war ein eklatanter Widerspruch zu den Behauptungen Beate Merks, die den Abgeordneten weisgemacht hatte, der Bericht habe die Angaben Mollaths »gerade nicht bestätigt«.

Beate Merk war damit ein weiteres Mal der Lüge und Täuschung überführt. Dieter Hanitzsch zeichnete sie in einer Karikatur in der SZ als blondhaarigen, mit Flügeln bestückten Engel, der sich in einem Wassergefäß die Hände in Unschuld wäscht und grinsend sagt: »Justizskandal? Ich merk nichts!« Aber unter ihrem weißen Engelsgewand lugte ein teuflischer Bocksfuß hervor, daran gekettet eine riesige, auf schriftlichen Beweisen lagernde Kugel mit der Aufschrift »Fall Mollath«.

Ein Pressesturm brach los. Der *Stern*, der *Spiegel*, die Tageszeitungen berichteten bundesweit, ARD und ZDF stellten den Fall in ihren Nachrichtensendungen dar, der Bayerische Rundfunk berichtete unentwegt und sogar das Bayerische Fernsehen – ich stellte allen bereitwillig meine umfangreichen Unterlagen zur Verfügung. BBC London und andere ausländische Medien berichteten, wie es in Bayern zugeht. Man verwies darauf, wie man in der Sowjetunion Regimekritiker in psychiatrischen Anstalten gefangen hielt. In einer stürmischen Sitzung des Landtags forderten die Oppositionsparteien den Rücktritt der Justizministerin. Denn sie habe den Landtag und die Öffentlichkeit mehrfach belogen.

Der Fall Mollath war jetzt überall Tagesgespräch. Die Menschen im Lande waren aufgewühlt, sie stellten sich entsetzt vor, ihnen hätte man so mitgespielt. Jeder fragte sich, ob er wie Mollath sieben Jahre in der Psychiatrie durchgestanden hätte, ohne dabei wirklich verrückt zu werden. Mit wem man auch zusammentraf, es wurde über Mollaths Schicksal geredet. Das Fernsehen brachte mehrmals Interviews mit ihm – jedermann war beeindruckt, wie ruhig, geordnet und gewandt er sprach. Man war allgemein überzeugt: Dieser Mann ist nicht wahnsinnig! Aber die Justizministerin Merk blieb hart. Und ihr Chef, Horst Seehofer, sprach ihr im Landtag sein volles Vertrauen aus (SZ vom 29.11.12 und 05.12.12)!

Beate Merk wies die gegen sie erhobenen Vorwürfe (in ihren Pressemitteilungen vom 30.10.12 und 13.11.12, sowie im Landtag laut SZ vom 15.11.12) »mit aller Schärfe zurück«. Mit weiteren Unwahrheiten versuchte sie, ihren Kopf aus der Schlinge zu ziehen. Nachdem das angeklebte Etikett »paranoider Wahn« von Mollath abgefallen war, behauptete sie plötzlich, Mollath sei wegen seiner (angeblichen) schweren Straftaten gefährlich und deshalb in die Psychiatrie verbracht worden (Presseerklärung vom 1. November 2012). Doch ohne Geisteskrankheit landet man nicht in der Psychiatrie. Den Vorwurf, sie habe dem Landtag die eidesstattliche Versicherung des Zahnarztes Braun vorenthalten, fälschte sie ab. Sie tat so, als ob es sich um die eidesstattliche Versicherung »des früheren Richters« (gemeint Rudolf Heindl s.o.) gehandelt habe – dazu habe sie doch im Landtagsplenum Stellung genommen! Dem Vorwurf, Mollath hätte entlassen werden müssen, nachdem der Amtsarzt Dr. Simmerl ihn in gerichtlichem Auftrag 2007 untersucht und ihn – Paranoia, Schizophrenie und gehirnorganische Störungen nachdrücklich ausschließend – für voll geschäftsfähig erklärt hatte, hielt sie im Landtag den absurden Einwand entgegen, dieser Sachverständige habe sein Gutachten nicht im Unterbringungsverfahren, sondern im Betreuungsverfahren erstellt. Ganz so, als ob er im Unterbringungsverfahren eine andere Diagnose gestellt hätte!

Vor dem Vorwurf, sie habe dem Rechtsausschuss die im Schnellhefter enthaltenen Beweise in Gestalt von Überweisungen auf Nummernkonten wie Pythagoras, Klavier, DVD usw. vorenthalten, musste sie jedoch kapitulieren, dazu schwieg sie sich aus. Frech behauptete sie einfach: »Ich habe im Fall Mollath dem Rechtsausschuss selbstverständlich umfassend berichtet.« (Pressemitteilung, 01.11.12). Dieses affirmative Auftrumpfen, wenn sie sich über die Wahrheit hinwegsetzte, kennzeichnete sie allgemein. Es kehrte wieder in typischen dekretierenden Formulierungen wie: »Ich sage ganz klar, dass ...«, oder auf Vorhalt: Es sei »gerade nicht« so, also genau umgekehrt (so z. B. in ihren Pressemitteilungen vom 30. Oktober und 1. November 2012). Dass die Gegenseite genau wusste, dass sie die Unwahrheit sagte, ließ sie nicht einmal erröten.

Einen an Peinlichkeit nicht zu übertreffenden Striptease legte sie in einem Interview am 9. November 2012 mit der ARD hin. Monika Anthes von »Report Mainz« fragte sie, ob Mollath zu Recht inhaftiert sei. Antwort: Ja, denn Gutachten hätten seine Straftaten festgestellt. Doch solche Gutachten gab es nicht! Die Frage, ob sie den Bericht der Innenrevision der HypoVereinsbank vorliegen hatte, bejahte sie. Als sie daraufhin von der Journalistin mit den Feststellungen der Innenrevision und mit ihrer gegenteiligen Darstellung im Landtag konfrontiert wurde, reagierte sie äußerst nervös und unwirsch, jeweils nur ein paar Worte hervorstoßend, mit flackernden Augen Hilfe suchend zu ihren Mitarbeitern blickend. Nur noch formelhaft antwortend, zappelte sie unrettbar am Angelhaken der immer wieder nachbohrenden Journalistin. Sie musste kapitulieren: »Ich habe dem Parlament das gesagt, was ich zu diesem Thema wusste und was die Staatsanwaltschaft zu diesem Thema wusste. Und wenn Sie jetzt weitere Informationen hier einbringen, so kann ich dazu nichts sagen.« Höchst gereizt brach sie das Interview schließlich ab. Sie war am Ende.

Wie ein Lauffeuer sprach sich dieses bizarre Interview herum. Wer immer es sich im Internet ansah, äußerte sich entgeistert über den Auftritt. Viele hatten Merk bis dahin gar nicht gekannt. Fast ungläubig sagten sie: Das ist die Justizministerin? Die Forderung nach Merks Rücktritt verstärkte sich zusehends. Sie jedoch bestand darauf, Mollath müsse weiterhin weggesperrt werden, obwohl jetzt ein weiteres Mal erwiesen war, dass er nicht an einem Wahn litt. Die Haltung dieser Ministerin war monströs. Doch die Forderung der Freien Wähler nach ihrem Rücktritt bezeichnete sie im Landtag als »Unverschämtheit«. Ihr Chef Seehofer freilich wurde jetzt doch unruhig. Diese fatale Sache konnte ihm bei der Landtagswahl 2013 gefährlich werden.

Von der Fassade der Beate Merk platzten rasch weitere Flächen ab, als der Regensburger Strafrechtsprofessor Henning Müller ihr Verhalten öffentlich »als nicht nachvollziehbar« kritisierte, schwere Mängel des Mollath-Urteils rügte und gegen die Staatsanwältin Verena Fili, die Ermittlungen zu den Strafanzeigen Mollaths abgelehnt hatte, den Verdacht einer Strafvereitelung im Amt begründete (SZ-Bericht vom 19. November 2012). Der renommierte Hamburger Strafverteidiger Gerhard Strate befand in einem Gutachten ebenfalls, dass diese Weigerung der Staatsanwaltschaft als Verstoß gegen das Legalitätsprinzip rechtswidrig sei. Heribert Prantl schrieb in der SZ:

> *»Eine Justiz, die Menschen ohne gründlichste Prüfung einen Wahn andichtet, ist selber wahnsinnig.«*

Damit war die Justizministerin schwerstens getroffen, sie war elendiglich bloßgestellt.

Dann ein Blitzschlag: Die *Nürnberger Nachrichten* berichteten, dass der Richter Brixner 2004 die Steuerfahndung angerufen und instruiert habe, sie müsse die Strafanzeigen Mollaths bezüglich der Schwarzgeldverschiebungen nicht ernst nehmen, denn dieser sei verrückt! Das war zwei Jahre vor dem Prozess, Brixner war noch gar nicht zuständig. Zu diesem Zeitpunkt gab es zudem noch kein psychiatrisches Gutachten, das Mollath für paranoid erklärt hätte. Und was veranlasste Brixner, die Steuerfahndung von Ermittlungen abzuhalten? Das war eine krasse und gegebenenfalls strafbare Überschreitung seiner Befugnisse.

Seehofer musste nun befürchten, dass der Fall Mollath zu einer schweren Belastung für seinen Landtagswahlkampf werden könnte. Er zwang die Justizministerin, die Staatsanwaltschaft anzuweisen, die Einleitung eines Wiederaufnahmeverfahrens zu prüfen, was sie auch tat. Sofort stellte sie sich strahlend als Molllaths rettender Engel hin: Jetzt habe sie erstmals die Möglichkeit gehabt, zu seinen Gunsten einzugreifen, und sie habe diese sofort wahrgenommen! Dass ihr mit dem Bericht der HypoVereinsbank und der eidesstattlichen Versicherung des Zahnarztes Braun schon seit einem Jahr triftige Wiederaufnahmegründe vorlagen, ließ sie geflissentlich beiseite.

Aber Florian Streibl stellte klar: Sollte sich herausstellen, dass Mollath sieben Jahre zu Unrecht in der Psychiatrie saß, müsse sie in jedem Fall zurücktreten.

Das ethische Format der Banker

Die Direktoren der HypoVereinsbank Nürnberg wussten allein schon aufgrund des Berichts der Innenrevision seit März 2003, dass Molllaths Angaben zutrafen. Als sie am 9. August 2006 in den *Nürnberger Nachrichten* unter der Überschrift »Im Wahn verstrickt« nachlesen konnten, dass der Ehemann einer Bankangestellten in die Psychiatrie eingewiesen worden war, weil er wahnhaft geglaubt habe, sie helfe Schwarzgeld in die Schweiz zu schleusen, mussten sie also wissen, um wen es sich handelte, obwohl kein Name genannt war. Sie hätten der Justiz die Wahrheit mitteilen können, aber sie ließen alles geschehen.

Freilich, die Herren waren in einer Zwangslage. Bekannten sie die Wahrheit, gefährdeten sie sich selbst – wegen der Schwarzgeldverschiebungen, die die HypoVereinsbank durchgeführt hatte. Aber so wurde ihre Schuld noch größer. Selbst nachdem ihre Delikte wegen der fünfjährigen Verjährungsfrist etwa 2007 verjährt waren, überließen sie Mollath, mit dem sie doch Gespräche geführt und korrespondiert hatten, seinem Schicksal.

Kunden, die Geburtstag haben, gratulierte die Bank mit einem Schreiben, das die Sentenz »Carpe diem« des römischen Dichters Horaz zitierte und in die Worte übersetzte: »Wirklich glücklich ist, wer jeden Tag sagen kann: Heute habe ich gelebt.« In der forensischen Psychiatrie?

Die wunderlichen Wahrheiten des Hasso Nerlich

Nach einem aufsehenerregenden Gerangel mit der FDP hatte die CSU-Ministerin Merk ihren Kandidaten Nerlich als neuen Nürnberger Generalstaatsanwalt ab 1. Oktober 2011 durchgesetzt. Der Bayerische Richterverein protestierte daraufhin öffentlich in einem Brief an die Justizministerin gegen den politischen Postenschacher.

Nerlich war ebenso wie die Justizministerin verantwortlich dafür, dass Mollath trotz des HypoVereinsbank-Berichts und trotz der eidesstattlichen Versicherung des Zahnarztes Braun ein weiteres Jahr weggesperrt blieb und auch in Zukunft weggesperrt werden sollte. In einer Sitzung des Rechtsausschusses am 6. Dezember 2012 ließ Merk Nerlich zu ihrer Verteidigung aufmarschieren. Über das, was Nerlich da mit dröhnender Stimme von sich gab, konnte man sich nur empören. Die zahlreich anwesenden Journalisten waren nicht begriffsstutzig, sie durchschauten Nerlich. Der Bayerische Rundfunk urteilte, es sei nahezu eine Selbstdemontage gewesen. Die nachfolgenden Kostproben aus dem Protokoll des Landtags mögen genügen (89. VF, 06.12.2013).

Auffällig war, dass Nerlich die eidesstattliche Versicherung Brauns von sich aus nicht erwähnte. Erst auf Vorhalt eines Abgeordneten erklärte er, diese Aussage werde geprüft, »Herr Braun werde sicherlich als Zeuge vernommen«. Warum erst jetzt, nachdem die Öffentlichkeit davon erfahren hatte? Warum nicht schon vor einem Jahr? Damals schon hätte er aufgrund der Angaben Brauns ein Wiederaufnahmeverfahren veranlassen müssen. Dass er das unterlassen hatte, setzte ihn dem Verdacht einer schweren Straftat aus! Verblüffend war, dass er dann aus der eidesstattlichen Versicherung eine einzige Passage zitierte, und zwar folgende: Mollath habe Braun seinerzeit mitgeteilt, »er habe alle Daten in dieser Sache, sämtliche Konten und sämtliche Beträge gesichert. Er habe alle Belege außer Haus gebracht, so dass sie hundertprozentig sicher seien.« Deshalb, so Nerlich, stelle sich auch die Frage, wo sich diese Belege jetzt befänden. Warum nur bewegte ihn diese Frage? Hatte er sie bisher als Hindernis für eine Freilassung Mollaths betrachtet? Hegte er Befürchtungen? Denn für die Wiederaufnahme des Verfahrens spielte es doch keine Rolle, wo sich die Belege befanden!

Nerlich verstieg sich zu der Behauptung, »die Gutachten und auch das Urteil gäben nichts dazu her, dass Mollath deswegen für paranoid erklärt worden sei, weil er Schwarzgeldverschiebungen behauptet habe, die es nicht gegeben habe«. Das war eine glatte Lüge, genau das Gegenteil war richtig! Sowohl das Einweisungsgutachten als auch das Urteil sowie eine spätere Entscheidung des Oberlandesgerichts Bamberg hatten den Zusammenhang ausdrücklich festgestellt. Warum tischte Nerlich dann eine solche Unwahrheit auf?

Nerlich erklärte, die Pauschalbehauptungen Mollaths hätten seinerzeit keine staatsanwaltschaftlichen Ermittlungen zugelassen. Er argumentierte: »Beispielsweise hätte Herr Mollath angeben müssen, dass er seine Frau beobachtet habe, wie sie mit einem Geldkoffer in die Schweiz gereist sei. Der Hinweis auf Kurierfahrten sei ebenfalls nur eine Pauschalbehauptung.« Indessen hatte Mollath immer wieder schriftlich vorgetragen, dass er seine Frau bei ihren Geldtransporten in die Schweiz sogar mehrmals begleitet habe! Nerlich freilich konnte davon ausgehen, dass die Abgeordneten das nicht wussten.

Nerlich behauptete, »Mollath sehe Schweizer Konten schlicht als Schwarzgeldkonten an«. Er unterschob ihm damit eine weitere Pauschalbehauptung. Doch Mollath hatte Überweisungsanordnungen für Nummernkonten vorgelegt – diese stehen in jedem Fall unter dem dringenden Verdacht der Steuerhinterziehung. Oder wusste Nerlich vielleicht nicht, was Nummernkonten sind?

Nerlich betonte, wie bereits erwähnt, die Staatsanwaltschaft habe mangels eines Anfangsverdachts bezüglich der Schwarzgeldverschiebungen nicht ermitteln dürfen. Als ihm Florian Streibl vorhielt, die Staatsanwaltschaft hätte die Angaben Mollaths allein schon deshalb prüfen müssen, weil man sie ihm im Prozess als Wahnvorstellung zur Last gelegt habe, blieb Nerlich die Antwort schuldig. Was auch hätte er darauf sagen können?

Die Justizministerin hatte sich vor dem Rechtsausschuss am 8. März 2012 gebrüstet: »Die bayerische Justiz genießt zu Recht deutschlandweit einen erstklassigen Ruf.« War es denn anderswo noch schlimmer? Jedenfalls war Nerlich Merks Kronzeuge. Man musste ihr dankbar sein, dass sie ihn mitgebracht hatte.

»Merk-Würdigkeiten«

In einem Interview mit dem SWR, das am 13. November 2012 ausgestrahlt wurde, betonte die Justizministerin nachdrücklich, dass Mollath zu Recht weggesperrt sei: »Er sitzt in der Psychiatrie, weil er gefährlich ist.«

In der »Münchner Runde« des Bayerischen Fernsehens am 13. Dezember 2012 versuchte Beate Merk nochmals, die Wahrheit durch üppig aufgetragene Schminke zu verdecken. Doch die SZ konterte schon tags darauf. Unter der Überschrift: »Die Fakten sprechen eine andere Sprache« wies sie nach, dass mehrere Aussagen der Ministerin mit der Aktenlage kollidierten. Vorerst freilich konnte Merk sich in den Weihnachtsfrieden hinüberretten. Dass Mollath auch in dieser Zeit weggeschlossen blieb, entlockte ihr kein Bedauern.

Häftlinge, die an Weihnachten etwa drei oder vier Tage vor ihrer Entlassung stehen, werden von der Justiz generell vorher freigelassen, damit sie den Heiligabend bei ihren Familien verbringen können – allein schon um den Zusammenhalt zu fördern. Beate Merk war 2012 die Einzige unter den Justizministern und Justizministerinnen der 16 Bundesländer, die auf vollem Vollzug der Haftstrafen bestand.

Der Umstand, dass Merk den Landtag nachweislich mehrmals getäuscht und die Öffentlichkeit wiederholt mit der Unwahrheit bedient hatte, störte Horst Seehofers Frieden nicht. So etwas war bei ihm augenscheinlich kein Grund, ein Kabinettsmitglied zu entlassen. Kurz vor Weihnachten hielt er in Nürnberg eine Kabinettssitzung ab – standesgemäß im Rittersaal der Kaiserburg. Es wurden Geschenke verteilt, Plätzchen gegessen und ein Lied auf den Weihnachtsfrieden gesungen. Nachher ging man über den Christkindlmarkt, anschließend besuchte man werbewirksam eine ökumenische Andacht. Beate Merk konnte sicher sein, dass sie von dem gemeingefährlichen Nürnberger Bürger Mollath nicht angefallen und gewürgt werden würde. Denn dank ihres Einsatzes für die Sicherheit der Allgemeinheit war er weiterhin weggesperrt.

Das neue Jahr 2013 begann hoffnungsvoll. Bundesjustizministerin Sabine Leutheusser-Schnarrenberger erklärte, sie halte es für »absolut richtig«, Mollath von einem anderen Gutachter untersuchen zu lassen. Sie hatte offenbar Gespür. Zwei Monate zuvor hatte sie gegenüber der *Passauer Neuen Presse* geäußert: »Der Fall Mollath darf in die Rechtsgeschichte nicht als Justizskandal eingehen.« Im März 2013 ließ sie über einen Sprecher verlauten: »Das Bundesjustizministerium informiert sich über den Verlauf des Falles Mollath.« Das war wohl ein Wink mit dem Zaunpfahl, Beate Merk dürfte ihn verstanden haben. Denn nach Art. 84 des Grundgesetzes übt die Bundesregierung die Aufsicht darüber aus, dass die Länder die Bundesgesetze – hier das Strafgesetzbuch und die Strafprozessordnung – ordnungsgemäß ausführen. »Die Bundesregierung kann zu diesem Zweck Beauftragte zu den obersten Landesbehörden entsenden«, heißt es dort weiter.

Unter dem Titel »Wie unabhängig ist die Justiz?« veranstaltete die Fraktion der Freien Wähler im Landtag eine öffentliche Podiumsdiskussion. Die Leitung hatte Florian Streibl, beteiligt waren der Vorsitzende des Bayerischen Richtervereins, ein Mitglied des Verfassungsgerichtshofs und ich. Der Publikumsandrang war gewaltig. Schon nach den grundsätzlichen Ausführungen zu Beginn erscholl aus dem Publikum der Ruf: »Mollath! Mollath!« Der Vorsitzende des Richtervereins rügte die angeblich unsachliche Berichterstattung der Presse, aus dem Publikum kam wütender Protest. Ich schilderte den Fall aus meiner Sicht und rief: »Solange die Justiz in Bayern unter der Leitung der Justizministerin Merk steht, ist die Ordnungsmäßigkeit der Rechtsanwendung nicht gewährleistet!« Tosender Beifall.

In der zweiten Reihe saß der Leiter der Strafrechtsabteilung des Justizministeriums, Helmut Seitz. Er riss sein Notizbuch aus der Brusttasche und schrieb etwas hinein.

Strafanzeige und Wiederaufnahmeantrag des Verteidigers

Es war ein Paukenschlag. Am 4. Januar 2013 erstattete Rechtsanwalt Dr. Gerhard Strate, der inzwischen die Vertretung Mollaths für das angestrebte Wiederaufnahmeverfahren übernommen hatte, Strafanzeige gegen den Richter Armin Eberl und den Facharzt Klaus Leipziger wegen schwerer Freiheitsberaubung. In einer brillanten Begründung wies er nach, dass beide einem Verbot des Bundesverfassungsgerichts vom 9. Oktober 2001 zuwidergehandelt hatten. Danach war es als Verstoß gegen die Menschenwürde untersagt, Personen gegen ihren erklärten Willen zwangsweise einer medizinischen Untersuchung mit Totalbeobachtung zuzuführen und sie damit zu Gegenständen herabzustufen. Trotzdem hatte Richter Eberl Mollath festnehmen und in das Bezirkskrankenhaus Erlangen zu einer Untersuchung verbringen lassen. Das hatte er bald darauf wiederholt, indem er Mollath – wie bereits erwähnt – für fünf Wochen dem Psychiater Leipziger in Bayreuth zu einer Untersuchung überstellen ließ. Dieser hatte das Verbot des Bundesverfassungsgerichts ebenfalls missachtet. Er hielt Mollath gefangen, versuchte wiederholt ihn zu untersuchen, obwohl Mollath sich von Anfang an strikt weigerte. Zudem ließ er ihn rechtswidrigerweise vom Klinikpersonal beobachten – die »Ergebnisse« verwertete er in seinem Gutachten.

Beate Merk, die Justizministerin, hatte immer wieder behauptet, der Fall Mollath sei mehrmals umfassend durch das Justizministerium überprüft worden. Hatte sie, hatten ihre Ministerialbeamten demnach noch nie von dem Verbot des Bundesverfassungsgerichts gehört? Das konnte nicht sein, die Rechtslage war unter Juristen allgemein bekannt.

Schon nach sechs Wochen erhielt Anwalt Strate Bescheid. Harsch ließ Reinhard Nemetz, Leiter der Staatsanwaltschaft Augsburg, der die Justizministerin die Bearbeitung der Strafanzeige übertragen hatte, diese zurückweisen. Begründung: Mollath habe sich nicht »generell« geweigert, sich einer Untersuchung zu unterziehen. Das war die blanke Unwahrheit. Mollath hatte gegen die angeordnete psychiatrische Untersuchung Beschwerde eingelegt, er war zu den vorgesehenen Untersuchungsterminen nicht erschienen. Und der Richter Eberl hatte ihn daraufhin, wie erwähnt, durch die Polizei festnehmen und gefesselt zunächst in das Bezirkskrankenhaus Erlangen, später in das Bezirkskrankenhaus Bayreuth überstellen lassen. Das war kein Zwang?

Und was Leipziger betraf, so hatte dieser selbst in seinem Gutachten wiederholt festgehalten, dass Mollath »jegliche Untersuchungen und gezielte Explorationsgespräche verweigere«. Man muss geradezu bitter lachen, wenn Leipziger folgenden Vermerk des zuständigen Stationsarztes zitiert: Mollath »verweigere jegliche Untersuchungen, gleich welcher Art. Paralogisch meine er, der Stationsarzt solle erst einmal das Grundgesetz lesen und sich über grundlegende Menschenrechte informieren«. Grundgesetz? Menschenrechte? Was gilt's! Aus dem Umstand, dass Mollath, wenn er von den Ärzten angesprochen wurde, zwangsläufig mit diesen ein paar Sätze wechselte – er konnte ihnen ja nicht ausweichen, weil er inhaftiert war –, konstruierte der Justizbedienstete Reinhard Nemetz eine freiwillige Mitwirkung, der offenkundigen Wahrheit zuwider.

Es war davon auszugehen, dass der Augsburger Bescheid mit Frau Merk und ihren Ministerialbeamten abgestimmt war, wie auch Anwalt Strate annahm. Er legte sofort Beschwerde beim Generalstaatsanwalt Christoph Strötz in München ein. Doch auch dieser war kaum mehr als ein Gehilfe der Frau Merk. Er wies die Beschwerde zurück, wie nicht anders zu erwarten war.

Dem ersten Schwertstreich ließ Anwalt Strate am 19. Februar 2013 einen noch wuchtigeren folgen. Er stellte einen Wiederaufnahmeantrag, in dem er dem Vorsitzenden Richter Brixner und der Richterin Heinemann schwere Rechtsbeugungen zur Last legte. Er zeigte auf, mit welchen Methoden sie die gesetzlichen Sicherungen unterlaufen hatten. Dies konnte er allein schon anhand der Akten, also »schwarz auf weiß«, nachweisen. Was da sichtbar wurde, war eine ganze Kette strafbarer Rechtsbeugungen, nur die krassesten werden hier dargestellt.

Nachdem ihm die Strafsache vorlag, hätte der Vorsitzende Richter Brixner Mollath eine angemessene Frist setzen müssen, um sich zur Sache zu erklären und Beweiserhebungen zu beantragen. Das unterließ er. Er machte sich damit einer schweren Amtspflichtverletzung durch Versagung des rechtlichen Gehörs schuldig (§ 225a Abs. 2 Strafprozessordnung, Art. 103 Grundgesetz).

Nach der Festnahme hätte Mollath spätestens am Tag danach durch einen Richter über den Grund unterrichtet und dazu angehört werden müssen – so bestimmen es Art. 104 des Grundgesetzes und Art. 102 der Bayerischen Verfassung, das elementarste Grundrecht überhaupt. Wird diese Frist nicht gewahrt, liegt eine strafbare Freiheitsberaubung vor. Mollath aber blieb fast drei Wochen in Haft, ohne überhaupt zu erfahren, weshalb! Seine wiederholt gegen den Unterbringungsbefehl eingelegte

Beschwerde wurde von Brixner ignoriert und nicht an das zuständige Oberlandesgericht zur Entscheidung weitergeleitet (§ 306 Strafprozessordnung).

Als Mollath schon sieben Monate vor seinem Strafprozess wegen angeblicher Gemeingefährlichkeit in das Bezirkskrankenhaus Bayreuth eingewiesen wurde, legte man ihm dort Hand- und Fußfesseln an. Dies war absolut rechtswidrig. Eine Fesselung ist nur zulässig bei Gefahr von Gewalt, Flucht oder Selbstmord. Außerdem dürfen Fesseln in der Regel nur entweder an den Händen oder an den Füßen angelegt werden (§ 119 der Strafprozessordnung und Nr. 64 der Vollzugsordnung), und zwar nur auf richterliche Anordnung. Mollath beschwerte sich wiederholt, schriftlich und nochmals in einer nur zehn Minuten dauernden Anhörung vor der Strafkammer am 31. März 2006:

»Seit ich in die Station FPr verlegt wurde, werde ich mit Hand- und Fußfesselung gequält, obwohl keinerlei Gefahr von mir ausgeht. Ich bitte um sofortige Beendigung dieser unnötigen und menschenverachtenden Maßnahmen. Auch mit solchen Maßnahmen lasse ich mich nicht brechen.«

Jeder Häftling hat nach der Vorschrift Anspruch auf einen Hofgang von mindestens einer Stunde täglich, aber auch dieser Hofgang wurde Mollath wiederholt verweigert oder gekürzt. Er beschwerte sich darüber, doch der Vorsitzende Richter Otto Brixner sowie seine Beisitzer Petra Heinemann und Thomas Mager taten nichts. Sie versagten ihm jeden Rechtsschutz, obwohl dieser durch Art. 19 Abs. 4 des Grundgesetzes garantiert war; die Beschwerde wurde pflichtwidrig auch nicht an das Oberlandesgericht weitergeleitet.

Am Nachmittag nach der Anhörung durch die drei Richter musste Mollath sogar den Hofgang in Hand- und Fußfesseln hinter sich bringen. Flehentlich schrieb er den Richtern:

»Aus welchem Grund lassen Sie mich unter diesen unmöglichen Umständen quälen? Ohne Angabe von Gründen hat man mich zur (Station) FP3 verlegt, dort sind Menschen schon über 35 Jahre lebendig begraben. Ich habe hier die schlimmste Zeit meines Lebens verbracht.«

Dieser Brief vom 7. April 2006 wurde vom Bezirkskrankenhaus Bayreuth erst am 24. April an die Strafkammer übersandt – genau an dem Tag, an dem Mollath nach Straubing verlegt wurde. In seiner Antwort überging der Vorsitzende Brixner rechtswidrig die Fesselungen. Die von Mollath gerügte Verlegung in die für Schwerverbrecher bestimmte Justizvollzugsanstalt Straubing, durch die er zudem vollständig von seinem Nürnberger Freundes- und Bekanntenkreis abgeschnürt wurde, begründete Brixner sibyllinisch: Sie sei »aus organisatorischen Gründen« erfolgt. Eine offensichtliche Lüge und Verhöhnung!

Vor Beginn seines Prozesses wandte sich Mollath Hilfe suchend an den Präsidenten des Landgerichts Nürnberg-Fürth:

»Schon mehrmals bat ich die Richter Brixner, Heinemann und Mager, dass ich meine Unterlagen und Dokumente zum Verfahren und zu meiner Verteidigung, als auch Kleidung (ich habe nur die Kleidung, die ich auf dem Leib trug, dabei) aus meinem Haus in Nürnberg holen darf. Ich habe nicht einmal eine Antwort erhalten. Ich bitte auch Sie ... Ich weise ausdrücklich darauf hin, dass am 1. August 2006 mein Haus, zu allem Überfluss, versteigert werden soll.«

Weiter rügte er:

»Entgegen bestehendem Gesetz werde ich als Untersuchungshäftling zusammen mit verurteilten Straftätern gehalten. Ich bitte, diesen Zustand sofort zu beenden.«

(Eine derartige Zusammenlegung ist nach § 119 Abs. 1 der Strafprozessordnung strikt verboten.) Der Herr Präsident, wiewohl Jurist, würdigte Mollath indessen keiner Antwort – unter Verstoß gegen seine Dienstpflichten.

In einem Brief an einen alten Freund beschrieb Mollath das Ambiente:

»Mehrfachmörder, Vergewaltiger, Kinderschänder, und hier und da harmlose bis arme Schweine ... Als ein psychotischer Doppelmörder ausrastete und auf mich losgehen wollte, konnte ich nur mit Mühe eine Eskalation vermeiden ... Der Vorfall [wurde] in einem skandalösen Gutachten so ausgelegt, als wäre ich der böse Aggressor.«

Es ging immer näher dem Abgrund zu, dem Prozess. Vorher hatte die Strafkammer einen Beschluss zu fassen, ob die Hauptverhandlung mit zwei oder mit drei Berufsrichtern durchgeführt würde. Fehlt ein solcher Beschluss, hat eine Strafkammer mit drei Berufsrichtern und zwei Schöffen zu verhandeln – so bestimmt es § 76 des Gerichtsverfassungsgesetzes. Ein solcher Beschluss wurde jedoch nicht gefasst! Sich darüber hinwegsetzend, suchte sich der Vorsitzende Brixner selbst seine Beisitzerin aus, die Richterin Heinemann. Rechtsanwalt Strate zufolge lagen für diese Auswahl sachfremde Motive nahe. Denn die Richterin Heinemann habe zuvor an richterlichen Kollegialentscheidungen mitgewirkt, die – vorsichtig ausgedrückt – nicht über alle Zweifel erhaben waren.

Für Mollath war ein Pflichtverteidiger bestellt. Den aber lehnte Mollath ab, weil der Anwalt für ihn nichts getan und bei allen Haftprüfungsterminen gefehlt habe. Er ersuchte die Richter schriftlich, einen anderen Verteidiger zu bestellen: »Ohne ordentlich arbeitenden Rechtsanwalt ist mein Schicksal besiegelt.« Diesem Antrag gab die Strafkammer rechtswidrigerweise nicht statt. Überdies vernahm sie den Pflichtverteidiger in einem Punkt als Zeugen gegen Mollath – aufgrund des unerträglichen Interessenkonflikts eine schwere Rechtsbeugung!

Bei Eröffnung der Hauptverhandlung am 8. August 2006 stellte der Vorsitzende Richter Brixner laut Protokoll fest, dass die Strafkammer »auf Antrag der Staatsanwaltschaft« das Sicherungsverfahren eröffnet habe, also ein Verfahren, in dem es wegen der Schuldunfähigkeit des Angeklagten nur noch um die Anordnung von Maßregeln der Sicherung und Besserung (anstelle eines Hauptverfahrens) gehen sollte. Anwalt Strate fand heraus, dass es einen solchen Antrag der Staatsanwaltschaft überhaupt nicht gab!

Doch nun zum zentralen Punkt der Causa Mollath, seinem angeblichen paranoiden Wahn. Unter Bezug auf Hoff/Sass, *Handbuch der Forensischen Psychiatrie*, das den Wahn als mit Gewissheit vertretene, im Widerspruch zur Wirklichkeit stehende Fehlbeurteilung definiert, führte Anwalt Strate später in seinem Wiederaufnahmeantrag vom 19. Februar 2013 aus, was jedem Laien selbstverständlich ist: »Wer einen Wahn behauptet, muss die Diskrepanz zwischen Wahn und Wirklichkeit aufzeigen.« Strate weiter: »Hieran fehlt es in dem Urteil des Landgerichts Nürnberg-Fürth völlig.«

Strate stellte heraus, »nur eine einzige Nachfrage« bei dem damaligen Niederlassungsleiter der HypoVereinsbank und seine anschließende Vernehmung in der Hauptverhandlung hätten ergeben, dass ihm schon Ende März 2003 ein Sonderbericht der Innenrevision der Bank vorlag, in dem die Angaben Mollaths als zutreffend bezeichnet wurden. Genau dies aber hatten Staatsanwaltschaft und Gericht geflissentlich unterlassen, obwohl aus der von Mollath übergebenen Korrespondenz mit der HypoVereinsbank ersichtlich war (unter anderem aus einem Schreiben der Bank vom 2. Januar 2003), dass die Innenrevision dabei war, seine Vorwürfe zu überprüfen.

Schließlich kündigte Strate an, dass die aufgedeckten Verfälschungen des Sachverhalts sich noch »als die Spitze eines Eisbergs« erweisen würden. Bei der Beweiserhebung sei es seinerzeit zu »Manipulationen und Falschaussagen« gekommen. Der Strafrechtsprofessor Henning Müller von der Universität Regensburg schrieb in einem Blog zum Wiederaufnahmegesuch Strates: »Der Antrag überzeugt mich.«

Die aufgezeigten Wiederaufnahmegründe waren zwingend. Jetzt gab es keinen Zweifel mehr: Mollath würde bald freikommen. Zwei Jahre hatte ich mit anderen zusammen dafür gekämpft. Eine Last fiel von mir ab.

Bald aber wurde offenbar, dass die Gegenseite sich noch nicht geschlagen gab, der Kampf ging weiter. Das zeigte sich schon daran, dass, wie die SZ am 22. Februar 2013 berichtete, der Quasi-Adjutant der Justizministerin, Generalstaatsanwalt Hasso Nerlich, der Staatsanwaltschaft Regensburg, die ebenfalls an einem Wiederaufnahmeantrag arbeitete, untersagte, Auskunft zu geben. Er verfügte, Auskünfte erteile künftig nur noch er selbst. Man muss sich das einmal vorstellen: Einer, der dem Landtag nachweislich Unwahrheiten serviert hatte, verfügt allein über das, was der Öffentlichkeit gesagt werden darf. Was würden das für Wahrheiten sein?

Damit war zugleich davon auszugehen, dass er – nach den Vorgaben der politischen Spitze – all das steuern würde, was die Staatsanwaltschaft im Wiederaufnahmeverfahren zu tun oder zu lassen hatte, was sie offenlegen durfte und was nicht.

Man gab oben die Zügel nicht aus der Hand. Doch ein Entkommen war den Verantwortlichen inzwischen nicht mehr möglich. Sie wussten es bloß noch nicht.

Zwei missverständliche Staatsbeamte

Innerhalb von nur einer Woche mussten Generalstaatsanwalt Hasso Nerlich und Roland Jüptner, Präsident des Landesamts für Steuern, ein zweites Mal vor dem Rechtsausschuss des Landtags erscheinen. Die Opposition war empört: Sie warf ihnen in der Sitzung am 7. März 2013 vor, sie hätten in der vorangegangenen Sitzung am 28. Februar 2013 die Unwahrheit gesagt. Vehement verlangte sie, Nerlich vom Wiederaufnahmeverfahren abzuziehen. Denn die *Zeit* hatte am 28. Februar 2013 berichtet, die Generalstaatsanwaltschaft Nürnberg habe in einem Interview geäußert, wenn der Fall Mollath wegen »Flüchtigkeitsfehlern« neu verhandelt werde und es zu einem Freispruch komme, sei das »eine Katastrophe für das bayerische Volk«, denn die Justiz werde gezwungen, »einen gefährlichen Mann auf die Straße zu entlassen«.

Unter Druck geraten gab Nerlich zu, dass er der *Zeit* gegenüber erklärt habe, das Urteil enthalte »einige Unrichtigkeiten«, er bestritt aber die unglaubliche Äußerung im Übrigen (Protokoll des Rechtsausschusses S. 12). Doch auf Anfragen hin bekräftigte die stellvertretende Chefredakteurin der *Zeit*: »Wir bleiben bei unserer Darstellung.« Damit wurde Nerlich der Unwahrheit geziehen. Nerlich bestritt auch, dass er Mollath als einen wirren Charakter bezeichnet habe – das Wort »wirr« habe er mit Sicherheit nur auf dessen Ausführungen bezogen. Das war aber nicht minder skandalös. Den Vorwurf, er habe wahrheitswidrig behauptet, der Revisionsbericht der HypoVereinsbank von 2003 gebe »gerade keine Belege für steuerrechtliche Verstöße«, versuchte er vergeblich damit zu widerlegen, er habe Beweise für Bargeldtransfers gemeint.

Roland Jüptner, früher Ministerbüroleiter unter Erwin Huber, hatte in der vorangegangenen Sitzung behauptet, über den Anruf des Richters Brixner bei der Steuerfahndung, wonach Mollath verrückt und deshalb seine Strafanzeige nicht ernst zu nehmen sei, habe der Beamte, mit dem Brixner telefoniert habe, keinen Aktenvermerk gefertigt. Doch die Presse konnte gleich darauf sogar zwei solche Aktenvermerke präsentieren (Protokoll über die Sitzung des Rechtsausschusses des Landtags am 07.03.13, S. 5ff.; SZ vom 08.03.13). Diese hatte Jüptner selbst kurz zuvor in einem Bericht an das Finanzministerium zitiert! Er hatte somit vor den Landtagsabgeordneten bewusst die Unwahrheit gesagt. Jetzt redete er sich darauf hinaus, wegen des Steuergeheimnisses habe er die Aktenvermerke verschweigen müssen – eine weitere Unwahrheit. Denn das

Steuergeheimnis untersagt lediglich, die steuerlichen Verhältnisse eines Steuerpflichtigen offenzulegen, hier aber ging es nur um einen Verwaltungsvorgang.

Beamte haben eine dienstliche Wahrheitspflicht gegenüber staatlichen Organen, erst recht gegenüber dem Parlament. Ein Verstoß dagegen ist ein Dienstvergehen. Der Landtag ist die Vertretung des Volkes. Dieses Volk weiß jedenfalls jetzt, woran es ist, nachdem die besagten Staatsdiener ungeschoren blieben, da Justizministerin Merk und Finanzminister Söder keine Disziplinarverfahren gegen Nerlich und Jüptner eingeleitet haben.

Der Wiederaufnahmeantrag der Staatsanwaltschaft Regensburg

Ende März 2013 stellte schließlich nach Rechtsanwalt Dr. Strate auch die Staatsanwaltschaft Regensburg beim dortigen Landgericht einen Wiederaufnahmeantrag. Die Presse jubelte: Hier wird ein Stück bundesdeutsche Rechtsgeschichte geschrieben! Zum ersten Mal sah sich eine Staatsanwaltschaft gezwungen, zugunsten eines Verurteilten ein Verfahren neu aufzurollen. Der schier aussichtslos erscheinende Kampf gegen die Justizministerin, ihre Verbündeten in der Partei und ihre Helfer und Helfershelfer in der Justiz hatte zum Erfolg geführt.

Für Beate Merk war es eine krachende Niederlage, hatte sie doch Mollath unentwegt als brutalen Gewalttäter hingestellt, der weiterhin weggesperrt werden müsse, und erklärt, der Fall sei mehrmals umfänglich überprüft worden. Was war denn das für eine Überprüfung gewesen?

Auf drei Gründe stützte sich der Wiederaufnahmeantrag vom 18. März 2013 (AZ: 7 KLs Js 22423 WA). Erstens hatte sich herausgestellt, dass das ärztliche Attest über die angeblich Petra Mollath zugefügten Blessuren gar nicht von der Ärztin Reichel stammte, sondern von ihrem Sohn, einem noch nicht zugelassenen Assistenzarzt. Zweitens hatte die Staatsanwaltschaft erstmals den Facharzt Dr. Wörthmüller vernommen, der Mollath zunächst untersuchen sollte, von diesem aber abgelehnt wurde, ihn – laut Urteil – »wahnhaft« beschuldigend, mit den Schwarzgeldkreisen in Verbindung zu stehen. Nunmehr sagte Dr. Wörthmüller aus, Mollath habe ihm keineswegs wahnhaft eine solche Verbindung unterstellt. Denn tatsächlich arbeite sein Nachbar, mit dem er befreundet sei, mit einem früheren Arbeitskollegen Petra Mollaths zusammen, der angeblich mit Schwarzgeldverschiebungen befasst war. Dr. Wörthmüller gab auch zu, dass er Mollath vorgeschlagen hatte, die »Schwarzgeldverschiebungen« aus dem zu erstellenden Gutachten auszuklammern. Mollath habe darin aus seiner Sicht zu Recht das Angebot eines »Gefälligkeitsgutachtens« erkennen können – was Mollath mehrmals vorgebracht hatte. Mit dieser Aussage war eine weitere Säule des Urteils weggebrochen.

Als dritten Wiederaufnahmegrund stufte die Staatsanwaltschaft Regensburg die eidesstattliche Versicherung des Zahnarztes Edward Braun ein. Bei seiner Vernehmung durch die Staatsanwaltschaft bestätigte er diese: Am 31. Mai 2002 habe ihn Petra Mollath angerufen und gebeten, ihrem Mann Folgendes auszurichten: Wenn er sie und ihre Bank anzeige, werde sie ihm etwas anhängen, sie wisse auch schon wie. Sie werde ihn auf seinen Geisteszustand untersuchen lassen. Wenn er aber die Klappe halte, werde sie ihm 500.000 D-Mark seines Vermögens belassen.

Die Aussage Brauns erklärte die Staatsanwaltschaft für überzeugend, zumal feststehe, dass Petra Mollath ihre Drohungen tatsächlich wahr gemacht habe.

Was die von Anwalt Strate geltend gemachten zehn Rechtsbeugungen betraf, so räumte die Staatsanwaltschaft die Rechtsverstöße des Gerichts ein, schob sie aber beiseite: Obwohl sie in der ursprünglichen, vom 18. Dezember 2012 datierenden Fassung des Wiederaufnahmeantrags (kassiert von Justizministerin Merk und Generalstaatsanwalt Nerlich) den Richtern Brixner und Heinemann mehrfache strafbare Rechtsbeugung bescheinigt hatte, behauptete sie nunmehr, ein schwerer Rechtsbruch liege nicht vor. Doch selbst einem Laien ist klar: Ein oder zwei kleinere Rechtsverstöße lassen sich vielleicht noch mit Unachtsamkeit erklären, nicht jedoch die hier aufgezeigte Fülle elementarer Rechtsverstöße. Und ausgerechnet dann, wenn es um Schwarzgeldverschiebungen in Millionenhöhe geht! Wenn Brixner in der Verhandlung Mollath mehrmals brüllend verbot, darüber zu reden, andernfalls würde er ihn des Saales verweisen – war das etwa ein »Versehen«?

Fein säuberlich hatte die Staatsanwaltschaft Regensburg mit dem juristischen Skalpell dezidierter Argumentation das Krebsgeschwür Mollath aus dem ansonsten scheinbar völlig gesunden Körper der Justiz herausoperiert – unter der Aufsicht von Merk und Nerlich.

»Der Fisch stinkt vom Kopf her!« Dass dieser Erfahrungssatz im Fall Mollath zutraf, stellte die Staatsanwaltschaft Regensburg trefflich unter Beweis. In ihrem Wiederaufnahmeantrag zitierte sie nämlich dankenswerterweise den Brief vom 23. November 2011, mit dem der Zahnarzt Braun der Justizministerin seine eidesstattliche Versicherung übersandt hatte. Braun schrieb darin:

»Sehr geehrte Frau Staatsministerin Dr. Merk,

für den Fall, dass Ihnen meine eidesstattliche Versicherung vom 7. September 2011 nicht zugegangen sein sollte, übersende ich sie hiermit mit der Bitte, alles zu veranlassen, dass Gustl Mollath unverzüglich aus der Psychiatrie entlassen und entschädigt wird. Die Nürnberger Nachrichten haben in einem Artikel vom 7. Oktober 2011 über den wesentlichen Inhalt der eidesstattlichen Versicherung bereits berichtet. Sie haben die Pflicht, die Ihnen unterstehende Staatsanwaltschaft anzuweisen, ein Wiederaufnahmeverfahren durchzuführen.
Ich war lange Jahre mit Gustl Mollath und seiner früheren Ehefrau Petra eng befreundet. In meiner eidesstattlichen Versicherung habe ich

insbesondere folgende Äußerungen von ihr wiedergegeben: ›...‹
Wie Sie, sehr geehrte Frau Dr. Merk, aus der Ihnen vorliegenden Analyse des Falls Mollath vom 28. März 2011 durch den Ministerialrat a. D. Dr. Wilhelm Schlötterer ersehen konnten, ist schon aufgrund anderer Umstände erwiesen, dass Gustl Mollath rechtswidrig in die Psychiatrie weggesperrt worden ist. Die von mir zitierten Äußerungen Petra Molllaths mir gegenüber sind ein zusätzlicher Beweis.
Ich bitte Sie nochmals nachdrücklich, die Konsequenzen zu ziehen. Da die von Ihnen weisungsabhängige Staatsanwaltschaft die Verbringung in die Psychiatrie durch entsprechende Anträge und die Weigerung, seine Angaben zu überprüfen, maßgeblich betrieben hat, sind Sie, sehr geehrte Frau Dr. Merk, persönlich verantwortlich.
Die Staatsanwaltschaft Nürnberg-Fürth erhält eine Kopie dieses Schreibens samt der eidesstattlichen Versicherung.

Mit freundlichen Grüßen«

Dieser Brief hatte die Justizministerin mit einem eindeutigen Wiederaufnahmegrund konfrontiert. Aber was tat sie? Sie ordnete kein Wiederaufnahmeverfahren an! Im Gegenteil: Als der Fall Mollath am 15. Dezember 2011 in einer Plenarsitzung des Landtags behandelt wurde, erklärte sie, dass Mollath ein gefährlicher geisteskranker Gewalttäter sei, der weiterhin weggesperrt werden müsse. Mit keinem Sterbenswörtchen erwähnte sie damals die eidesstattliche Versicherung Brauns! In der Sitzung des Rechtsausschusses am 8. März 2012 erstattete sie nochmals einen ausführlichen, 29 Seiten umfassenden Bericht – und wiederum verschwieg sie pflichtwidrig den Abgeordneten den ihr bekannten Wiederaufnahmegrund.

Erst als Ende 2012 plötzlich die Presse über das skandalöse Telefonat des Vorsitzenden Richters Brixner mit einem Steuerfahnder berichtete, in dem er schon zwei Jahre vor dem Prozess Mollath für verrückt erklärt hatte, ordnete die Ministerin die Einleitung eines Wiederaufnahmeverfahrens an – anscheinend nur unter dem Druck der Öffentlichkeit und auf Anstoß von Seehofer. Das bedeutet: Durch diese Verzögerung um über ein Jahr hat sich die Justizministerin an Gustl Mollath schuldig gemacht! Gegen die CSU-Dame wäre daher wegen des Verdachts der Freiheitsberaubung ein Ermittlungsverfahren einzuleiten gewesen. Aber das geschah natürlich nicht.

Voller Empathie stellte die Justizministerin später in der Sendung »Sonntags-Stammtisch« des Bayerischen Rundfunks am 7. April 2013 dar, wie gewissenhaft und fürsorglich sie zugunsten Mollaths vorgegangen sei. Als Dieter Hanitzsch aber fragte, ob sie wegen ihres Verhaltens nachts noch ruhig schlafen könne, entrüstete sie sich: Was er da sage, sei eine Ungeheuerlichkeit! Sie behauptete: »Ich habe gesagt: Wir wollen einen Wiederaufnahmeantrag stellen.« Sie habe nach Wiederaufnahmegründen »gesucht« und an dem Tag, als sie den ersten Grund gesehen habe, »sofort« das Wiederaufnahmeverfahren angeordnet. Und nochmals: »*Ich habe in keiner Weise gezögert. Als Justizministerin konnte ich erst handeln, als ich die rechtliche Möglichkeit gesehen habe. Bis zu diesem Zeitpunkt habe ich natürlich insofern gehandelt, als ich gesucht habe: Wo kann man anpacken?*« Demnach hatte sie ein ganzes Jahr lang im Justizpalast fieberhaft auf ihrem Schreibtisch gewühlt, bis sie dort unverhofft auf die eidesstattliche Versicherung des Zahnarztes Braun stieß?

Gleichzeitig aber ereiferte sie sich in der Sendung darüber, wie brandgefährlich Mollath sei – trotz der ihr bekannten Wiederaufnahmegründe. Es war nicht zu fassen. Als ihr Dieter Hanitzsch energisch widersprach, konnte Moderator Helmut Markwort sie nur noch dadurch retten, dass er die Diskussion abrupt beendete und vom Wetter sprach.

Was die vorgebliche Retterin Mollaths den Fernsehzuschauern verschwieg: Nur wenige Tage zuvor hatte die Staatsanwaltschaft bei der Vollstreckungskammer wiederum die Fortdauer seiner Haft beantragt – zweifellos in Absprache mit dem Justizministerium.

Narzissmus und Hitler-Hügel

Über die Wiederaufnahmeanträge hatte das Landgericht Regensburg zu entscheiden. Unabhängig davon hatte die Vollstreckungskammer Bayreuth wie alljährlich über die Fortdauer von Molllaths Inhaftierung zu befinden. Für den 18. April 2013 hatte sie seine Anhörung angesetzt. Journalisten und Fernsehleute in großer Zahl belagerten den Sitzungssaal. Zunächst hatte das Gericht Fernsehaufnahmen innerhalb des Gebäudes verboten, Mollath sollte anscheinend nicht vor die Kameras kommen. Als der Justiziar der ARD dagegen protestierte, knickte das Gericht ein. Mollath wurde von den Polizisten erstmals ohne Fesselung vorgeführt, die Angst vor der Presse war zu groß. Ruhig und sachlich antwortete er auf deren Fragen, dann schloss sich hinter ihm die Türe des Gerichtssaals.

Was sich dort abspielte, war surreal. Wie schon 2011 hatte mich Mollath als Person seines besonderen Vertrauens bezeichnet. So durfte ich als Beobachter den Ablauf verfolgen. Die Öffentlichkeit hatte die Kammer ausgeschlossen. Vorsitzender Richter war wieder Kahler, Beisitzer waren der Richter Schwarz und eine Richterin. Wozu wurde Mollath, der von seinen Strafverteidigern Gerhard Strate und Erika Lorenz-Löblein sekundiert wurde, überhaupt angehört? Es war die jährliche Stellungnahme Leipzigers und seines Stellvertreters Zappe, ob er weiterhin wegzusperren sei. Das von ihnen vorgelegte Attest erwies sich als skurriles Produkt.

Die bisherige Diagnose »paranoider oder schizophrener Wahn« war mittlerweile sogar öffentlich widerlegt durch den Revisionsbericht der HypoVereinsbank und die eingeleiteten Ermittlungsverfahren der Steuerfahndung gegen 19 Personen. Trotzdem schrieben Leipziger und Zappe ungeniert im Attest vom 4. März 2013, man gehe »weiterhin in Übereinstimmung mit dem Anlassgutachten von einer ›wahnhaften Störung‹« aus. Bauernschlau vermieden sie jetzt freilich die Vokabel »Schwarzgeldverschiebungen«! Worin bestanden denn dann die Wahnvorstellungen? Im Widerspruch zur Wahndiagnose aber wurde ausgeführt, dass eine Beurteilung Molllaths nicht möglich sei, weil er sich weiterhin jeder Untersuchung entziehe. Vielsagend war indessen, dass der Anstaltspsychologe seine Unterschrift verweigert hatte!

Das Gutachten konnte denn auch nicht den geringsten Beleg dafür anführen, dass Mollath geisteskrank und gemeingefährlich sei. Aus dem Geschreibsel ragten allerdings zwei abstruse Argumente heraus. Zum einen: Der Umstand, dass Mollath sich momentan in den Medien und bei der Justiz vertreten sehe, bedeute für ihn »aus forensisch-psychiatrischer Sicht eine massive narzisstische Aufwertung«. Zum anderen: Mollath habe sich bei einem Presseinterview geweigert, auf den Hügel, auf dem das Gebäude der Anstaltsleitung stehe, hinaufzusteigen – das sei der »Hitler-Hügel«. Mollath stellte klar, dass er diesen Ausdruck nie gebraucht habe, Mithäftlinge hätten von »Führer-Hügel« gesprochen.

In der Anhörung musste Facharzt Zappe auf wiederholten Vorhalt der Verteidiger zugeben, dass Mollath in der Haft keinerlei Tätlichkeit begangen habe. In seiner Not sagte Zappe: »Wir können doch die Leute nicht aufeinander loslassen, bloß damit der Beweis der Gefährlichkeit geführt werden kann!« Mit anderen Worten: Wenn es keine Tätlichkeit gab, musste eben eine fiktive herhalten. Kahler eilte Zappe beflissen zu Hilfe, die Verteidiger scharf rügend: »So kann man mit einem Sachverständigen nicht umspringen!«

Aufgrund des untauglichen Gutachtens und der neueren, einen Wahn ausschließenden Erkenntnisse hätten Kahler und seine Beisitzer Mollath in die Freiheit entlassen müssen – sie taten es nicht. Das war zugleich ein schwerer Verstoß gegen den Verfassungsgrundsatz der Verhältnismäßigkeit – Mollath saß bereits im achten Jahr in der Psychiatrie, ein Mörder kommt nach 15 Jahren frei. Warum ließen ihn diese Richter trotzdem nicht frei? Was war ihr Motiv? Sie wussten, was die Justizministerin wollte. Waren sie hörig?

Die Richter beauftragten stattdessen wiederum Prof. Friedemann Pfäfflin mit einem Gutachten. Der hatte ja schon 2011 trefflich bescheinigt, dass bei Wahnvorstellungen die Realität nur eine untergeordnete Rolle spiele!

Bis Pfäfflin sein Gutachten erstellt haben würde, konnte es noch Monate dauern. Die Richter focht das nicht an, sie selbst waren auf freiem Fuß, genauso wie die Justizministerin. In der Münchner *Abendzeitung* wurde sie freundlich lächelnd zusammen mit anderen Damen der Gesellschaft abgebildet mit dem Kommentar: »Diese Frauen tun fröhlich Gutes.«

Derweil empörte sich jeder im Land, mit dem man über Mollath sprach: »Jetzt sitzt der immer noch drin!« Ob die Fortdauer der Haft wohl über die Wahlen im Herbst 2013 weiterbestehen würde? Mollath vorher in Freiheit und seine zu erwartenden Medienauftritte würden den Wahlchancen der CSU wohl eher abträglich sein. Das rechtliche Feigenblatt für die Haftfortdauer lieferte die Staatsanwaltschaft Regensburg, indem sie in ihrem Wiederaufnahmeantrag ausführte, am Ende des Verfahrens könnte doch wieder die Unterbringung in der Psychiatrie stehen.

Pfäfflin lehnte die Erstellung des vom Gericht erbetenen Gutachtens ab. Daraufhin verfügte die Kammer kurzerhand mit Beschluss vom 10. Juni 2013 die Fortdauer der Unterbringung – ohne ein weiteres Gutachten einzuholen.

Im Hintergrund wirkte offensichtlich eine verborgene Macht.

Richterin Schwarz und Richter Schwarz

Auffällig ist der Name Schwarz gewiss nicht, wohl aber der Umstand, dass es in Bayreuth neben dem erwähnten Richter Schwarz noch eine Richterin gleichen Namens gibt, die ebenfalls in Sachen Mollath aktiv wurde. Zuständig für Betreuungsangelegenheiten, sprich Entmündigungen, hielt sie am 5. April 2006 in einem Aktenvermerk fest, Leipzigers Stellvertreter Zappe habe angerufen und um »schnellstmögliche Errichtung einer Betreuung« für Mollath gebeten. Dieser habe »eine ausgeprägte querulatorische Persönlichkeit, bzw. im Moment imponiere das Querulatorische. Er solle baldmöglichst in die gesicherte Abteilung nach Straubing weiterverlegt werden.«

Am nächsten Tag bereits war die Richterin im Bezirkskrankenhaus. Sie erhielt dort ein dreiseitiges medizinisches Gutachten und sprach kurz mit Mollath, jedoch ohne ihm das Gutachten zu zeigen. Tags darauf erließ sie einen Beschluss, mit dem sie Mollath für die Dauer von fünf Monaten vorläufig entmündigte – und zwar in Vermögens-, Gesundheits- und strafrechtlichen Angelegenheiten. Vor dieser Entscheidung hätte Birgit Schwarz für Mollath einen Verfahrenspfleger als Rechtsbeistand bestellen müssen. Das unterließ sie »wegen Gefahr im Verzug«. Wie das? Mollath war bereits hinter Gittern. Für wen stellte die von Zappe behauptete Querulanz – womit nur die Strafanzeigen gemeint sein konnten – eine unmittelbare Gefahr dar? Eine reine Erfindung der Richterin! Und der Gipfel: Wer sich querulatorisch äußert, muss zu den Schwerverbrechern in die gesicherte Abteilung der Anstalt in Straubing weggesperrt werden!

Gemäß der ihm erteilten Rechtsmittelbelehrung legte Mollath Beschwerde beim Landgericht ein – aber Richterin Schwarz leitete diese nicht weiter. Er legte noch mehrmals Beschwerde ein, schrieb verzweifelt auch an den Landgerichtspräsidenten, doch Schwarz reichte nichts weiter. Vielmehr schickte sie die Akten an das Amtsgericht in Straubing – inzwischen hatte man Mollath bereits dorthin gebracht. Allerdings verwahrte sich das Amtsgericht Straubing gegen die Abgabe der Akten dorthin. Der zuständige Richter hielt mit Schreiben vom 16. August 2006 der Richterin Schwarz vor, die Akten hätten »längst beim Beschwerdegericht zur Entscheidung über die am 22.04.2006 (!) eingegangene Beschwerde vorgelegt werden müssen«. Schwarz tat nichts dergleichen. Daraufhin rügte sie der Straubinger Richter mit Schreiben vom 21. September 2006 nochmals: Es sei »nach wie vor keine Entscheidung über die Beschwerde des Betroffenen herbeigeführt worden«. Schwarz blieb ungerührt. Als die

Entmündigungsfrist am 6. Oktober 2006 auslief, vermerkte sie trocken: »Eine Zuständigkeit des Amtsgerichts Bayreuth ist nicht mehr gegeben.« Erfolgreich hatte sie Molllaths Rechtsmittel vereitelt, die Aufhebung ihrer Entscheidung verhindert. Mollath war vogelfrei.

Wieso konnte Richterin Schwarz diese schwere Rechtsbeugung wagen? Hatte sie Rückendeckung? Was war ihr Motiv? Wurde gegen sie wegen dieses mit mindestens einem Jahr Gefängnis bedrohten Verbrechens ein Strafverfahren eingeleitet? Wurde sie im Rahmen der Richteraufsicht (§ 26 Richtergesetz) verwarnt? Davon ist nichts bekannt. Ein weiterer Skandal im Konglomerat der Skandale um den Fall Mollath!

In der Zeit der vorläufigen Entmündigung durch die Richterin Schwarz war ein wesentlicher Teil von Molllaths Vermögen verwertet worden, ohne dass er erfuhr, wie. Als sich die SZ im April 2013 beim Justizministerium und beim Sozialministerium nach dem Verbleib seiner Habe erkundigte, blieben die Fragen ohne Ergebnis. Sein in einer vornehmen Wohngegend in Nürnberg liegendes Elternhaus hatte seine geschiedene Ehefrau für nur 226.000 Euro ersteigert, weit unter Wert, und dann zu einem deutlich höheren Preis weiterverkauft.

In der Anhörung vom 18. April 2013 stellten die Verteidiger Molllaths auf meine Anregung hin die Frage, ob der anwesende Richter Schwarz der Ehemann der besagten Richterin sei. Und siehe da: Er war mit ihr verheiratet! Er hatte an den vorangegangenen rechtswidrigen Entscheidungen, Mollath weiterhin wegzusperren, mitgewirkt. Auf die Frage der Verteidigung zu seiner Befangenheit erklärte Schwarz sich forsch für nicht befangen, die anderen Richter folgten ihm darin. Munter strickte er am Schicksal Molllaths weiter – die Kammer beschloss, Mollath für ein weiteres Jahr wegzusperren.

Doch dessen Freilassung würden die Bayreuther Richter trotz ihres Bemühens nicht mehr verhindern können. Die Wiederaufnahmegründe waren steinhart, das Landgericht Regensburg würde sich nicht darüber hinwegsetzen können.

Iustitia fiat – es geschehe Gerechtigkeit!

Mit der Gerechtigkeit pressierte es der dortigen Kammer unter der Vorsitzenden Bettina Mielke indessen ganz und gar nicht. Nach dem Gesetz ist schnellstmöglich zu entscheiden, wenn es um Freiheitsentzug geht. Indessen: Ende Mai 2013, 15 Wochen nach dem Wiederaufnahmeantrag des Verteidigers Strate und elf Wochen nach dem der Staatsanwaltschaft Regensburg, lehnte die Kammer sogar die vorläufige Freilassung Mollaths ab, weil sie, wie die Vorsitzende schrieb, die Erfolgsaussichten der Wiederaufnahmeanträge noch nicht beurteilen könne!

Empört legte Anwalt Strate Beschwerde beim Oberlandesgericht ein, drohte mit dem Bundesverfassungsgericht. In der SZ prangerte Heribert Prantl, früher selbst Richter, den Skandal als »alarmierend« an. Er rügte: Solchen Richtern »kann man existenzielle Entscheidungen nicht anvertrauen«.

Die unter der Obhut der Beate Merk stehende Justiz würde Mollath, wenn überhaupt, nicht vor der Landtagswahl im September 2013 freilassen, darauf deuteten alle Anzeichen hin. Zuvor würde die CSU-Mehrheit im inzwischen eingesetzten Untersuchungsausschuss des Landtags das Handeln aller Justizorgane als völlig korrekt, das von Beate Merk als superkorrekt hinstellen. So kam es auch.

Doch die Opposition konnte sich ganz unverhofft auf einen sensationellen Aktenfund berufen, nämlich den ursprünglichen, dem Generalstaatsanwalt Nerlich vorgelegten und der Justizministerin Merk zugegangenen Wiederaufnahmeantrag der Staatsanwaltschaft Regensburg. Welche Überraschung: In dieser Fassung vom 18. Dezember 2012 (AZ: 151 Js 22423/12 – WA) wurde zum Verhalten der Richter Brixner und Heinemann festgestellt: »Die zahlreichen Verstöße gegen grundlegende Verfahrensvorschriften, die das gesamte Verfahren wie ein roter Faden durchziehen ..., sind für sich schon ein tragfähiges Indiz für eine sachfremde Motivation und damit für den Vorsatz zur Rechtsbeugung ...

Diese Rechtsverstöße sind auch strafbar.« Aber im tatsächlich gestellten Wiederaufnahmeantrag war keine Rede mehr von strafbarer Rechtsbeugung. Dies hatte jemand getilgt!

Am 11. Juni 2013 sagte Mollath vor dem Untersuchungsausschuss des Landtags aus – über zweieinhalb Stunden, eindrucksvoll und ohne das geringste Anzeichen geistiger Verwirrtheit, wie die Presse einhellig berichtete. Die CSU-Abgeordneten des Ausschusses, angeführt von Florian Herrmann, hielten sich »bedeckt«. Von ihnen konnte Mollath keine Hilfe erwarten. Der CSU-Mehrheitsbericht: negativ!

Drei Tage später musste Beate Merk aussagen. Sie vermochten die massiven Vorhaltungen der Opposition nicht zu erschüttern, wohl aber die Zuhörer. Man war anschließend überzeugt: Diese Frau wird nach der anstehenden Wahl nicht mehr Ministerin.

Kurz danach, Ende Juli, eine böse Nachricht: Die Kammer in Regensburg unter dem Vorsitz von Bettina Mielke verweigerte die Wiederaufnahme des Verfahrens! Dazu hatte sie fünf Monate gebraucht! Mit dreisten Begründungen deklarierte sie die geltend gemachten Wiederaufnahmegründe als unzulässig. Der Nürnberger Richter Brixner habe die mehrfachen Rechtsverstöße nicht absichtlich begangen, also liege keine Rechtsbeugung vor. Und auch die Glaubwürdigkeit der Zeugenaussage Petra Mollaths sei durch die neuen Erkenntnisse nicht erschüttert worden. Der Rechtsprofessor Ernst Fricke empörte sich: »Die Entscheidung biegt in der Begründung Recht und Sachverhalt« (Ernst Fricke, »Gut Ding braucht Weile« – der Rechtsstaat, die Öffentlichkeit und die Kritik an der Justiz, in: Pommrenke/Klöckner (Hg.), Staatsversagen auf höchster Ebene, S. 59–74, hier S. 64). Die Menschen im Lande waren fassungslos, es gab Demonstrationen und Mahnwachen. Sie spürten, dass es etwas Unheimliches, Bedrohliches gab hinter der von der CSU-Spitze präsentierten Schaufassade von Recht und Ordnung – eine Gefahr, die sie alle anging.

Eine Großkundgebung in Nürnberg mit über 2000 Teilnehmern trotz glühender Hitze, eine öffentliche Protestkundgebung von Rechtsanwälten in Regensburg, eine Kundgebung vor dem Münchner Justizpalast, in dem Beate Merk residierte. Die Landtagsabgeordneten Florian Streibl, Prof. Dr. Peter Paul Gantzer (SPD), Dr. Runge, Fraktionsvorsitzender der Grünen, der Arzt Dr. Friedrich Weinberger, ich selbst und weitere Redner forderten die sofortige Freilassung Mollaths, griffen die Justizministerin scharf an. Der Ruf nach Merks Rücktritt erscholl laut und lauter.

In Freiheit

Der Sturm wurde noch stärker, als plötzlich die Stellungnahme des Generalbundesanwalts zur Verfassungsbeschwerde Mollaths publik wurde.

Generalbundesanwalt Harald Range rügte scharf das Oberlandesgericht Bamberg wegen seiner Entscheidung von 2011, Mollath weiter wegzusperren; sie verstoße eklatant gegen den Grundsatz der Verhältnismäßigkeit und sei daher als verfassungswidrig anzusehen! Es wurde jetzt brenzlig für Beate Merk, ihre Richter und Staatsanwälte, das Bundesverfassungsgericht hatte Merk bereits zu einer Stellungnahme aufgefordert. Deutlich zeichnete sich ab, dass das Bundesverfassungsgericht die Freilassung Mollaths anordnen würde. Dem galt es zuvorzukommen, wollte die Justizministerin nicht jämmerlich bloßgestellt werden mitsamt ihrem Justizapparat.

Am 6. August 2013 schlug eine Nachricht ein wie der Blitz: Das Oberlandesgericht Nürnberg erklärte die Wiederaufnahme für geboten! Die Sensation war da, die Medien berichteten in Schlagzeilen.

Die Tore der psychiatrischen Forensik Bayreuth öffneten sich für Gustl Mollath, er war frei, endlich frei! In der Hand eine von ihm in der Haft liebevoll gehegte Topfpflanze haltend, eine winzige Palme, gezogen aus einem Dattelkern, trat er heraus. Das anrührende Bild ging durch ganz Deutschland. Jubel allerorts, wohl weniger bei Merk, Seehofer, Stoiber und Beckstein.

Die Justizministerin aber reklamierte: »Mein Ziel ... den Fall neu aufzurollen, ist erreicht.« Über diese Heuchelei empörten sich sämtliche Medien, die *Süddeutsche Zeitung* schrieb am 6. August 2013, im Hinblick auf ihr vorangegangenes Verhalten sei das zynisch.

Wochen später saßen Mollath, meine Frau und ich bei uns abends zu Hause an unserem runden Wohnzimmertisch. Meine Frau hatte aufgetischt, und wie Mollath hier vor uns saß, wie wir mit ihm in aller Gemütlichkeit plauderten, als ob nichts gewesen wäre – es erschien mir unwirklich. Ich dachte zurück an den kahlen Raum in der Forensischen Psychiatrie in Bayreuth ein halbes Jahr zuvor, als ich Mollath besucht und ihm die Bemühungen um seine Freilassung geschildert hatte, während er klarstellte, er mache sich keine Illusionen, er rechne damit, für immer weggesperrt zu bleiben. Jetzt aber war alles anders, es war wie ein Traum. Mollath blieb bei uns einige Tage.

Der Spruch des Bundesverfassungsgerichts

Ende August 2013 eine noch größere, riesige Sensation: Das Bundesverfassungsgericht hob die Beschlüsse der Vollstreckungskammer Bayreuth und des Oberlandesgerichts Bamberg zur Haftfortdauer unter schweren Rügen auf – für die Justizministerin, ihre Ministerialbeamten, Richter und Staatsanwälte eine tiefe Schande und faktisch der Vorwurf der Rechtsbeugung.

Das Bundesverfassungsgericht verwies auf die Missachtung elementarer Rechtsgrundsätze. Diese waren längst gültig und in der Justiz allgemein bekannt, ihre Verletzung überdies von den Verteidigern Mollaths immer wieder vorgetragen worden. Warum hatte das die Justizministerin Merk, die Generalstaatsanwälte Hubmann und Nerlich kaltgelassen, ebenso die Richter? Warum bestanden sie eisern auf der Fortdauer der Haft? Die Bamberger Richter unter dem Vorsitzenden Thomas Schepping hatten sich die unglaubliche Blöße gegeben, in ihrem vom Bundesverfassungsgericht aufgehobenen Beschluss den Grund zu nennen: Molllaths (angeblicher) fortdauernder Wahn hinsichtlich der Schwarzgeldverschiebungen des Bankensystems!

Die Entscheidung des Bundesverfassungsgerichts war zugleich eine Rehabilitierung all derer, die sich für Mollath eingesetzt hatten, aber von der augenscheinlich politisierten bayerischen Justiz schnöde abgefertigt worden waren. Ich selbst sah immer die Gefahr, von der politischen Seite als Querulant hingestellt zu werden, der sich erkühnt, eine völlig integre Staatsregierung, hochqualifizierte Ministerialbeamte und Generalstaatsanwälte und sogar absolut unverdächtige Gerichte zu beschuldigen. Aber wohl in Erinnerung an die Steueraffäre um 1977 und die Amigoaffäre von 1993, die ich beide ins Rollen gebracht hatte, ließ man das lieber sein. Als Regierungsdirektor im Bayerischen Finanzministerium wandte ich mich 1977 an den Landtag wegen der rechtswidrigen steuerlichen Begünstigung von Strauß-Freunden seitens der Spitze des Hauses. 1993 wandte ich mich wegen anhaltender Missstände im Ministerium erneut an den Landtag, was zur Aufdeckung des »Amigo-Systems« führte.

Am 7. September 2013 dann eine Kundgebung auf dem Münchner Marienplatz. Wenigstens 2000 Menschen bekundeten Mollath durch begeisterten Beifall ihr Mitgefühl, als er sich vom Podium her bei all jenen bedankte, die sich für seine Freilassung eingesetzt hatten. Offensichtlich hatten sie begriffen, dass politischer Machtmissbrauch hier eine schwere Niederlage erlitten hatte. Das stellten Florian Streibl für die Freien Wähler, Peter Gantzer für die SPD, Martin Runge für die Grünen und ich in den weiteren Ansprachen heraus. Für die CSU war niemand erschienen.

3. Der Wiederaufnahmeprozess in Regensburg

Mit dem Wiederaufnahmeverfahren eilte es Elke Escher, der Vorsitzenden Richterin der zuständigen Kammer in Regensburg, überhaupt nicht. Der Oberstaatsanwalt Wolfhard Meindl äußerte gegenüber der Presse, der Prozess sei bereits in drei Monaten möglich, sie aber ließ sich unendlich viel Zeit, ein ganzes Jahr. Währenddessen musste Mollath bangen, eventuell doch wieder weggesperrt zu werden. Er war freigelassen, aber nicht wirklich frei. Völlig mittellos war er auf die Fürsorge von Freunden angewiesen. Der Prozess begann schließlich im Juli 2014.

Verräterische Vorsorge

Just einige Wochen zuvor verkündete der Münchner Generalstaatsanwalt Christoph Strötz, sicher in Absprache mit dem neuen Justizminister Bausback, alle Strafanzeigen gegen die für das Schicksal Mollaths verantwortlichen Amtsträger einschließlich der Justizministerin würden zurückgewiesen. Es bestehe nicht einmal ein Anfangsverdacht, behauptete Strötz. Angesichts der erdrückenden Beweislast war dies Hohn und Spott. Aber es war noch mehr: Für den anstehenden Wiederaufnahmeprozess war es eine offensichtliche Handreichung.

Zuvor schon hatte der Nürnberger Generalstaatsanwalt Nerlich in die gleiche Richtung gewiesen. In der ersten (von oben kassierten) Fassung ihres Wiederaufnahmeantrags hatte die Staatsanwaltschaft Regensburg festgestellt, dass sich die Berufsrichter der Nürnberger Strafkammer wegen mehrfacher Rechtsbeugung strafbar gemacht hätten. Das hatte Nerlich, wohl in Absprache mit der Justizministerin, streichen lassen. Vergeblich hatte die Opposition in ihrem Untersuchungsausschuss-Bericht die Entfernung dieses Juristen aus dem Staatsdienst verlangt. Justizminister Bausback aber ließ ihn weiter schalten und walten, womit er sich freilich selbst offenbarte.

Bei einer Wiederaufnahme wird, so ist es gesetzlich festgelegt, nochmals über die in der ursprünglichen Anklageschrift vorgeworfenen Taten verhandelt. Hingegen wird nicht über Fehlverhalten der früheren Richter, Staatsanwälte und Gutachter befunden. Genugtuung konnte Mollath somit in diesem Prozess nicht erfahren. Aber auch außerhalb des Prozesses blieb ihm die geschuldete Genugtuung versagt, weil Justizminister Bausback pflichtwidrig gegen die Schuldigen keine Anklage erheben ließ. Somit war bei Prozessbeginn alles zielführend angerichtet.

Aber man hatte noch eine weitere Vorsorge getroffen. Die Strafkammer unter der Vorsitzenden Elke Escher hatte einen psychiatrischen Sachverständigen bestellt, Prof. Norbert Nedopil. Dieser sollte Mollath an allen Verhandlungstagen auf seinen Geisteszustand und auf seine Gemeingefährlichkeit beobachten. Es war unfassbar: Die Mollath zuvor untergeschobenen Wahnvorstellungen hatten sich in Luft aufgelöst, waren als Machenschaft entlarvt worden, seine Angaben über die Schwarzgeldverschiebungen hatten sich als wahr erwiesen. Die Steuerfahndung hatte inzwischen über 20 Verfahren eingeleitet, die Innenrevision der HypoVereinsbank hatte Mollaths Angaben für zutreffend erklärt. Und dennoch heftete man ihm nunmehr nochmals das Etikett »Paranoia« an! Mit dem gleichen Recht hätte Mollath Nedopil beauftragen können, die Vorsitzende Escher zu beobachten. Dagegen hätte sie sich wohl gewehrt mit der Begründung, ohne triftigen Grund verstoße das gegen die in Art. 1 des Grundgesetzes garantierte Menschenwürde. Mollath protestierte – wie nicht anders zu erwarten – vergeblich. So wurde er von der Strafkammer massiv unter Druck gesetzt.

Freilich gab sich die Vorsitzende Elke Escher in der Verhandlung recht freundlich und umgänglich. Doch das konnte womöglich alles Maske sein, sie durfte sich keine Blöße geben, schließlich war der Saal voll von verständigem Publikum. Ich selbst war an mehreren Tagen zugegen, wissend, dass in diesem hochpolitischen Fall blindes Vertrauen in die Justiz fehl am Platz war.

Mollaths Verteidiger Dr. Strate war sich von Anbeginn sicher, dass es zu einem psychiatrischen Gutachten Nedopils gar nicht kommen werde – weil, wie er mir sagte, nach der Beweislage Mollath die ihm vorgeworfenen Taten gar nicht begangen haben konnte, daher eine Prüfung seiner Schuldfähigkeit entfalle. Dies sah ich genauso, schließlich kannte ich den Sachverhalt bestens. Überdies hatte die Staatsanwaltschaft Regensburg in ihrem ursprünglichen Wiederaufnahmeantrag festgestellt, Petra Mollath sei völlig unglaubwürdig, ihre Angaben seien unglaubhaft und die angeblichen Reifenstechereien »bar jeder Beweisführung«.

Denkwürdige Aussagen vor Gericht

Die Beweisaufnahme begann mit einem Eklat. Mollaths Ex-Ehefrau ließ mitteilen, dass sie die Aussage verweigere. Verständlich, ihre früheren Angaben wichen so krass voneinander ab, dass sie sich nur weiter hätte verstricken können und sie ein Verfahren wegen Falschaussage riskiert hätte. Eindrucksvoll listete der Gerichtsmediziner Prof. Wolfgang Eisenmenger die gravierenden Abweichungen in ihren verschiedenen Darstellungen auf.

Hinsichtlich des von ihr vorgelegten Attests der Dr. Madeleine Reichel über (angebliche) Misshandlungen hatte sich zudem, wie schon ausgeführt, inzwischen herausgestellt, dass es gar nicht von der Ärztin stammte, sondern von deren Sohn, der erst Assistenzarzt war und noch keine Approbation hatte. Zu diesem Attest stellte Prof. Eisenmenger fest, es sei so mangelhaft, dass es weder als Beweis für die Art noch für die Herkunft der attestierten blauen Flecken und einer Bisswunde tauge.

Dafür, dass Mollath mehreren Personen Reifen aufgestochen habe, brachte die Vernehmung der Zeugen keinerlei Beweis. Vielmehr stellte der Sachverständige Dipl.-Ing. Hubert Rauscher fest, dass nicht einmal sicher sei, ob überhaupt Reifen aufgestochen worden waren, eine Gefährdung sei in jedem Fall auszuschließen. Damit brach die frühere Verurteilung Mollaths jämmerlich in sich zusammen. Bereits in ihrem Wiederaufnahmeantrag (erste Fassung) hatte die Staatsanwaltschaft Regensburg gegen die Richter Brixner und Heinemann den Vorwurf erhoben: »Eine Verurteilung war nicht begründbar und bar jeder tragfähigen Beweise. Letztlich wurde kein Motiv festgestellt, niemand hat den Täter gesehen, Spuren gab es keine, andere Täter mit gleicher Motivlage sind vorhanden« (AZ: 151 Js 22423/12 – WA).

Auszusagen hatten – paradoxerweise nicht als Beschuldigte, sondern als Zeugen – auch Dr. Leipziger und Prof. Pfäfflin, denen Prof. Dieckhöfer, wie bereits erwähnt, in einem Schreiben an die Justizministerin Merk bescheinigt hatte, sie hätten vorsätzlich falsche Gefälligkeitsgutachten erstellt. Auf unangenehme Fragen reagierte Leipziger mit vielen »Äh, äh«-Einschüben. Warum er Mollath (rechtswidrigerweise) in den Hochsicherheitstrakt nach Straubing verbringen ließ? Seine Antwort: Weil es dort andere Behandlungsmöglichkeiten gegeben habe! Damit war klar, Mollath sollten in Straubing seine Angaben über die Schwarzgeldverschiebungen wohl durch zwangsweise Verabreichung von Neuroleptika ausgetrieben werden, Mollath hatte sich in Bayreuth einer solchen Therapie verweigert. Pfäfflin, dessen untaugliches Gutachten das Bundesverfassungsgericht scharf gerügt hatte, zeigte ebenso wenig wie Leipziger auch nur eine Spur von Bedauern, nur Selbstmitleid. Als er von zahlreichen Schmähanrufen erzählte, die er erhalten habe, schluchzte er leise auf. Vor dem Vollstreckungsgericht Bayreuth hatte er sich ganz anders gegeben – als Souverän der Psychiatrie. Als ihm Mollath vorhielt, warum er seinerzeit seinen Hinweis, dass der Waffenfabrikant Karl Diehl bei der Anlageabteilung der HypoVereinsbank Kunde gewesen sei, nicht in sein

Gutachten aufgenommen habe, wusste er keine Antwort. Wie zu hören war, wurde Pfäfflin später in anderen Fällen weiterhin als Gutachter eingesetzt.

Nicht geladen war der psychiatrische Sachverständige Dr. Friedrich Weinberger. Dies war höchst merkwürdig. Das Gericht hätte ihn ebenfalls vernehmen müssen. Denn er hatte Mollath untersucht, jedoch eindeutig festgestellt, dass er nicht geisteskrank sei. Warum wollte das Gericht ihn nicht aussagen lassen? Etwa weil er – wie auch Prof. Dieckhöfer in seinem Brief an die Justizministerin Merk – die Gutachten Leipzigers und Pfäfflins als vorsätzliche Falschgutachten qualifiziert hatte?

Der inzwischen pensionierte Vorsitzende Richter Brixner konnte sich bei seiner Vernehmung angeblich an nichts mehr erinnern. Auf den Vorhalt völlig unzureichender Beweiserhebung im Nürnberger Prozess antwortete er dreist: »Dem Bundesgerichtshof hat unser Urteil genügt, also war es wohl richtig!« Seine Kollegin Petra Heinemann hingegen konnte sich bei ihrer Vernehmung immerhin daran erinnern, dass Mollath seinerzeit partout über die Schwarzgeldverschiebungen der HypoVereinsbank sprechen wollte. Dazu sagte sie ganz trocken: »Das hat nach unserer Auffassung nicht zur Sache gehört, deshalb wurden diese Ausführungen unterbrochen.«

Ohne dass sie es merkte, hatte sie damit für nicht wenige Beobachter indirekt ein ungeheuerliches Geständnis über schwere Rechtsbeugung und Freiheitsberaubung abgelegt. Mollath musste doch beweisen dürfen, dass die von ihm angezeigten Schwarzgeldverschiebungen keine Wahnvorstellungen waren, denn gerade deswegen sollte er ja weggesperrt werden! Brixner aber hatte ihn damals niedergebrüllt, wie der Schöffe Westenrieder bezeugte. Der Anspruch auf rechtliches Gehör wurde von diesem Vorsitzenden niedergetrampelt, die Wahrheit durfte nicht ans Licht, anderenfalls hätte dies die Einweisung in die Psychiatrie vereitelt. Und Heinemann hatte mitgemacht. Warum? Warum hatte sie, altgediente Richterin, pflichtwidrig keinen Einspruch gegen das Niederbrüllen erhoben? Seit Roland Freisler, woran sich viele empört erinnerten, ist dies doch in deutschen Gerichtssälen verpönt!

Wie bereits erwähnt, hatte die Staatsanwaltschaft Regensburg in der ersten Fassung ihres Wiederaufnahmeantrags vom 18. Dezember 2012 »eine sachfremde Motivation« der Nürnberger Richter festgestellt. Welche Motive konnten das sein? Darüber wurde in der Öffentlichkeit viel spekuliert. Waren es Beziehungen zu CSU-Größen? Wollten sie Freunde oder Bekannte schützen? Oder die HypoVereinsbank-Vorstände? Oder war es gar Selbstschutz? Mir war aufgefallen, dass in den von Frau Mollath an die Bank Leu in der Schweiz gefaxten Überweisungen auf Nummernkonten mehrmals das Kennwort »Selingstadt« auftauchte. Das war mir ein Rätsel. Einen solchen Ort gab es laut Ortsverzeichnis der Bundesrepublik nicht, es gab nur Seligenstadt bei Aschaffenburg. Doch dann: Eines Tages teilte mir der Betreiber von Wikipedia Nürnberg mit, er habe herausgefunden, dass die Richterin Heinemann einer sehr vermögenden Industriellenfamilie namens Seeling entstamme. War es ausgeschlossen, dass hinter dem Kennwort »Selingstadt« verkappt jemand stand, der Seeling hieß?

Als Mollath, den ich darauf hinwies, Petra Heinemann bei ihrer Vernehmung fragte, ob sie eine geborene Seelig (oder Seeling) sei, verweigerte sie eine Antwort, sie habe doch ihre Personalien schon angegeben. Schließlich stieß sie hervor: »Nein, ich bin keine geborene Seelig.« Aber was ihr Geburtsname war, behielt sie für sich. Warum nur?

Daraufhin legte ich in einem Brief an die Vorsitzende Escher den Sachverhalt dar. In einer per Fax übersandten Strafanzeige an den Oberstaatsanwalt Meindl bat ich um Prüfung des Verdachts, Petra Heinemann könne hinter dem besagen Kennwort stehen und damit ein Motiv gehabt haben, Mollath in die forensische Psychiatrie wegzusperren. Beigefügt war ein Artikel von 2010 aus den *Fürther Nachrichten* mit Foto, das Frau Heinemann mit Mitgliedern der Familie Seeling zeigte, wobei sie als geborene Seeling bezeichnet wurde. (Meine diesbezügliche Strafanzeige stellte Verteidiger Strate ins Internet.) Auch Mollath erstattete Strafanzeige – in der Hauptverhandlung unter Hinweis auf meine Strafanzeige.

Später informierte mich ein Telefonanruf aus dem Umfeld der Petra Heinemann, dass sie zwar väterlicherseits eine geborene Hummel sei, mütterlicherseits aber aus der Familie Seeling stammte. Warum wollte sie dies verschweigen?

Bemerkenswert: Als ich nach einem Jahr immer noch keinen Bescheid auf meine Strafanzeige hin erhalten hatte, fragte ich nach. Da behauptete die Staatsanwaltschaft Regensburg, eine Anzeige sei bei ihr nicht eingegangen. Dies konnte ich mühelos durch den Fax-Sendebericht widerlegen, nun war man in arger Bedrängnis. Als mir der Oberstaatsanwalt Markus Pfaller schließlich schrieb, trotz intensiven Suchens sei die Strafanzeige nicht auffindbar, erstattete ich Strafanzeige wegen des Verdachts der Strafvereitelung im Amt. Diese wurde mit folgender sibyllinischen Begründung zurückgewiesen: »Nach allgemeiner Lebenserfahrung kommt ein unbewusstes Verlegen oder Vernichten dieses Schreibens eher in Betracht« (Bescheid vom 14. Januar 2016). Ausgerechnet im Fall Mollath spricht die Lebenserfahrung für ein Versehen? Noch dazu hatte Mollath, wie erwähnt, in der Hauptverhandlung mündlich Strafanzeige erstattet – in Gegenwart des Oberstaatsanwalts Dr. Meindl – und zugleich der Vorsitzenden Escher eine Kopie meiner Strafanzeige überreicht. Aber auch Mollath erhielt keinen Bescheid.

Als er sich schließlich darüber beschwerte, schrieb die Staatsanwaltschaft zurück, es habe »keine förmliche Anzeigeerstattung« vorgelegen (Bescheid vom 20. Februar 2015). Das war nichts als eine jämmerliche Ausrede. Denn der Oberstaatsanwalt Meindl hatte Kenntnis und hätte daher schon von Amts wegen ermitteln müssen. Das hatte er nicht getan. Der Skandal Mollath nahm kein Ende! Es war schon erstaunlich, wie gleich drei Exemplare einer Strafanzeige spurlos verschwinden konnten.

Der Auftritt des Prof. Norbert Nedopil

Das Ergebnis der Beweisaufnahme war – kurz gefasst – so, dass nur ein völliger Freispruch in Betracht kam. Rechtsanwalt Strate stellte den Antrag, das Gericht möge deswegen auf die Erstattung des psychiatrischen Gutachtens zur Schuldfähigkeit Mollaths als entbehrlich verzichten. Da kam die Überraschung: Die Vorsitzende Escher widersprach, sich windend sagte sie, über die Begehung der Taten müsse die Kammer noch eingehend beraten! Das war ein Alarmsignal, mein Misstrauen war begründet gewesen.

Da Mollath es ablehnte – und das völlig zu Recht –, sich von Nedopil untersuchen zu lassen und mit ihm ein Explorationsgespräch zu führen, konnte dieser kein rechtsgültiges Gutachten erstellen, sondern nur Vermutungen äußern. Nedopil legte in der Hauptverhandlung am 25. Juli 2014 dar, dass Mollath heute weder an Paranoia leide noch gemeingefährlich sei. Für den Tatzeitpunkt selbst könne er eine Wahnkrankheit ebenfalls nicht feststellen, denn die Angaben Mollaths hätten eine reale Grundlage gehabt. Dann machte er eine verblüffende Einschränkung: Er könne eine damalige Wahnkrankheit aber auch nicht ausschließen, überdies nur »vorläufig und vorbehaltlich weiterer Erkenntnisse«. Damit heftete er Mollath doch wieder, in der Form der Hypothese, das Stigma des Wahns an, so etwa nach dem altbayerischen Motto: »Man sagt ja nichts, man red't ja bloß.« Es war nicht zu fassen.

Signifikant ist folgendes fantasievolles Argument Nedopils: Mollath leide an Selbstüberschätzung, wenn er »zum Beispiel behauptet, dass er die größte Schwarzgeldverschiebung aufdecken wolle. Herr Ackermann bzw. sein Vorgänger hat gesagt, das wären Peanuts gewesen in einer vergleichbaren Größenordnung.« Doch diese bekannte Peanuts-Äußerung des früheren Chefs der Deutschen Bank Hilmar Kopper bezog sich gar nicht auf Schwarzgeld, sondern auf einen kleineren Teil des vor zwei Jahrzehnten von dem Baulöwen Jürgen Schneider betrügerisch angerichteten Schadens – es ging um offene Handwerkerrechnungen. Und was war hier überhaupt mangels Zahlen zu vergleichen? Nichts! Als Verteidiger Strate protestierte, konterte Nedopil: »Aber ich weiß, dass die Strafzahlung an die US-Behörden von der Deutschen Bank höher waren als die von der HVB.« Aber was besagte das über die Höhe der Schwarzgeldverschiebungen deutscher Staatsbürger über die HypoVereinsbank in die Schweiz? Nichts! Rein gar nichts! Wo blieb denn da die Logik? Überdies hatte die Staatsanwaltschaft Regensburg in ihrem Wiederaufnahmeantrag festgestellt, dass »gerade in den 90er Jahren immense Bargeldbeträge in die Schweiz verbracht worden sind, um sie der Besteuerung zu entziehen«. Litt gar der Sachverständige Nedopil selbst an Selbstüberschätzung?

Diese Frage kann man getrost verneinen. Denn Nedopil hatte ehrlicherweise 2012 öffentlich erklärt, generell seien 60 Prozent der psychiatrischen Gutachten zulasten des Untergebrachten falsch. Bei seinen eigenen Gutachten gehe er von 50 Prozent aus. Mollath erinnerte ihn an diese Erklärung und sagte dazu im Prozess: »Genauso könnte man würfeln!« Mollath hielt Nedopil außerdem vor, dass er in einem Interview erklärt habe, er selbst würde sich nie einer psychiatrischen Begutachtung unterziehen (SZ-Magazin, Ausgabe 35/2012). Nedopil bestritt seine Äußerungen nicht, er hatte das Interview sogar autorisiert. Mollath stellte daher die Frage, warum sich dann gerade er untersuchen lassen solle. Eine schlüssige Antwort blieb Nedopil schuldig.

So viel zur höchst sonderbaren Gedankenwelt Nedopils, der sich gleichwohl anschickte, diejenige Mollaths streng wissenschaftlich und gerichtlich verwertbar einzuordnen.

Im Übrigen hatte einige Monate zuvor auch die renommierte psychiatrische Sachverständige Dr. Hanna Ziegert, München, in der Fernsehsendung »Beckmann« in Gegenwart von Gustl Mollath freimütig gestanden, dass sie selbst sich ebenfalls nicht untersuchen lassen würde. Sofort schlug die Staatsanwaltschaft zurück: Sie erhalte ab sofort keine Gutachter-Aufträge mehr. Die Presse berichtete groß, die Justizministerin nahm das Verbot zurück.

Krach zwischen Verteidiger und Mandant

Um seine vollständige Rehabilitierung zu erreichen, wollte Mollath noch die Einvernahme 27 weiterer Zeugen zur Unglaubwürdigkeit seiner Ex-Ehefrau beantragen. Verteidiger Strate war, wohl mit beachtlichen Gründen, dagegen. Die Nerven Mollaths waren mittlerweile zum Zerreißen angespannt, nach siebeneinhalb Jahren Haft und einem weiteren Jahr des Wartens auf seinen Prozess. Auch Strate war sicher durch die starke Inanspruchnahme strapaziert. Es kam zum Krach. Die Öffentlichkeit war irritiert. Was dabei übersehen wurde: Als einzige Chance, rehabilitiert zu werden, war Mollath nur noch dieser Prozess geblieben, nachdem – wie erwähnt – der Generalstaatsanwalt Strötz, gedeckt durch Justizminister Bausback, die Bestrafung all derer abgelehnt hatte, die für die an ihm verübte Schandtat verantwortlich waren. Mollath befand sich damit in einer schier erdrückenden Zwangslage.

Strate führte den Prozess als Pflichtverteidiger zu Ende. Mollath bedankte sich zum Schluss mit den Worten: »Ohne Dr. Strates Leistung wäre ich nicht hier. Da bin ich ihm unendlich dankbar!« Und Strate schrieb später, dass Mollath »verständlicherweise den Aufklärungsradius sehr viel weiterziehen wollte«. Strate erkannte an: »Die Kraft seines Widerstandes ist wahrscheinlich einzigartig, auf jeden Fall vorbildlich!«

Das skurrile Plädoyer eines Oberstaatsanwalts

Verteidiger Strate hielt ein wuchtiges, brillantes Plädoyer, der Oberstaatsanwalt Meindl ein unsägliches. Als Meindl den ersten Wiederaufnahmeantrag verfasst hatte, den aber das Justizministerium kassierte, hatte er Mut gezeigt. Dann allerdings hatte ihn der Generalstaatsanwalt Hasso Nerlich eines Besseren belehrt. Seinen früheren Feststellungen abschwörend und dem Ergebnis der Beweisaufnahme zuwider behauptete er nunmehr mit aller Vehemenz, Mollath habe die ihm vorgeworfenen Taten nachweislich begangen. Diese atemberaubende Umkehr machte einen fassungslos. Meindl hätte sich Mollath zum Vorbild nehmen sollen, dieser bewies Standhaftigkeit! Aufschlussreich im Übrigen: Verteidiger Dr. Strate konnte sein Plädoyer erst ab 19.30 Uhr halten, als die Vertreter der Presse schon längst gegangen waren und damit eine öffentliche Berichterstattung über seine Argumente entfiel.

Strate beklagte später Meindls Kehrtwendung als Enttäuschung – eine Weisung von oben vermutend (siehe sein Buch *Der Fall Mollath*). Jedenfalls hatten die dem Oberstaatsanwalt erteilten Belehrungen der Justizministerin Merk und des Generalstaatsanwalts Nerlich gefruchtet. Einen Monat nach dem Prozess wurde er befördert – zum stellvertretenden Leiter des Amtsgerichts Regensburg. Bei einem tüchtigen Staatsdiener bleibt die Beförderung eben nicht aus.

Das Urteil

Am 14. August 2014 verkündete die Vorsitzende Escher das Urteil:

1. Freispruch hinsichtlich der Reifenaufstechereien, Begründung: Es gebe keinen Beweis dafür, dass Mollath Reifen aufgestochen habe. (Anmerkung: Hingegen gab es laut Strate die Hinweise, dass man ihm das angehängt hatte.)
2. Freispruch hinsichtlich der Freiheitsberaubung, Begründung: Die früheren Angaben der Ex-Ehefrau Mollath und ihrer Schwägerin seien so widersprüchlich, dass sie unglaubwürdig seien.
3. Freispruch hinsichtlich der Misshandlung, Begründung: Mollath habe die Tat zwar begangen, sei aber freizusprechen wegen nicht auszuschließender Schuldunfähigkeit im Tatzeitpunkt.
4. Entschädigungspflicht der Staatskasse für die erlittene Haft.

Damit war klargestellt, dass das Urteil der Richter Brixner und Heinemann ein himmelschreiendes Unrechtsurteil gewesen war. Nunmehr war es amtlich, dass sie Mollath ohne jeden Beweis wegen Geisteskrankheit und zudem Gemeingefährlichkeit (wegen der behaupteten Reifenstechereien) in die Psychiatrie weggesperrt hatten. Ebenso bescheinigt wurde das schwer strafbare Unrecht damit auch der Staatsanwaltschaft, die dies seinerzeit in der Hauptverhandlung im August 2006 beantragt hatte. Doch hinsichtlich der angeblichen Misshandlung war auch das nunmehrige Wiederaufnahmeurteil wiederum ein Unrechtsurteil.

Mollath war empört, und das zu Recht. Die von der Vorsitzenden Escher vorgetragene Begründung dafür, dass er seine Ehefrau misshandelt habe, war ein auf Treibsand gebautes, übles Konstrukt. Die beiden entscheidenden Argumente waren:

Die Angaben der Petra Mollath zum Zeitpunkt des ärztlichen Attests des Dr. Markus Reichel vom 14. August 2001 (wie dieser angab, nochmals ausgestellt am 3. Juni 2002) seien erstens glaubhaft, weil sie damals noch nicht die Absicht gehabt habe, sich von ihrem Mann zu trennen. Ihr früherer Kollege und heutiger Ehemann Martin Maske, der 1999 nach Berlin versetzt worden war, hatte indessen im Prozess ausgesagt:

> *»Sie hat mich ... angerufen, schon mal 2000 oder 2001. ... Ich habe gesagt, du kannst nicht kommen, weil ich praktisch liiert bin, und meine damalige Lebensgefährtin, die hätte das nicht akzeptiert.«*

Sie wollte sich also damals sehr wohl von Gustl Mollath trennen. (Aus der Aussage Martin Maskes war zudem zu schließen, dass zwischen beiden schon zuvor ein mehr als nur kollegiales Verhältnis bestanden hatte, das Petra Mollath wiederaufnehmen wollte – nur eine solche Beziehung konnte doch die neue Lebensgefährtin stören!) Auch ihre Schwägerin Petra Simbek, Sprechstundenhilfe bei Dr. Reichel, hatte klipp und klar ausgesagt:

»Petra Mollath wollte *sich damals schon trennen, ja.«*

Diese Aussagen lassen sich noch dazu auch so verstehen, dass die Trennungsabsicht sogar schon vor der angeblichen Misshandlung bestand. Wie konnte die Vorsitzende sich schlichtweg darüber hinwegsetzen und das Gegenteil behaupten? Wie kam sie dazu? Noch dazu hatte sie Petra Mollath nicht befragen können, weil diese ja die Aussage verweigerte!

Zeugenaussagen vor einem Amtsgericht müssen protokolliert werden, solche vor einem Landgericht paradoxerweise hingegen nicht, obwohl gerade dort die schwerwiegenden Fälle entschieden werden. Die Richter haben es dann in der Hand, was sie als Aussage eines Zeugen im Urteil wiedergeben oder nicht. Ein von Rechtswissenschaftlern und Anwälten beklagter schwerer Missstand (siehe Prof. Henning Ernst Müller: *Der Fall Mollath, ein Fall für die Rechtswissenschaft?*, in: Pommrenke/Klöckner (Hg.): *Staatsversagen auf höchster Ebene*, S. 92–101, hier S. 99)! Doch Dr. Strate hatte vorgesorgt, er hatte einen Stenografen mitgebracht, der alles mitschrieb. (Dieses Wortprotokoll stellte Dr. Strate ins Internet.) Dies hätte die Richterin Elke Escher bedenken sollen.

(Eine Expertenkommission des Bundesjustizministeriums hat sich inzwischen für mehr audiovisuelle Aufnahmen im Gericht ausgesprochen [SZ-Bericht vom 13.1.2017]. Die Mollath-Prozesse in Nürnberg und Regensburg beweisen zwingend die Notwendigkeit.)

Die Angaben der Petra Mollath seien, so die Vorsitzende in der Urteilsbegründung weiter, zweitens trotz der Widersprüche bei ihren verschiedenen Aussagen glaubhaft, zumal diese lediglich das »Randgeschehen« beträfen. Zunächst hatte Petra Mollath von Schlägen ihres Mannes mit der flachen Hand gesprochen, dann von wenigstens 20 Fausthieben, mal von einer nicht blutenden Bisswunde, dann von einer blutenden. Weder im ärztlichen Attest noch im Krankenblatt waren Fußtritte verzeichnet, später aber behauptete sie solche. Zunächst war nur davon die Rede, dass ihr Mann sie »bis zur Bewusstlosigkeit« gewürgt habe, später behauptete sie, sie sei bewusstlos geworden, dann wiederum, »ich meine, dass ich weggetreten war«. Was sollte denn hier »Randgeschehen« sein?

Wiederholt hatte die Ex-Ehefrau angegeben, ihr Mann habe sie damals zu Boden gedrückt. Vor dem Amtsgericht Nürnberg sagte sie am 22. April 2004 indessen aus, ihr Mann habe sie zuvor aufs Bett geschmissen. Diese Abweichung entschuldigte die Vorsitzende Escher tollkühn damit, es sei nicht auszuschließen, dass hier »ein Missverständnis hinsichtlich der Protokollierung vorliegt«. Woher nahm sie das Recht, so etwas vom Protokoll eines anderen Gerichts zu behaupten?

Dass die Ex-Ehefrau – anders als früher – nunmehr eine Aussage verweigerte, bezeichnete die Vorsitzende als ihr gutes Recht. Doch wie konnte sie die Ex-Ehefrau angesichts ihrer widersprüchlichen Aussagen, die auch Prof. Eisenmenger herausgestellt hatte, als glaubwürdig einstufen? Und das, obwohl sich diese durch Aussageverweigerung den Widersprüchen nicht stellen wollte?

Die Vorsitzende ließ sich auch nicht dadurch stören, dass Petra Mollath, die sich mittlerweile im Internet als Geistheilerin anbot, im Scheidungsverfahren eine falsche eidesstattliche Versicherung abgegeben hatte, sie sei mittellos. Mit einer beim Amtsgericht Nürnberg eingereichten Strafanzeige vom 11. Juni 2003 hatte Gustl Mollath aufgedeckt, dass sie in Wahrheit hinter dem Rücken der HypoVereinsbank eine Anlagefirma betrieb, für Schwarzgeldkunden tätig war und dass sie selbst eigene Gelder auf Schweizer Konten liegen hatte. (Die Strafanzeige wurde rechtswidrig von der Justiz ignoriert!) Der Revisionsbericht der HypoVereinsbank bestätigte dies nach Recherchen bei der Bank Leu in Zürich. Wie die Vorsitzende außerdem ersehen konnte, rügte der Bericht auch, dass Petra Mollath teils Antworten verweigerte, teils nur dann etwas zugab, wenn man sie mit einem Beleg konfrontierte. Die fristlose Kündigung durch die HypoVereinsbank war die Folge gewesen.

Warum ließ die Richterin Escher selbst diese gravierenden Umstände, welche die Glaubwürdigkeit der Ex-Ehefrau ebenfalls schwer erschütterten, außer Acht? Warum nur?

Überdies hatte die HypoVereinsbank der Vorsitzenden mit Schreiben vom 13. Februar 2014 Unterlagen übersandt, warum man Petra Mollath fristlos gekündigt hatte: weil sie heimlich die Depots von Kunden zur Bank Leu übergeleitet hatte und dafür sowie für die Depotverwaltung Provisionen kassierte; weil sie u. a. durch Vorhalt einer Kundenvollmacht insoweit der Lüge überführt worden war; und weil sie sich geweigert hatte, zum Beweis ihrer Unschuld die Bank Leu vom Bankgeheimnis zu befreien. Andere Vergehen kamen hinzu.

Es gab noch weitere Täuschungen der Petra Mollath. Bei der Polizei hatte sie Gustl Mollath angeschwärzt: »Es ist so, dass mein Mann Schusswaffen hat« (Niederschrift der Inspektion 12 vom 15. Januar 2003). Als zwölf Polizisten das Haus stürmten, fanden sie auf dem Speicher nur ein uraltes, verrostetes Luftgewehr, das erlaubnisfrei war und das Mollath von seiner Mutter geerbt hatte. Und der Nervenärztin Dr. Krach luchste Petra Mollath ein Attest ab, dass ihr Mann – ihren Angaben zufolge – in gefährlicher Weise geisteskrank sein könnte. Dabei verheimlichte sie, wie die Ärztin vor der Regensburger Strafkammer aussagte, dass sie das Attest, wie geschehen, wenige Tage später in der Hauptverhandlung in Nürnberg gegen ihren Mann vorlegen wollte. Stattdessen hatte sie vorgeschützt, sie benötige das Attest für ihr Scheidungsverfahren. Nicht genug damit, in der Hauptverhandlung hatte sie als Nebenklägerin die Einweisung ihres früheren Ehemanns in die forensische Psychiatrie beantragt!

Trotz alledem: Die Vorsitzende erklärte die Ex-Ehefrau zielstrebig für glaubwürdig. Doch sie ging noch weiter.

Die als Zeugin vernommene Arzthelferin Petra Simbek bestätigte die Angaben ihrer Schwägerin Petra Mollath hinsichtlich der Misshandlung, aber auch hinsichtlich der Freiheitsberaubung, während der Mollath seine Frau nach der Trennung bei einem Besuch in der früheren gemeinsamen Wohnung am 31. Mai 2002 über eineinhalb Stunden gewaltsam festgehalten haben sollte. Doch Petra Simbek verwickelte sich in himmelschreiende Widersprüche.

In Regensburg sagte sie aus, sie habe damals Petra Mollath an dieser Wohnung abgeholt. Nachdem sie an die Tür gehämmert habe, habe sich diese geöffnet, sie sei eingetreten. Im Flur hätten Gustl und Petra Mollath gestanden. Sie schilderte:

> *»Herr Mollath kam auf mich zu, forderte mich auf, das Haus zu verlassen, ich habe gesagt: Ohne mit Petra zu sprechen, gehe ich nicht. ... Er stand ziemlich dicht vor mir, kam immer näher, aufgebäumt. Mit dem Blick sehr beängstigend, schnell, schweißgebadet, Hände zu Fäusten geballt. Das weiß ich noch genau.«*

Vor dem Amtsgericht Nürnberg hingegen hatte sie laut Protokoll unter Eid (!) am 22. April 2004 genau das Gegenteil ausgesagt:

> *»Ich sah den Angeklagten an diesem Tag nicht.«*

Auf die Frage der Vorsitzenden Escher, ob sie an jenem Tag Verletzungen an Petra Mollath bemerkt habe, sagte sie:

> *»Rote Flecken an den Oberarmen. Da kann ich mich erinnern.«*

Hingegen hatte sie laut Protokoll früher vor dem Amtsgericht Nürnberg – ebenfalls unter Eid (!) – bekundet:

> *»Ich habe an diesem Tag keine Verletzungen an ihr festgestellt.«*

Im Regensburger Gerichtssaal wurde sie überdies einer weiteren Lüge überführt. Sie behauptete, das von ihr dem Gericht übergebene Attest des Dr. Markus Reichel habe sie eigens für diese Verhandlung nochmals ausgedruckt. Dass es aber in Wirklichkeit eine Kopie des Originalattests war, bewies der Aufdruck des Stempels und die Unterschrift des Arztes, bei einem nochmaligen Ausdruck hätte beides gefehlt. Auf diesen Vorhalt hin flüchtete sie sich nochmals in eine Lüge: Das Schriftstück sei bei einem Besuch des Oberstaatsanwalts Meindl in der Arztpraxis aufgetaucht! Das konnte dieser jedoch in der Hauptverhandlung widerlegen.

Aufgrund dieser Widersprüche und Unwahrheiten ließ die Strafkammer den Vorwurf der Freiheitsberaubung fallen. Doch oh Wunder, es war nicht zu fassen: Hinsichtlich der angeklagten Misshandlung erklärte die Vorsitzende Escher die Arzthelferin Petra Simbek plötzlich wieder für glaubwürdig! Deren Angaben und diejenigen der Ex-Ehefrau dienten im Urteil als tragende Säulen für den Vorwurf der Misshandlung. Hatte die Vorsitzende schon bei einer widersprüchlichen Aussage der Ex-Ehefrau ein früheres gerichtliches Vernehmungsprotokoll für falsch erklärt (»Missverständnis«), so wiederholte sie das bei den Widersprüchen der Schwägerin Simbek: Das frühere gerichtliche Vernehmungsprotokoll sei falsch, ihre jetzige Aussage daher glaubhaft (obwohl sie auf ihre frühere Aussage vereidigt worden war!). Und das, obwohl sie, die Vorsitzende, selbst gerade in der Verhandlung erlebt hatte, wie bedenkenlos die Schwägerin sogar hinsichtlich des Attests gelogen hatte! Mollath hatte keine Chance.

Genau umgekehrt verfuhr die Vorsitzende Escher mit Gustl Mollaths Entlastungszeugen, dem Zahnarzt Edward Braun. Diesen erklärte sie für unglaubwürdig! Er war lange Jahre gleichermaßen mit Gustl wie Petra Mollath wegen ihres gemeinsamen Rennsporthobbys befreundet gewesen, er hatte nicht den geringsten Anlass, Petra Mollath wahrheitswidrig zu belasten. Unter Eid wiederholte er, was er früher schon der Justizministerin geschrieben hatte. Petra Mollath habe ihn am 31. Mai 2002 angerufen und gedroht:

Wenn Gustl meine Bank und mich anzeigt, mache ich ihn fertig. Ich habe sehr gute Beziehungen. Dann zeige ich ihn auch an, das kannst Du ihm sagen. Der ist doch irre, den lasse ich auf seinen Geisteszustand überprüfen, dann hänge ich ihm was an, ich weiß auch schon wie.

Dazu die Vorsitzende kurzerhand: Es sei unglaubhaft, dass er dieses Telefonat nach so langer Zeit wörtlich wiedergeben könne! Sie leugnete damit, dass markante Äußerungen aus einem dramatischen Anlass sehr wohl über viele Jahre, ja Jahrzehnte erinnerungsfähig sind. Was war das Motiv der Elke Escher, diese Aussage, die Petra Mollath schwer belastete, auf solche Weise wegzuräumen? Mollath hatte keine Chance.

Petra Mollath habe ihn wohl angerufen, weil sie unter Druck gestanden habe, sagte der Zahnarzt weiter aus. Früher habe sie mit ihm andere Telefonate, aber keine mit privatem Inhalt geführt. Entlarvend, was das Urteil daraus macht. Da heißt es: Aufgrund dieser seiner Aussage »ist es ... auch nicht naheliegend, dass die Nebenklägerin ihn angerufen haben soll«. Unfassbar, wie primitiv dem Zahnarzt sogar noch unterschoben wurde, er habe das Telefonat erfunden. Es ist die gleiche Methode, mit der, wie geschildert, sogar frühere gerichtlich protokollierte Aussagen an die Seite gedrückt wurden.

Und dann war da noch das bereits zitierte Attest des Dr. Markus Reichel, der – wie erwähnt – damals noch gar keine Approbation besaß und der außerdem das Attest irreführend unter dem Namen seiner Mutter, der Ärztin Dr. Madeleine Reichel, verfasst hatte. Dieses Attest und seine Angaben hierzu wurden trotzdem im Urteil als Beweis verwendet. Indessen hatte Prof. Eisenmenger – wie ausgeführt – festgestellt, das Attest sei so mangelhaft, dass es als Beweis untauglich sei!

Überdies war verstörend, dass das Attest genau dieselbe Art haarsträubender Rechtschreibfehler aufwies wie ein aufgefundenes Schreiben der Petra Mollath – was der Arzt nicht zu erklären vermochte (abgedruckt ist das Attest im Buch Dr. Strates, *Der Fall Mollath*, S. 216 f.).

Da drängte sich die Vermutung auf, dass Petra Mollath beim Schreiben des Attests mitgewirkt hatte. Warum setzte sich die Vorsitzende Escher darüber hinweg? Wozu dann überhaupt ein medizinischer Sachverständiger? Noch dazu sagte ein Schöffe des ersten Prozesses aus, dass weder die Richter noch er die von Petra Mollath behauptete Narbe einer angeblichen Bisswunde am Unterarm gesehen hatten – wegen der weiten Entfernung vom Richtertisch aus. Hätte es eine Bisswunde gegeben, hätte der Arzt zwangsläufig eine Tetanus-Spritze geben müssen, das war aber nicht der Fall.

Schließlich galt es, noch ein gewaltiges Hindernis zu überwinden: Mollath hatte ehrlicherweise stets eingeräumt, dass es eine tätliche Auseinandersetzung gegeben hatte, jedoch sei seine Frau auf ihn losgegangen, er habe sich lediglich gewehrt, also in Notwehr gehandelt. Somit stand Aussage gegen Aussage. In einem solchen Fall sind laut Bundesgerichtshof besonders strenge Anforderungen an die Beweiswürdigung zu stellen (BGH; StV 90, 99). Überdies hatte Prof. Eisenmenger zu den behaupteten blauen Flecken (Hämatomen) und der angeblichen Bisswunde festgestellt:

> *»Eine Unterscheidung zwischen vorsätzlicher Misshandlung und Notwehr lässt sich aus dem allen keinesfalls rückschließen.«*

Dennoch schloss die Vorsitzende Notwehr aus. Die Ex-Ehefrau war glaubwürdiger – und das, obwohl sie eine erneute Aussage verweigert hatte! Heribert Prantl, früherer Staatsanwalt und Richter, hatte vor dem Prozess in der SZ vom 5. Juli 2014 geschrieben, wegen dieser Aussageverweigerung werde das Gericht eine Misshandlung der Ehefrau kaum begründen können. Er sollte sich täuschen: Die Richterin Escher konnte es!

Fazit: Die von der Vorsitzenden behauptete richterliche Überzeugung, Mollath habe seine Frau misshandelt, ist nicht nachvollziehbar. Dabei muss man nicht erst auf den Grundsatz »Im Zweifel für den

Angeklagten« zurückgreifen, denn für eine Misshandlung fehlte es an jeglicher gesicherten Grundlage, nicht lediglich an einem restlichen Beweis. Die angebliche Misshandlung – das musste der Vorsitzenden und ihren beiden Beisitzern bewusst sein – war nie und nimmer erwiesen.

Im Übrigen: »Misshandlung« – das klingt nach furchtbarer Gewalttat. Aber es ging hier nur um ein paar blaue Flecken, noch dazu mit unklarer Herkunft und Ursache. Immerhin hatte Petra Mollath bei einer früheren Vernehmung angegeben: »Ich habe ihn schon auch gepackt, da wo es wehtut. Ich habe ihn an den Haaren gezogen.« Das Urteil aber lässt diese Aussage unerwähnt, stellt Petra Mollath als wehrloses Opfer dar.

Dazu noch ein vergleichender Hinweis auf den bekannten Fall des Jörg Kachelmann, der von seiner früheren Partnerin Claudia D. beschuldigt worden war, er habe sie vergewaltigt und ihr dabei erhebliche Verletzungen beigebracht. Eine gerichtsmedizinische Untersuchung stellte fest: eine Hautrötung am Hals, Hämatome an der Innenseite der Oberschenkel und Kratzverletzungen am linken Oberschenkel, am linken Unterarm und am Bauch. Somit ganz ähnliche Merkmale wie bei Petra Mollath! Das Oberlandesgericht Frankfurt kam laut SZ-Bericht vom 4. Oktober 2016 zum Ergebnis, dass sich Claudia D. diese Verletzungen selbst beigebracht und die Vergewaltigung erfunden hatte.

Dass Mollath den Makel der Misshandlung – trotz des Freispruchs wegen eventueller Schuldunfähigkeit – nicht hinnehmen wollte und Revision einlegte, war nur allzu verständlich. Doch der Bundesgerichtshof musste die Revision (im Dezember 2015) zurückweisen, denn Freispruch ist Freispruch – ein von der Urteilsbegründung angehefteter Makel gilt nicht als Beschwer.

Ein Staatsverbrechen – im christlich regierten Bayern?

Hinsichtlich der Misshandlung fand das Regensburger Urteil »oben« sicher größtes Wohlgefallen – es war wohl sogar aktiv ersehnt worden. Denn nun schien widerlegt, dass Mollath das Opfer justizieller und politischer Machenschaften geworden war – die politische Spitze und ihre Untergebenen in der Justiz sahen sich salviert. Sie schuldeten der Vorsitzenden Escher unendlichen Dank. Und das verehrte Publikum konnte wieder beruhigt seiner täglichen Arbeit nachgehen. Es musste den Eindruck haben, dass Mollath dieses Mal ein faires, objektives Verfahren erhalten hatte.

Doch da war ein verborgener hässlicher Haken: Mollath war ja gar nicht wegen der angeblichen Misshandlung, sondern wegen angeblich wahnhafter Angaben zu Schwarzgeldverschiebungen in die Psychiatrie weggesperrt worden! Haben die Vorsitzende Escher und der Oberstaatsanwalt Meindl denn ihren Kollegen Brixner und Heinemann die Frage gestellt, ob sie überprüft hatten, dass das wirklich Wahnvorstellungen waren? Nein, diese peinliche Frage ersparten sie ihnen. Warum? Das war doch die Gretchenfrage! Warum stellten sie sie nicht? Andernfalls hätten Brixner und Heinemann, wie Escher und Meindl aus den Gerichtsakten ersehen konnten, zugeben müssen, dass sie eine solche Überprüfung verweigert hatten. Dann hätte die Öffentlichkeit erkannt, dass kein Justizirrtum geschehen war, sondern der Verdacht eines *Staatsverbrechens* bestand.

4. Die Rehabilitierung des Gustl Mollath durch einen Meineidprozess und der Kampf um eine Entschädigung

Die Zeit ging ins Land, der Fall Mollath trat in den Hintergrund. Doch plötzlich, im August 2016, flammte er jäh wieder auf: Die Staatsanwaltschaft Regensburg beschuldigte den Zahnarzt Edward Braun, er habe im Wiederaufnahmeprozess als Zeuge einen Meineid geschworen.

Die Anklage

Es ging um seine bereits zitierte Aussage, die Ehefrau Mollath habe ihn am 31. Mai 2002 angerufen und hysterisch gedroht:

> *»Wenn Gustl meine Bank und mich anzeigt, mache ich ihn fertig. Ich habe sehr gute Beziehungen. Dann zeige ich ihn auch an, das kannst Du ihm sagen. Der ist doch irre, den lasse ich auf seinen Geisteszustand überprüfen, dann hänge ich ihm was an, ich weiß auch schon wie.«*

Dann habe sie noch hinzugefügt, er solle ihrem Mann ausrichten:

> *»Wenn er die Klappe hält, kann er 500.000 Euro von seinem Vermögen behalten, das ist mein letztes Wort.« Anderenfalls …*

Dieser Drohanruf war einer der Wiederaufnahmegründe gewesen.

Im Urteil erklärten die Vorsitzende Elke Escher und ihre Beisitzer den Zahnarzt (mit unhaltbaren Gründen) für unglaubwürdig.

Anschließend leitete die Staatsanwaltschaft Regensburg gegen ihn ein Ermittlungsverfahren wegen des Verdachts des Meineids ein, vermutlich auf Weisung von oben. Im Prozess hatte er darauf verwiesen, dass er sich den Termin des Drohanrufs, den 31. Mai 2002, in seinem Jahreskalender notiert habe. Außerdem habe er sich damals »zeitnah« den Drohanruf inhaltlich in Stichworten auf einer Schreibtischunterlage notiert. Ebendiese ließ die Staatsanwaltschaft durch einen Sachverständigen untersuchen. Er kam zum Ergebnis, dass die Aufzeichnung nicht zeitnah, sondern später erfolgt war.

Die Staatsanwaltschaft erhob Anklage. In ihrer Anklageschrift jubelte sie: Der Zahnarzt Braun habe gewusst, dass seine Aussage nicht der Wahrheit entsprach! Petra Mollath habe ihn weder am 31. Mai 2002 angerufen noch irgendwann sonst! Unter der fetten Überschrift »Meineid für Mollath« berichtete die *Süddeutsche Zeitung* am 16. März 2017, die Staatsanwaltschaft sei überzeugt, dass der Zahnarzt damit seinem Freund Mollath einen Dienst erweisen wollte.

Doch die Inszenierung geriet zum Rohrkrepierer. In der Hauptverhandlung konnte der Zahnarzt Braun aufzeigen, dass es den Drohanruf sehr wohl gegeben hatte. Sein Verteidiger verwies auf einen Brief Gustl Mollaths vom 25. August 2002 an seine von ihm getrennt lebende Ehefrau, in dem er ihr unter Bezug auf mit ihr geführte Telefongespräche vorhielt: »Du kamst wieder mit Deinem verrückten Angebot: Wenn ich Stillschweigen bewahre, könne ich mit einer halben Million rechnen.« Dies deckte sich voll und ganz damit, dass der Zahnarzt in seinem Brief vom 7. September 2011 an die Staatsanwaltschaft bei der Schilderung des Drohanrufs berichtet hatte, Petra Mollath habe ihm seinerzeit bei ihrem Anruf aufgetragen, er solle ihrem Mann ausrichten, wenn er die Klappe halte, lasse sie ihm 500.000 Euro von seinem Vermögen. Der

Zahnarzt Braun hatte somit nichts erfunden! Auch das von ihm angegebene Datum des Drohanrufs, der 31. Mai 2002, war sehr plausibel, weil Petra Mollath, ihr Bruder und dessen Lebensgefährtin am Tag zuvor aus Molllaths Haus viele Kisten mit Geschäftspapieren abtransportiert hatten.

Zahnarzt Braun konnte sich noch weiter entlasten: Bei einem Telefongespräch am 31. August 2011 hatte er mir von dem früheren Drohanruf der Petra Mollath erzählt, worauf ich ihn völlig überrascht aufklärte, das sei ja ein Wiederaufnahmegrund, er solle das unbedingt der Justiz mitteilen, am besten in Form einer eidesstattlichen Versicherung. Ihm als juristischem Laien war gar nicht bewusst gewesen, dass der einstige Drohanruf noch eine rechtliche Bedeutung haben konnte. In meinem im Juli 2013 erschienenen Buch *Wahn und Willkür* hatte ich die Dinge genau so dargestellt, nichtahnend, dass dies einmal wichtig sein könnte.

In einem Beweisbeschluss erklärte das Schöffengericht, es sehe meine Darstellung als zutreffend an, und verzichtete deshalb darauf, mich zu einer Vernehmung vorzuladen.

Die Beweiswürdigung durch das Schöffengericht

Vor dem Meineidprozess hatte Petra Mollath (inzwischen wiederverheiratete Maske) bei einer Vernehmung bestritten, dass das besagte Drohtelefonat mit Zahnarzt Braun stattgefunden habe.

Bei der Urteilsverkündung am 5. April 2017 äußerte der Vorsitzende Richter Alexander Guth, das Schöffengericht habe »erhebliche Zweifel«, ob Mollaths Ex-Ehefrau die Wahrheit gesagt habe. Es gebe keinen Beweis dafür, dass der fragliche Drohanruf nicht stattgefunden habe. Zweifel an ihrer Glaubwürdigkeit beständen auch wegen ihres »nicht unerheblichen Fehlverhaltens« gegenüber der HypoVereinsbank als Arbeitgeber. Somit erfolgte – in der Hauptsache – ein Freispruch für den Zahnarzt Braun!

Dennoch wurde er zu einer Freiheitsstrafe von einem Jahr und zwei Monaten mit Bewährung verurteilt, weil er hinsichtlich des Zeitpunkts, zu dem er den Drohanruf auf seiner Schreibtischunterlage notiert hatte, die Unwahrheit gesagt habe.

Die überraschende Rehabilitierung Molllaths als Folge des Meineidurteils

Das unter dem Vorsitz der Elke Escher im August 2014 ergangene Wiederaufnahmeurteil hatte in aufreizender Weise konstruiert, Mollath habe doch seine Ehefrau misshandelt, er sei allerdings wegen damaliger möglicher Schuldunfähigkeit freizusprechen. Dadurch entstand in der Öffentlichkeit der irrige Eindruck, Mollath sei durch das frühere Nürnberger Urteil kein Unrecht zugefügt worden, er habe letztlich zu Recht »gesessen«. Die Justizministerin Merk, ihr Gefolge und bestimmte Politiker schienen damit teilweise entlastet.

Das insoweit skandalöse Wiederaufnahmeurteil basierte darauf, dass die Ex-Ehefrau – entgegen der Beweislage – von der Vorsitzenden Escher für glaubwürdig erklärt wurde, zugleich ausschließend, dass die Ex-Ehefrau ihrem Mann etwas angehängt habe und dies zuvor schon in einem Telefonat mit dem Zahnarzt drohend angekündigt hatte. Nun aber hatte das Schöffengericht der Ex-Ehefrau die Glaubwürdigkeit abgesprochen und zugleich den ankündigenden Drohanruf bestätigt. Damit wurde sogar seitens der Justiz dem Escher-Urteil jäh der Boden entzogen. Das hatten die Justizoberen gewiss nicht erwartet.

Die schriftliche Urteilsbegründung, datierend vom 27. April 2017, wurde dem Zahnarzt Braun erst ein Dreivierteljahr (!) später zugestellt. Das war außergewöhnlich, unerklärlich. Wollte man vermeiden, dass Mollath mit Vorzeigen des Urteils seine völlige Rehabilitierung verkünden konnte? Es liegt nahe.

Vier Wochen nach dem Urteil gegen Zahnarzt Braun erschien in den *Nürnberger Nachrichten* eine Todesanzeige: Petra Mollath, wiederverheiratete Maske, war gestorben, an Magenkrebs, 56 Jahre alt.

Die Verweigerung der Entschädigung

Was Gustl Mollath erleiden musste, ist unfassbar. Siebeneinhalb Jahre als gemeingefährlicher Irrer weggesperrt! In Straubing wie ein Schwerverbrecher ein halbes Jahr im »geschlossenen Gang« eingebunkert! Vorangegangen waren bereits drei nervenaufreibende Jahre, beginnend mit dem ungerechtfertigten Beschluss des Richters Huber am 25. September 2003, Mollath psychiatrisch untersuchen zu lassen, bis zu seiner Verurteilung am 8. August 2006. Es war eine Zeit, in der er verzweifelt durch Eingaben an Stoiber, Beckstein und Merk darum kämpfte, das herannahende Unheil noch abzuwenden. Zweimal wurde er zwangsweise zu psychiatrischen Untersuchungen verbracht, später zu allen Gerichtsverhandlungen gefesselt vorgeführt. Unsägliche Demütigungen, unerträglicher psychischer Druck.

Aber auch das Jahr des Wartens nach seiner Freilassung bis zum Wiederaufnahmeprozess war für Mollath quälend wegen des ungewissen Ausgangs, erniedrigend wegen seiner finanziellen Mittellosigkeit. Somit hatte er fast zwölf Jahre schwerster seelischer Belastung zu ertragen. Wer kann von sich sagen, dass er so etwas durchgestanden hätte?

Doch das war noch nicht alles: Während seiner Inhaftierung konnte Mollath kein Geld verdienen, sich keine Rentenansprüche aufbauen. Seine Frau betrieb die Versteigerung seines Hauses, sie selbst ersteigerte es unter Wert und verkaufte es zu einem hohen Preis weiter. Während sie längst ihren Liebhaber geheiratet hatte, war es ihm verwehrt, sich eine neue Lebenspartnerin zu suchen. Und wie sollte er im Alter von 56 Jahren nach seiner Freilassung wieder eine Erwerbstätigkeit aufnehmen? Sein Leben war zerstört.

Entschädigungspflicht nach Gesetz

Das Wiederaufnahmeurteil des Landgerichts Regensburg bestimmte aufgrund des Freispruchs, dass der Freistaat Bayern (nach dem Gesetz über die Entschädigung für Strafverfolgungsmaßnahmen) Mollath Entschädigung zu leisten habe. Danach hätte Mollath 25 Euro pro Hafttag erhalten, insgesamt nur rund 70.000 Euro – für siebeneinhalb Jahre! Vor allem aber: Angesichts der dem Justizministerium bestens bekannten schweren Amtspflichtverletzungen, die zur Inhaftierung geführt hatten, hätte es Mollath nunmehr Schadensersatz gemäß §§ 839, 847 BGB in Verbindung mit Art. 34 Grundgesetz anbieten müssen, was zu einer weit höheren Summe geführt hätte. Dies geschah jedoch nicht.

Das Oberlandesgericht Karlsruhe hat 2015 einem Mann, der zwar psychisch krank, aber nicht gefährlich war, und deswegen zu Unrecht zwangsweise zwei Monate lang in der Psychiatrie untergebracht worden war, ein Schmerzensgeld in Höhe von 25.000 Euro zugesprochen. Für die siebeneinhalb Jahre in der forensischen Psychiatrie hätte Mollath demnach mindestens 800.000 Euro erhalten müssen – zusätzlich Schmerzensgeld für halbjährige Vollisolation »im geschlossenen Gang«, für demütigende Fesselungen an Händen und Füßen, öffentliche Stigmatisierung als Monster durch die Justizministerin Merk und für weitere Übergriffe. Den materiellen Schaden hinzurechnend kam Mollaths Anwalt Hildebrecht Braun auf einen Schaden von rund 1,8 Millionen Euro.

Hoffnungsvoll wandte sich der Anwalt mit Schreiben vom 17. April 2017 an Ministerpräsident Horst Seehofer, eine ausgearbeitete Klageschrift beifügend. Seehofer hatte sich öffentlich gerühmt, er sei es doch gewesen, der das Wiederaufnahmeverfahren initiiert habe (richtig, aber erst, als die Landtagswahl bedrohlich bevorstand). Der Anwalt schlug Seehofer eine gütliche Einigung ohne Öffentlichkeit vor, um seinem leidgeprüften Mandanten einen jahrelangen Prozess zu ersparen, andeutend, der Staatsregierung müsse wegen des Verhaltens verschiedener Kabinettsmitglieder in der Sache Mollath an einer Einigung in aller Stille gelegen sein. Doch Seehofer reichte das Schreiben geschäftsmäßig an seinen Justizminister Bausback weiter, offensichtlich ohne sich für eine angemessene Entschädigung einzusetzen.

Entschädigung nach christlichem Gewissen

Bausbacks Amtschef Dr. Frank Arloth teilte dem Anwalt mit, man werde die Sache prüfen. Auf dessen drängenden Hinweis, Mollath sei völlig mittellos, erhielt Mollath eine Zahlung von 70.000 Euro, aber unter dem Vorbehalt der Rückforderung. Mit Schreiben vom 23. Oktober 2017 beschied Arloth – zweifellos gemäß einer Entscheidung Bausbacks – dem Anwalt, man werde maximal nur weitere 100.000 Euro leisten, auch das nur für den Fall einer gütlichen Einigung. Denn die Aussichten der Klage seien »letztlich nicht als hoch einzuschätzen«. Die rechtlichen Hürden für Amtshaftungsansprüche wegen falscher richterlicher Entscheidungen seien »sehr hoch«. Gemeint war das sogenannte Richterprivileg des § 839 II BGB, wonach Haftung nur bei Vorsatz des Richters eintritt.

Diese Abfuhr seitens des Justizministers war übel! Denn die Staatsanwaltschaft Regensburg hatte den Vorsatz der Richter nachgewiesen, den Vorsatz der Freiheitsberaubung und Rechtsbeugung (erste Fassung des Wiederaufnahmeantrags). Unabhängig davon aber haftete der Staat in gleicher Weise für das pflichtwidrige Verhalten der Staatsanwaltschaft Nürnberg, ebenso für das ihrer Vorgesetzten bis hinauf zur Justizministerin. Insoweit bestand kein Privileg wie das Richterprivileg – soweit Vorsatz nicht nachweisbar, würde Fahrlässigkeit genügen. Das aber blendete der Bescheid des Justizministeriums aus. Das Kalkül war anscheinend, Mollath solle ruhig klagen, das würde sich ewig hinziehen und die politische Spitze nicht jucken.

War die Haltung Seehofers und Bausbacks damit zu erklären, dass sie sich an dem von ihnen so inbrünstig propagierten »christlichen Menschenbild« orientierten? Nur so konnte es wohl sein.

Das Angebot Bausbacks war ein Hohn, es war für Mollath unannehmbar. Von was sollte er künftig leben? Es galt, die Öffentlichkeit zu informieren. Am 1. März 2018 hielten Rechtsanwalt Braun, Mollath und ich im Münchner Presse-Club eine Pressekonferenz ab. Der Anwalt teilte seinen gescheiterten Versuch einer gütlichen Einigung mit, Mollath schilderte den Journalisten eindrucksvoll das hoffnungslose Dahinvegetieren in der forensischen Psychiatrie. Ich rügte, dass Justizminister Bausback persönlich dafür verantwortlich sei, dass die Schuldigen in der Sache Mollath straffrei ausgingen, jetzt verweigere er sogar gesetzwidrig die Entschädigung des Opfers. Die Öffentlichkeit müsse sich daher die Frage stellen, ob dieser Mann weiterhin in seinem Amt tragbar sei.

Die Medien berichteten in breiter Aufmachung, die Gegenseite aber blieb weiterhin ungerührt. Am 16. März 2018 wurde Markus Söder Ministerpräsident, er behielt Winfried Bausback als Justizminister, die »Rechtspflege« sollte so weitergehen wie bisher, ein schlimmes Signal!

Am 23. März 2018 reichte Rechtsanwalt Braun beim Landgericht München I die angekündigte Klage auf Entschädigung in Höhe von 1.779.200 Euro ein. Winfried Bausback weiß: Das Verfahren wird lange, lange dauern. Und wenn erforderlich, kann er, Bausback, ja noch Berufung einlegen lassen und dann auch noch Revision. Mollath war jetzt Anfang 60.

Bei der für die CSU desaströsen Landtagswahl im Oktober 2018 erzielte Bausback in Aschaffenburg trotz seines Amtsbonus nur ein mäßiges Stimmenergebnis. Die Mehrheit der Bürger schenkte seinem Werben um Vertrauen keinen Glauben. Er verlor sein Amt, oberster Sachverwalter der Justiz wurde Georg Eisenreich, von Beruf Rechtsanwalt. Aber auch dieser zeigte Härte, er wies im Prozess vor dem Landgericht München I die Schadensersatzansprüche Mollaths zurück, mit die Wahrheit verschleiernden Begründungen, unter unrühmlicher Mitverantwortung seines Amtschefs Frank Arloth.

Ehrenwerte Richter

Die für Amtshaftungsansprüche zuständige Kammer unter dem Vorsitzenden Dr. Frank Tholl machte indes rasch klaren Tisch. Die Richter durchschauten, was da gespielt worden war und jetzt noch inszeniert wurde. In zwei schriftlichen Hinweisbeschlüssen vom 25. März und 10. Oktober 2019 stellte das Gericht elementare Rechtsverstöße fest, aufgrund derer **das Urteil des Landgerichts Nürnberg-Fürth, das Mollath in die forensische Psychiatrie weggesperrt hatte, rechtswidrig sei.**

Als ebenfalls *rechtswidrig* bezeichnete das Gericht **die erfolgten Zwangseinweisungen Mollaths in das Bezirkskrankenhaus Bayreuth und in die Erlanger Klinik am Europakanal »zur Totalbeobachtung«.**

Das Gericht führte aus, es halte hierfür Schadensersatz **in Höhe von 670.000 Euro** für geboten, 600.000 Euro als Schmerzensgeld sowie weitere 70.000 Euro als Ersatz für den materiellen Schaden. Rechtsgrundlage sei Art. 5 der Europäischen Menschenrechtskonvention. Offenbleiben könne, ob auch ein Amtshaftungsanspruch nach § 839 BGB in Verbindung mit Art. 35 Grundgesetz bestehe. Bei der Höhe des Schmerzensgelds sei zu berücksichtigen:

> *»die außergewöhnlich lange Dauer der Unterbringung, daneben die öffentliche Stigmatisierung und die Verzweiflung des Klägers in einer Situation, in der er – jedenfalls subjektiv – der Willkür des Staates ausgeliefert war«.*

Das Gericht schlug vor, auf dieser Basis einen Vergleich zu schließen.

Die Reaktion der Gegenseite

Mit den Feststellungen des Gerichts waren die Justizminister Merk, Bausback und der neue Justizminister Eisenreich bloßgestellt, hatten sie doch die Rechtswidrigkeit der Inhaftierung Mollaths entschieden geleugnet, ihm den geforderten Schadensersatz versagt, die Schuldigen nicht zur Rechenschaft gezogen. Aber man war ja weiterhin an der Macht: So lehnte man den Vergleichsvorschlag des Gerichts kategorisch ab!

In der mündlichen Verhandlung am 20. März 2019, in der das Gericht wiederum die schweren Rechtsverstöße darlegte, vor großem Publikum und vor der Presse, ließ sich kein Vertreter des Justizministeriums blicken, man schickte allein den Rechtsanwalt Then vor, einen honorigen Mann, der einem leidtun konnte. Heftig rügte Mollaths Anwalt Hildebrecht Braun, dass die Herren Ministerialbeamten, die im gleichen Hause nur ein Stockwerk höher saßen, es nicht für nötig hielten, herunterzukommen. Das Mienenspiel des Vorsitzenden verriet, was er von dem Verhalten der Helfer Eisenreichs hielt.

Am nächsten Tag berichtete die Presse bundesweit, dass das Gericht die Inhaftierung Mollaths als rechtswidrig dargestellt habe und ihm eine Schadensersatzsumme von 670.000 Euro zusprechen wolle. Das war eine Sensation! Vor allem aber erzeugte es Druck. Und siehe da: Kurz darauf erklärte Eisenreichs Justizministerium, es stimme dem Vergleichsvorschlag doch zu, aber »ohne Anerkennung einer Rechtspflicht!«.

Richter sind unabhängig von Weisungen, aber in ihrer Beförderung völlig abhängig vom Justizminister. Dass die Richter hier Haltung gezeigt haben, ist ihnen hoch anzurechnen. Freilich vermieden sie sorgfältig, gegen die früheren Akteure den ausdrücklichen Vorwurf des Vorsatzes zu erheben, dies aber wohl nur, um dem Justizminister eine goldene Brücke zum vorgeschlagenen Vergleich zu bauen. Die schriftliche Begründung sowie die sarkastischen Bemerkungen des Vorsitzenden in der mündlichen Verhandlung ließen keinen Zweifel daran, was Sache war.

Es habe eine »Vielzahl von Verfahrensfehlern gegeben«. Das Gericht in Nürnberg sei damals »bemüht gewesen, das Verfahren schnell zu beenden. Da hat wohl der Sachverhalt etwas darunter gelitten.« Ja, so konnte man es auch sagen.

Die Situation Mollaths

Mollath stimmte, wenngleich zögerlich, dem Vergleichsvorschlag ebenfalls zu. Andernfalls bestand die reale Gefahr, dass die Gegenseite den Prozess bis zu zehn Jahre verschleppen könnte – unter Ausschöpfung aller Instanzen. Mollath war bereits 63 Jahre alt, er hatte keine andere Wahl, als zuzustimmen.

600.000 Euro Schmerzensgeld für siebeneinhalb Jahre in der forensischen Psychiatrie – gemessen an US-amerikanischen Gerichtsurteilen ein lächerlich niedriger Betrag. Aber deutsche Gerichte sind engherzig bei Schmerzensgeld, so ist es leider nun mal. Angesichts der ungeheuren Schuld der Verantwortlichen wäre ein wesentlich höherer Betrag angemessen gewesen. Anzumerken ist, dass Mollath über keine Altersversorgung verfügt.

Mit Beschluss vom 12. Dezember 2019 stellte das Landgericht München I das Zustandekommen des Vergleichs fest. Seit der Verhandlung vor dem Amtsgericht Nürnberg am 25. September 2003 als Auftakt des Skandals waren damit 16 Jahre vergangen.

Die Haftung der Bevölkerung

Bald nach Abschluss des Vergleiches stellte Helmut Markwort, früherer Chefredakteur und Mitherausgeber des *Focus*, mittlerweile FDP-Abgeordneter im Bayerischen Landtag, an die CSU-Staatsregierung eine Anfrage:

> *Vertreter der Justiz, Gutachter und Anstaltsleiter sowie aufsichtsführende Mitglieder der Staatsregierung hätten sich wohl im Fall Mollath erhebliche Rechtsverletzungen zu Schulden kommen lassen. Ob die Staatsregierung beabsichtige, einzelne Verantwortliche für die zu zahlenden 670.000 Euro in Regress zu nehmen? (SZ vom 10. Dezember 2019).*

Die Antwort brauchte man nicht abzuwarten: Wenn angeblich niemand schuld ist, wird niemand in Regress genommen. In Haftung genommen werden stattdessen die steuerzahlenden Bürger, die Allgemeinheit. Da kann sich keiner drücken! Solidarisch tragen daher auch Edmund Stoiber, Beate Merk, Günther Beckstein, die Richter Brixner und Heinemann und alle anderen Beteiligten ihr Scherflein bei. Das ist doch sehr tröstlich.

5. Die Verantwortlichkeit der politischen Spitze

Zu Zeiten des Ministerpräsidenten Alfons Goppel, der von 1962 bis 1978 amtierte, wäre ein Fall Mollath undenkbar gewesen, damals herrschte noch Ordnung im Staatsgefüge. Das änderte sich schlagartig mit dem Amtsantritt von Strauß 1978. Dessen Geist wirkt fort. Das Verbrechen an Mollath wäre auch unter dem Justizminister Alfred Sauter nicht geschehen – er genoss einen hervorragenden Ruf in der Justiz. Aber dieser Justizminister wurde nach nur einem Jahr Amtszeit von dem Strauß-Zögling Edmund Stoiber geschasst, weil er, wie es hieß, diesem zu eigenständig war, die LWS-Affäre als offizieller Grund sei nur ein Vorwand gewesen. Die ihm wohlgefällige Beate Merk hingegen war sicher nicht zu eigenständig.

Auffällige Übereinstimmung eines Trios

Merkwürdig ist das gleichartige Verhalten von Ministerpräsident Stoiber, Innenminister Beckstein und Justizministerin Merk. Lange vor seiner Einkerkerung hatte Mollath seine Strafanzeige vom 9. Dezember 2003 Stoiber und Beckstein mit der Bitte um Hilfe übersandt – mit beigefügten Beweisen über die Verbringung der Schwarzgeld-Millionen in die Schweiz. Wie erwähnt, antwortete Stoiber, obwohl von Mollath viermal angeschrieben, überhaupt nicht, Beckstein leitete die Strafanzeige an das Justizministerium weiter. Die Justizministerin wies die an Stoiber gerichtete Eingabe Mollaths brüsk mit Schreiben vom 12. März 2004 und nochmals mit Schreiben vom 14. Mai 2004 zurück. Wie erklärt sich das?

Es liegt nicht außerhalb jeder ministeriellen Erfahrung, dass sich die drei wohl über den Fall eingehend besprochen haben. Bei ihnen mussten die Alarmglocken geschrillt haben: HypoVereinsbank! Der Staat mit 10 Prozent beteiligt! Schwarzgeldverschiebungen in vielfacher Millionenhöhe! Von der Bank verdeckt erhaltene Parteispenden an die CSU von einer halben Million D-Mark! Und am Tatort Nürnberg ging es um vitale Interessen Becksteins als politischer Lokalmatador!

Daher ist es denkbar unwahrscheinlich, dass Merk im Alleingang gehandelt hat. Das dürfte auch der Grund sein, dass Seehofer sich nach der Landtagswahl 2013 gezwungen sah, sie wieder zur Ministerin zu machen (für Europafragen), trotz heftiger Missfallenskundgebungen selbst in der CSU. Als Merk die Eingabe Mollaths an Stoiber mit den oben zitierten Schreiben vom 12. März 2004 und 14. Mai 2004 zurückwies, war sie erst wenige Monate zuvor frisch ins Amt gekommen – dank Stoiber. Da nimmt man vorher sicher Rücksprache beim Chef, zumal dieser bekanntlich über alles und jedes informiert werden wollte. Mit Beckstein verband Merk, dass sie, als er noch Staatssekretär unter Innenminister Stoiber war, seine persönliche Referentin gewesen war. Bei dieser engen Vertrautheit der drei ist es schlechthin nicht vorstellbar, dass sie sich nicht über die Vorgehensweise im doch so prekären Fall Mollath/HypoVereinsbank abgestimmt haben. Nochmals: Dass Seehofer sie trotz der Ungeheuerlichkeit des Geschehenen nicht fallen ließ, drängt die Schlussfolgerung auf, dass dieser Verdacht zutrifft.

Aufschlussreich ist insoweit folgende Episode: Wie die Bundestagsabgeordnete der Linken Anke Domscheit-Berg in einem Blog öffentlich machte, hat sich Beckstein bei einer Tagung in Speyer im Dezember 2012 in einem Gespräch mit ihr und einem Nürnberger Notar heftig darüber erregt, dass Seehofer die Wiederaufnahme des Verfahrens Mollath veranlasst hatte. Ob sie eine Ahnung habe, was dieser Mensch alles für Briefe und Petitionen geschrieben habe?! Mollath habe viel gefährlichere Sachen gemacht, als die Presse immer geschrieben habe! Schließlich habe der Bundesgerichtshof das Urteil gegen ihn bestätigt, mehrere psychiatrische Gutachten hätten alle das Gleiche ergeben, ereiferte sich Beckstein.

Was hatte Günther Beckstein gegen Mollath? Was trieb ihn um? Warum wollte er ihn weiterhin hinter Gittern sehen? Bekannte er sich doch in seinem kurz darauf erschienenen Buch *Die Zehn Gebote* inbrünstig zur christlichen Nächstenliebe!

Als Beckstein Ministerpräsident geworden war, hatte sich Mollath, in Straubing inhaftiert, hoffnungsvoll im Petitionswege ein zweites Mal an ihn persönlich gewandt – verbunden mit einer Strafanzeige über die Schwarzgeldverschiebungen (abgestempelt im Büro des Ministerpräsidenten am 12. September 2008). Obwohl Mollath Kopien von Überweisungen auf Schweizer Nummernkonten und entsprechende Anlageverzeichnisse der Schweizer Bank Leu beigelegt hatte – es war vergeblich. Ebenfalls vergeblich hatte sich die Nürnberger Betriebsprüferin Ingrid Meier 2008 an Beckstein als Ministerpräsidenten gewandt – wegen einer »von oben her« blockierten Steuernachholung in Höhe von 60 Millionen D-Mark bei der Firma Karl Diehl. Warum hatte er hierfür kein Ohr? Weil es jeweils um sein Revier Nürnberg und seine Klientel dort ging?

Das Verhalten des Günther Beckstein erweckte Argwohn.

Strategien der politischen Spitze

Die CSU-Spitze verkündet stets, dass sie entschlossen gegen jegliche Steuerhinterziehung vorgehe. Sie wird jedoch nicht nur durch den Fall Mollath Lügen gestraft. Im April 2016 förderten die Enthüllungen über der Steuerhinterziehung und Geldwäsche dienende Scheinfirmen in Panama zutage, dass auch die Bayerische Landesbank mittendrin war. In 129 Fällen (!) hatte sie über ihre luxemburgische Tochter solche Geldverstecke vermittelt – vor allem von 2005 bis 2009, also in der Amtszeit der Ministerpräsidenten Stoiber und Beckstein (vergleiche SZ vom

19.06.17). Der Verwaltungsrat der Landesbank wurde beherrscht von den ihm angehörenden CSU-Ministern. Wussten sie nicht Bescheid? Und wusste der Ministerialdirektor des Bayerischen Finanzministeriums, der im Beirat der HypoVereinsbank saß (wegen der 10-Prozent-Beteiligung des Freistaats über die Landesstiftung), ebenfalls nichts? Dass diese Herren von den Bankvorständen hintergangen worden wären, ist vernünftigerweise auszuschließen. Das erklärt auch, warum die wiederholten Eingaben Mollaths, gerichtet an Stoiber, Beckstein, Merk, keinen Erfolg hatten!

Zum Geschäftsgebaren der HypoVereinsbank stellte Verteidiger Dr.Strate in seinem Plädoyer fest:

> *»Dieses Institut hat in den neunziger Jahren bis zu Beginn des folgenden Jahrzehnts in großem Stile – es können durchaus die Milliardenbeträge sein, die Gustl Mollath später in seinen Strafanzeigen nannte – Geldtransfers von Deutschland in die Schweiz systematisch vollzogen. Das war eine kriminelle Machenschaft, getragen von der Kenntnis und Billigung des Vorstandes.«*
>
> (ins Internet gestelltes Protokoll Dr. Strates, S. 116)

Geschäfte dieses Umfangs konnten den Vertretern des Anteilseigners Freistaat Bayern nicht verborgen geblieben sein, fanden womöglich deren Billigung.

Auf der gleichen Linie liegt es, dass die CSU-Regierung sich strikt weigert, »Steuer-CDs« mit Daten über mögliche Steuerhinterzieher aus der Schweiz und Liechtenstein anzukaufen. Sie beteiligt sich notgedrungen finanziell nur an den Ankäufen durch andere Bundesländer. Aber im Oktober 2012 erklärte Finanzminister Söder überraschend, er lehne eine weitere Beteiligung an solchen Ankäufen ab: »Das machen wir nicht mit!« (SZ vom 17.10.12) Und Horst Seehofer bekräftigte: »Wir haben genug Steuereinnahmen, wir müssen nix zusammenkaufen.« Obwohl der

Freistaat Bayern 30 Milliarden Euro Schulden hat, verzichteten Seehofer und Söder demnach darauf, Steuerhinterzieher, die ihr Schwarzgeld in der Schweiz und Liechtenstein verstecken, durch den Ankauf von Steuer-CDs zur Schuldentilgung heranzuziehen. Immer wieder klingt dasselbe Leitmotiv auf: Verschonung einer bestimmten Klientel!

All das beweist: Der Fall Mollath war eingebettet in eine allgemeine Strategie derer, die da über das Bayernvolk herrschen und sein Vertrauen gröblichst missbrauchen.

Die erzwungene Freilassung Mollaths war für Beate Merk ein persönliches Debakel. In einem Interview mit dem *Nordbayerischen Kurier* (Ausgabe vom 1. Juli 2013) sagte sie: »Ich glaube auch, dass die Justiz unheimlich an Vertrauen verloren hat.« Sie wusste sogleich, wer daran schuld war: »Meines Erachtens ist es wichtig, dass die Sprecher der Gerichte künftig anders agieren, als sie das zum Teil bisher tun. Das betrifft nicht nur den Fall Mollath.« In einem anderen Interview erklärte sie, die Justiz müsse künftig eine andere Sprache finden, um ihre Entscheidungen der Öffentlichkeit verständlicher zu machen. Als ob die Justiz den Fall Mollath nur schlecht erklärt hätte!

Im Fall, dass das Nürnberger Strafurteil gegen Mollath nicht Bestand habe, wäre es für sie als Justizministerin »selbstverständlich, dass sie sich entschuldigt«, kündigte Merk in einem Interview mit der SZ vom 19. Juli 2013 an. Das Urteil wurde aufgehoben. Indessen: Sie hat sich nicht entschuldigt.

Und wie verhielt es sich mit ihrem Nachfolger Winfried Bausback? Nach seinem Amtsantritt räumte er in einem am 26. Oktober 2013 veröffentlichten Interview mit der *Süddeutschen Zeitung* ein: »Der Fall hat aber in der Tat das Vertrauen der Bevölkerung erschüttert.« Zugleich entschuldigte er aber alles: »Freilich sind Fehler passiert ... Jeder macht Fehler. Davon sind auch Juristen nicht ausgeschlossen.« Unfassbar, wie dieser Justizminister sich herbeiließ, Straftaten in bloße Fehler umzutaufen. War dies eine Vorschau?

Als Mitglied des Rechtsausschusses hatte Bausback laut Sitzungsprotokoll keinen Finger für Mollath gerührt, weder in der Sitzung am 8. März 2012 noch in der am 28. Februar 2013 meldete er sich zugunsten Molllaths zu Wort. Die gesetzwidrigen Entscheidungen des Generalstaatsanwalts Strötz und des Leitenden Oberstaatsanwalts Nemetz, keine Strafverfahren gegen die Verantwortlichen einzuleiten, weil – so die unverfrorene Begründung – nicht einmal ein Anfangsverdacht gegen irgendeinen Beteiligten bestehe, waren, wie man wegen der Bedeutung des Falles als Berichtssache annehmen muss, mit Bausback und seinem Ministerium abgestimmt.

Unabhängig vom Fall Mollath gilt folgender »Lehrsatz«: Normalerweise wird ein Minister, wie es seine Pflicht ist, eine Straftat oder eine andere Gesetzwidrigkeit der Bediensteten seines Amtsbereichs strafrechtlich und disziplinarrechtlich verfolgen lassen. Unterlässt er es, dann entlarvt ihn dies. Denn dann ist anzunehmen, dass er entweder zur Tat angewiesen hat oder sie wissentlich geschehen ließ. Oder dass er sich aus einem anderen sachfremden Grund an einer Ahndung gehindert fühlt, etwa weil sein Vorgänger sich in der Sache rechtswidrig verhalten hat.

Für die Öffentlichkeit oder für einen Untersuchungsausschuss erbringt diese Schlussfolgerung den gesuchten Beweis!

Ministerpräsident Seehofer und die CSU-Fraktion

Die CSU-Fraktion im Landtag stellte sich voll und ganz hinter die Justizministerin, machte im Plenum, Rechtsausschuss und im auf Antrag der Opposition kurz vor der Landtagswahl 2013 eingesetzten Untersuchungsausschuss hemmungslos Front gegen Gustl Mollath. Dementsprechend war auch der unter dem Vorsitz des CSU-Abgeordneten Florian Herrmann verfasste Bericht für die CSU-Mehrheit im Mollath-Untersuchungsausschuss keine Anklage gegen die Ministerin und ihren Justizapparat, sondern allein Exkulpation und Absolution, angesichts der zutage liegenden Fakten ein absurdes Machwerk. Und Seehofer sprach Merk, wie erwähnt, im Landtag sein volles Vertrauen aus – obwohl er allein schon aufgrund der Hinweise der Opposition und der Medien wissen musste, dass sie den Landtag gröblichst getäuscht und auch ansonsten die Unwahrheit gesagt hatte (vgl. ihre Presseerklärung vom 1. November 2012). Es stellt sich dennoch die Frage: Täuschte sie etwa auch die Mitglieder ihrer eigenen Fraktion? Sogar den Ministerpräsidenten? Die Antwort lautet: »Man kann sich auch täuschen lassen wollen«, wie einmal der frühere Landtagspräsident Johann Böhm zu mir sagte. Überdies war Seehofer seit Jahren mit dem Fall Mollath konfrontiert, Mollath hatte ihn mehrfach angeschrieben und um Hilfe gebeten, wie Dr. Martin Runge in seinem Buch *Staatsversagen auf höchster Ebene*, Co-Fraktionsvorsitzender der Grünen im Bayerischen Landtag, herausstellte.

Als Ministerpräsident durfte Seehofer nicht hinnehmen, dass die Ministerin den Landtag im Fall Mollath mit Unwahrheiten bediente. Dass er es trotzdem tat, war eine schwere Verletzung seiner verfassungsrechtlichen Pflichten. Schlimmer noch: Dass er einer dermaßen belasteten Ministerin bis zur Landtagswahl 2013 weiterhin die Wahrung des Rechts überließ, enthüllte sein eigenes Rechtsverständnis.

Doch es ging weiter. Nach der Landtagswahl machte Seehofer Beate Merk trotz der Empörung vieler, auch in der CSU, wieder zur Ministerin, nunmehr für Europafragen, nachdem sie als Justizministerin nicht mehr tragbar war. Die einzige Erklärung hierfür: Sie wusste zu viel! Nach der darauffolgenden Landtagswahl verlor sie zwar auch dieses Amt, blieb aber weiter CSU-Abgeordnete. Und Florian Herrmann, der sich so trefflich bewährt hatte, wurde Staatsminister und Leiter der Staatskanzlei.

Horst Seehofer und seine Gefolgsleute verhöhnten damit den Rechtsstaat – man hatte ja wieder die Macht ergattert.

»Anstand« war etwas, was Seehofer wiederholt öffentlich einforderte. Aber wo blieb sein Anstand in der Sache Mollath? Ließ er wenigstens nach dem Freispruch in Regensburg Mollath ein paar Zeilen des Bedauerns oder gar der Entschuldigung zukommen? Mitnichten. Die Justizministerin des Saarlandes Anke Rehlinger hingegen entschuldigte sich in einem persönlichen Gespräch bei Norbert Kuß, der aufgrund eines Justizirrtums unschuldig verurteilt worden war (Saarbrücker Zeitung, 19. Dezember 2013).

Die politische Tragweite des Justizskandals Mollath

Die Aufdeckung der an Mollath verübten Schandtat hat die Bevölkerung zutiefst erschreckt. Es wurde offenbar, was Insider schon seit Langem wissen: Bayern ist kein Rechtsstaat, wenn es um Sachverhalte mit »politischem« Bezug geht. Da gelten unversehens die Gesetze nicht mehr, das Recht wird zur Dispositionsmasse politischer Amtsträger und ihrer Untergebenen – teils wird es gebrochen, teils wird es als Waffe missbraucht. Allerdings erreichte der Fall Mollath eine bisher nicht dagewesene, unfassbar brutale Dimension: Man wandte Gewalt an! Man sperrte den Anzeigenerstatter von Schwarzgeldverschiebungen in die Psychiatrie weg – auf unabsehbare Zeit!

Wer hätte je geglaubt, dass so etwas in diesem christ-sozial regierten Land möglich ist? Und wer hätte geglaubt, dass die politische Spitze, als die Untat enthüllt wird, alles für rechtens erklärt, die Inhaftierung fortsetzt, das Parlament täuscht, die Wahrheit vertuscht?

Was bedeutet diese Erkenntnis für den einzelnen Bürger? Sie zeigt ihm, dass seine Sicherheit nicht gewährleistet ist, sollte er einmal in Konflikt mit den Interessen der regierenden Politiker geraten. Ihm ist jetzt bewusst, dass er dann nicht auf die Justiz bauen kann. Wer zum Beispiel einen Prozess gegen einen Gegner führt, der politische Beziehungen hat, oder wer eine Strafanzeige gegen jemanden mit einem solchen Hintergrund erstattet – der läuft auch bei guter Beweislage ernsthaft Gefahr zu unterliegen. Er muss sogar ernsthaft damit rechnen, von der Staatsanwaltschaft, die in politischen Fällen sofort nach oben berichten muss, wegen falscher Anschuldigung oder Verleumdung verfolgt zu werden.

So reicht die Wirkung des Falls Gustl Mollath weit über das unmittelbare Geschehen hinaus.

Am 10. Mai 2014 fand im Mainfranken-Theater Würzburg die Uraufführung eines kafkaesken Dramas statt. Es hieß: »Mollath – Neues von der Bayerischen Justiz«, verfasst von der Dramaturgin Wiebke Melle anhand von Originaldokumenten. Das Publikum war erschüttert, die wiedergegebenen Statements und Presseerklärungen der Justizministerin Beate Merk quittierte es mit Zischen und Lachen.

Bald darauf prangerte der frühere Bundesarbeitsminister Norbert Blüm die Affäre Mollath als »Paradefall« der Willkür von Richtern an (siehe sein Buch *Einspruch! Wider die Willkür an deutschen Gerichten*, 2014, Westend, S. 26). Den politischen Hintergrund und die daraus resultierenden Machenschaften erkannte er allerdings nicht.

Doch Mollaths Leiden sollten nicht vergebens gewesen sein. Großes geschah: Das ihm zugefügte Unrecht hatte die gesamte Bundesrepublik aufgewühlt. So beschloss die große Koalition in Berlin in ihrem Koalitionsvertrag 2013 eine Reform des Unterbringungsrechts, die zu den »Mollath-Paragrafen« des Strafgesetzbuches führte. Im Januar 2015 legte eine Bund-Länder-Arbeitsgruppe einen Entwurf vor. Künftig soll eine Einweisung in die forensische Psychiatrie nicht mehr möglich sein, wenn die angebliche große Gefährlichkeit lediglich auf geringfügige Taten gestützt wird. Eine Unterbringung in der forensischen Psychiatrie soll in kürzeren Abständen geprüft werden. Über sechs Jahre hinaus soll sie nur noch dann zulässig sein, wenn schwere Taten drohen. Und über zehn Jahre hinaus nur noch dann, wenn die Gefährlichkeit des Untergebrachten so groß ist wie die eines Sicherungsverwahrten.

Zugleich werden die Anforderungen an die psychiatrischen Gutachten erhöht. Statt Anstaltsgutachten sollen externe Gutachter, statt wie bisher alle fünf Jahre, künftig alle drei Jahre beauftragt werden. Außerdem sollen Gutachter jeweils wechseln.

Diese 2016 in Kraft getretenen Regelungen werden vielen Tausenden zugutekommen. Bereits im Vorfeld gab es zahlreiche Entlassungen, es werden weit weniger Menschen von den Gerichten in die Psychiatrie eingewiesen. Klarzustellen ist aber auch, dass Mollath keineswegs das Opfer schlechter Gesetze wurde. Diese haben das ihm angetane Unrecht lediglich erleichtert.

Die Straflosigkeit der Tat

Der Fall Mollath erschöpft sich nicht in einem einzigen monströsen Geschehen, der Inhaftierung – er besteht aus einem ganzen Konglomerat von Skandalen schwersten Kalibers. Aber der ganze Frevel wird getoppt durch die Unverfrorenheit, dass kein Einziger der Schuldigen zur Rechenschaft gezogen wurde. Dafür war die politische Spitze verantwortlich: Justizministerin Beate Merk und Justizminister Winfried Bausback!

Rechtspflege nach christlichem Gewissen

Es gab zahlreiche Strafanzeigen empörter Bürger gegen die Verantwortlichen, auch Strafanzeigen des Rechtsanwalts Dr. Strate und eines Rechtsanwalts aus Baden-Württemberg. Die Strafanzeigen richteten sich gegen die Justizministerin, Staatsanwälte, Richter, psychiatrische Gutachter, die Ex-Frau Mollaths sowie die Leitung der HypoVereinsbank.

Die Entscheidung über die Strafanzeigen übertrug die Justizministerin der Staatsanwaltschaft Augsburg. Doch was war von deren Leiter

Reinhard Nemetz zu erwarten? Vor dem Schreiber-Untersuchungsausschuss des Landtags war Nemetz früher von dem Staatsanwalt Dr. Winfried Maier unzulässiger dienstlicher Verhaltensweisen beschuldigt worden. Hinsichtlich der Affäre um die betrügerischen Laborärzte sah er sich im Untersuchungsausschuss »Großlabor Schottdorf« dem Vorwurf ausgesetzt, er habe deren Delikte bewusst verjähren lassen und sogar anhängige Verfahren rechtswidrig eingestellt. Nicht bekannt allerdings war die Tatsache, dass er in zwei politisch höchst brisanten Fällen begründeten Strafanzeigen (erstattet von Eberhart H. und Burkhart K.) gegen zwei absolute CSU-Größen nicht nachgegangen war. Es ging um den Verdacht riesiger Steuerhinterziehung. So war es keineswegs verwunderlich, dass Nemetz auch nicht zu erkennen vermochte, dass sich irgendwer im Fall Mollath strafbar gemacht hatte. Er sah »insgesamt« keine Veranlassung zu Ermittlungen; seiner Ministerin, den Richtern und allen anderen »Beteiligten« stellte er einen Persilschein aus.

Auf eine Beschwerde von Anzeigeerstattern hin war der Münchner Generalstaatsanwalt Christoph Strötz gehalten, über die Strafanzeigen zu entscheiden. Eigenem Bekunden zufolge war Strötz ein frommer, tief christlicher Mann. In einem Bericht der *Süddeutschen Zeitung* vom 30. Dezember 2010 hatte er bekannt: »*Das Hören auf die Worte Jesu schenkt mir Gemeinschaft mit ihm, es solidarisiert mich mit anderen Menschen.*« Getreulich setzte Christoph Strötz dieses Bekenntnis auch im Fall Mollath in die Tat um: Allerdings solidarisierte er sich nicht mit Mollath, sondern mit denen, gegen die sich die Strafanzeigen richteten. Kurz vor dem Wiederaufnahmeprozess verkündete er, es gebe »aus der Gesamtschau« keine Anhaltspunkte, dass Mollath willkürlich verurteilt worden sei, es bestehe nicht einmal ein Anfangsverdacht gegen die Richter. Zwar seien »Unstimmigkeiten und Fehler« bei einzelnen Prozesshandlungen passiert, aber ein Vorsatz, Mollath rechtswidrig seiner Freiheit zu berauben oder ihn unschuldig zu verurteilen, sei »nicht erkennbar«. Ebenfalls ein wunderschöner Persilschein (SZ-Bericht vom 14. April 2014).

Christoph Strötz, als Generalstaatsanwalt war er der verlängerte Arm des Justizministeriums, konnte so sehbehindert nicht sein. Allein schon der vernebelnde Passus, »aus der Gesamtschau« ergäben sich keine Anhaltspunkte für ein strafbares Verhalten, ist verräterisch.

Der Vorsatz der Richter Brixner und Heinemann

Oft ist es schwer oder gar unmöglich festzustellen, ob ein Täter vorsätzlich gehandelt hat oder nur fahrlässig aus Schlendrian oder Irrtum heraus, niemand kann in einen Menschen hineinschauen. War es überdies bei Richtern überhaupt denkbar, dass sie wissentlich eine Straftat begingen?

Überraschenderweise lässt sich im Fall Mollath der eindeutige Nachweis führen:

Die Richter Brixner und Heinemann sperrten Mollath weg mit der Begründung, dass seine Strafanzeigen über die Schwarzgeldverschiebungen der HypoVereinsbank und deren Klientel paranoide Wahnvorstellungen seien. Indessen hatten sie überhaupt nicht überprüft, ob diese Angaben zutrafen oder nicht, sie hatten dies sogar entschieden verweigert. Somit konnten sie unmöglich behaupten, dass Mollath geisteskrank sei.

Durch diese schlichte logische Schlussfolgerung ist der Vorsatz der Richter nachgewiesen. Ihr Vorsatz manifestierte sich schon darin, dass der Richter Brixner – wie bereits erwähnt – Mollath niederbrüllte, als er in der Verhandlung versuchte, darzulegen, dass seine Angaben über die Schwarzgeldverschiebungen keine Wahnvorstellungen seien. Wie sagte doch die Richterin Heinemann als Zeugin im Wiederaufnahmeprozess: Man habe »diese Ausführungen unterbrochen«! Dies war der Dreh- und Angelpunkt des Falles Mollath! Das war des Pudels Kern!

Der Landtag, die Medien, die Öffentlichkeit aber konnten diesen alles entscheidenden Punkt nicht erkennen, weil die Justizministerin Merk hartnäckig verheimlichte, dass die angeblich wahnhaften Strafanzeigen Molllaths gar nicht überprüft worden waren. Im Wiederaufnahmeprozess sagte der Schöffe Westenrieder aus, der Vorsitzende Brixner habe in einer Verhandlungspause über Mollath gesagt: »Dem schaut der Wahnsinn aus den Augen.« Diese Art eines »Augenscheins« war wohl ein unzulänglicher Beweis für eine Geisteskrankheit, die sich auf Schwarzgeldverschiebungen bezog.

Vorsorglich ist nochmals auf ein weiteres Argument der Richter Brixner und Heinemann einzugehen, auf das sich die Justizministerin immer wieder berief. Wie bereits erwähnt, führten sie im Urteil als zusätzlichen Beweis für Mollaths Wahn an, dass er »beliebige« weitere Personen in dieses Wahnsystem der Schwarzgeldverschiebungen einbeziehe. Als Beispiel dafür nannten sie jedoch nur eine einzige Person, den Dr. Wörthmüller, sodass schon deshalb von einem solchen Beweis keine Rede sein konnte.

Vor allem aber: Selbst die Angaben Mollaths zu Dr. Wörthmüller wurden von ihnen, wie die Staatsanwaltschaft Regensburg scharf rügte, pflichtwidrig nicht überprüft! Nach einer Vernehmung Dr. Wörthmüllers und eines zweiten Zeugen konstatierte die Staatsanwaltschaft Regensburg, die Einschätzung Mollaths sei »keineswegs wahnbedingt« gewesen, sie habe vielmehr auf einer rationalen Schlussfolgerung beruht (Wiederaufnahmeantrag vom 18. März 2013 S. 253).

Dass Brixner und Heinemann ihrerseits an Paranoia gelitten hätten, hat bisher niemand behauptet. Es bleibt der Vorsatz.

Dass die beiden Richter vorsätzlich handelten, wird durch weitere Fakten untermauert. Zum einen war die Verurteilung wegen begangener Reifenaufstechereien nicht begründbar, sie war – wie die Staatsanwaltschaft Regensburg im Wiederaufnahmeantrag, 1. Fassung, feststellte – »bar jeder Beweisführung«, verbunden mit einer vorsätzlichen

Verfälschung und »bewusst wahrheitswidrigen Ausschmückung des Sachverhalts«. Die Staatsanwaltschaft folgerte daraus:

> *»Ziel der Unwahrheiten konnte es nur sein, die Voraussetzungen der Unterbringung entsprechend den Voraussetzungen des § 63 StGB ausreichend und überzeugend begründen zu können. Die Jahre zurückliegenden Körperverletzungen zum Nachteil der Ehefrau hätten dazu alleine nicht gereicht, da es sich dabei um Taten im persönlichen Nahbereich während der Trennungsphase gehandelt hat.*
> *Es musste daher eine darüber hinausgehende zusätzliche Gefährdung plausibel dargestellt werden, um die Begründung revisionssicher zu machen.«*

Die Staatsanwaltschaft Regensburg erhob hiermit ausdrücklich den Vorwurf vorsätzlicher Rechtsbeugung durch »freiheitsentziehende Maßnahmen der Unterbringung«. Ohne die angeblichen Reifenstechereien wäre die Einweisung in die forensische Psychiatrie nicht möglich gewesen. Denn diese setzte neben einer Geisteskrankheit zusätzlich Gemeingefährlichkeit des Täters voraus.

Somit steht unumstößlich fest: Die Richter Brixner und Heinemann haben sowohl die Geisteskrankheit als auch die Gemeingefährlichkeit erdichtet!

Rechtsanwalt Strate vermochte in seinem Wiederaufnahmeantrag – wie bereits ausgeführt – allein zehn schwerwiegende Verstöße der Richter gegen Verfahrensvorschriften aufzudecken. Allein schon wegen der Vielzahl dieser Verstöße und aufgrund der langjährigen Berufserfahrung beider Richter war ein Versehen jeweils auszuschließen. Die Staatsanwaltschaft Regensburg, die ebenfalls zahlreiche Rechtsverstöße feststellte, schrieb dazu in ihrem Wiederaufnahmeantrag (erste Fassung), »jeder Dienstanfänger« kenne diese Vorschriften. Sie bejahte nachdrücklich den Vorsatz zur Rechtsbeugung:

»Vorliegend steht fest, dass gegen elementare Verfahrensvorschriften verstoßen wurde und darüber hinaus durch bewusst falsche Wiedergabe von Sachverhalten … die Verstöße verschleiert wurden. Daraus kann zwingend geschlossen werden, dass den Berufsrichtern die Schwere der begangenen Verfahrensverstöße zum Nachteil des Angeklagten bewusst war.«

Den Straftatbestand der Rechtsbeugung erfülle auch, wie Brixners Strafkammer mit Beschwerden Mollaths umging. Brixners Verhalten, diese Eingaben nicht an die höhere Instanz weiterzuleiten, habe dazu gedient, »sein eigenes rechtsbeugendes Vorverhalten zu verdunkeln« (ebd).

Der Strafrechtsprofessor Henning Müller von der Universität Regensburg bestätigte diesen Vorsatz in einem Beck-Community-Blog am 23. Februar 2013:

»Die Strafsache Mollath ist eine bisher von mir nie gesehene Ansammlung von vorsätzlichen Gesetzesverletzungen, gravierenden Verfahrensfehlern … und Versagen von kontrollierenden Instanzen.«

Der Vorwurf gegen die kontrollierenden Instanzen ist beachtlich. Denn wer waren diese Instanzen? Das waren doch die Justizministerin, ihre Ministerialbeamten, der Generalstaatsanwalt und der Landgerichtspräsident von Nürnberg! Herauszugreifen sind zwei besonders entlarvende Gesetzesverstöße:

Die Nürnberger Strafkammer war in der Verhandlung nur mit den Berufsrichtern Brixner und Heinemann sowie zwei Schöffen besetzt. Gesetzlich vorgeschrieben war jedoch ein dritter Berufsrichter – eine Besetzung mit nur zwei Berufsrichtern hätte gemäß § 76 Abs. 2 des Gerichtsverfassungsgesetzes einen Beschluss der Großen Strafkammer (der Vorsitzende mit zwei weiteren Berufsrichtern und zwei Schöffen) vorausgesetzt. Einen solchen Beschluss, den Brixner als Vorsitzender hätte herbeiführen müssen, gab es jedoch nicht, wie die Staatsanwaltschaft Regensburg und ebenso Dr. Strate heftig rügten. Daraus folgt, dass Brixner und Heinemann die Mitwirkung eines dritten Berufsrichters unwillkommen war, anscheinend wollten sie die Sache Mollath unter sich ausmachen. Warum?

Hinzu kam ein dem Prozess vorausgegangenes schwerwiegendes Fehlverhalten des bereits erwähnten Richters Armin Eberl. Statt die Akte Mollath unverzüglich dem Landgericht Nürnberg zuzuleiten, behielt er sie zunächst aus unerklärlichen Gründen bei sich. Als er sie schließlich weiterleitete, war die Strafkammer Brixners, die ursprünglich nicht zuständig war, durch eine Änderung des Geschäftsverteilungsplans plötzlich zuständig geworden. Faktisch wurde damit der durch Art. 101 des Grundgesetzes garantierte Anspruch auf den gesetzlichen Richter unterlaufen. Vor dem Untersuchungsausschuss des Landtags bestritt Eberl wortreich eine derartige Absicht. Schließlich verstieg er sich zu der Behauptung, die Akte sei auch deshalb so lange bei ihm liegengeblieben, weil der Geschäftsstellenleiter nicht gerne auf der Schreibmaschine geschrieben habe! Da stellte sich natürlich die Frage, warum ausgerechnet die Akte Mollath liegenblieb, während andere Vorgänge von dem Geschäftsstellenleiter bearbeitet wurden.

Ein weiterer unglaublicher Gesetzesverstoß bestand darin, dass Mollath, der bereits fünf Monate vor Beginn des Prozesses verhaftet wurde, gemäß Art. 104 Abs. 3 des Grundgesetzes und § 115 der Strafprozessordnung spätestens am nächsten Tag einem Richter zur Anhörung vorzuführen war. Der Richter hat dabei dem Festgenommenen die Haftgründe mitzuteilen und ihm Gelegenheit zu Einwendungen zu geben. Andernfalls hat er ihn unverzüglich freizulassen. Diese Anhörung unterblieb, wie bereits erwähnt, über rund drei Wochen. Somit lag eine gesetz- und verfassungswidrige Freiheitsberaubung vor. Dazu schrieb die Staatsanwaltschaft Regensburg im Wiederaufnahmeantrag (erste Fassung): Dies »stellt sich eindeutig als vorsätzliche Rechtsbeugung des VRiLG Brixner dar«. Dies hatte bereits Dr. Strate angeprangert.

Jeder Jurastudent im ersten Semester kennt die Grundrechtsgarantie des Art. 104 Abs. 3 Grundgesetz bei Freiheitsentzug. Dass Brixner sich darüber hinwegsetzte, war eine Ungeheuerlichkeit. Warum verhielt er sich so? Was war sein Motiv?

Doch was geschah?

Die hier mehrmals zitierte, ursprünglich als Wiederaufnahmeantrag vorgesehene Vorlage der Staatsanwaltschaft Regensburg vom 18. Dezember 2012, die eindeutig schwere strafbare Rechtsbeugungen Brixners und Heinemanns feststellte, erregte das Missfallen der Justizministerin und ihres Nürnberger Generalstaatsanwalts Nerlich, sie wurde nicht akzeptiert. Aber auch eine zweite Vorlage vom 6. Februar 2013, über die in großer Runde unter dem Vorsitz der Justizministerin beraten wurde, wurde verworfen. Erst die dritte, völlig weichgespülte Vorlage durfte dann als Wiederaufnahmeantrag gestellt werden. Und siehe da: Darin fand sich keine Spur mehr von strafbaren Rechtsbeugungen! Stattdessen hieß es nur: »*Im damaligen Verfahren wurden einige prozessuale Normen nicht ganz eingehalten.*« Überdies wurde die ursprüngliche Zahl der Wiederaufnahmegründe von ca. zehn auf nur noch drei reduziert – zulasten Mollaths.

Diese schamlose Vertuschung flog dadurch auf, dass – wie schon erwähnt – der Untersuchungsausschuss des Landtags sich unerwartet die Akten vorlegen ließ.

Der Vorsatz der Staatsanwälte

Indessen ist nicht außer Acht zu lassen, dass die Richter Brixner und Heinemann seinerzeit nicht allein handelten: Die weisungsgebundene Staatsanwaltschaft Nürnberg war munter mit von der Partie!

In der Hauptverhandlung am 8. August 2006 hatte der Staatsanwalt den Antrag gestellt, Mollath in die forensische Psychiatrie einzuweisen! Und das, obwohl er sah, was die Richter Brixner und Heinemann da trieben. Er wusste, dass die Angaben Mollaths über die Schwarzgeldverschiebungen nicht überprüft worden waren und daher von einer Geisteskrankheit Mollaths keine Rede sein konnte. Und er sah zu, wie Brixner und Heinemann Mollath grob rechtswidrig daran hinderten, darzulegen, dass seine Angaben über die Schwarzgeldverschiebungen zutrafen. Er sah zu, wie Brixner Mollath niederbrüllte. Ebenso musste er wissen, dass es für den Vorwurf, Mollath habe Dritten die Autoreifen aufgestochen, keinerlei Beweise gab. Und dass dieser Vorwurf von den Richtern im Urteil mit bewussten Unwahrheiten unterlegt wurde, um damit die Unterbringung wegen Gemeingefährlichkeit begründen zu können (so die spätere Feststellung der Staatsanwaltschaft Regensburg). In jedem Fall hätte der Staatsanwalt entsprechende Beweisanträge stellen müssen, aber er tat nichts dergleichen. Warum nicht? Letztlich hätte er dafür sorgen müssen, dass die Staatsanwaltschaft zugunsten Mollaths Revision einlegte. Wer oder was hielt ihn davon ab? Er hat sich in schwerer Weise schuldig gemacht.

Nun ist es so, dass die Staatsanwälte häufig bereits mit einer Weisung ihrer Vorgesetzten in die Hauptverhandlung gehen, über wichtige Fälle haben sie einen Sitzungsbericht zu schreiben. Deshalb ist anzunehmen, dass die Vorgesetzten des Staatsanwalts in gleicher Weise verantwortlich waren. Jedenfalls hat die Staatsanwältin Verena Fili, die die Strafanzeigen Mollaths rechtswidrigerweise zurückgewiesen hatte, vor dem Untersuchungsausschuss des Landtags ausgesagt, der damalige (Nürnberger) Generalstaatsanwalt habe auf eine Beschwerde Mollaths hin ihre Entscheidung bestätigt! Mit dieser Aussage riss sie einen Vorhang auf, der bis dahin verdeckte, dass der Generalstaatsanwalt Bescheid wusste. Es lag nahe, dass er dem Justizministerium über die Schwarzgeldverschiebungen der HypoVereinsbank berichtete. In politisch wichtigen Fällen bestand gemäß den Richtlinien des Justizministeriums sofortige Berichtspflicht. Und das hier war ein wichtiger, ja hochpolitischer Fall.

Über die Gesetzwidrigkeiten der ihr unterstehenden Staatsanwälte ließ die Justizministerin Merk nichts verlauten. Ihre Rede war immer nur von den Richtern, deren Unabhängigkeit sie zu respektieren habe. Auf einen an sie persönlich gerichteten Brief des Zahnarztes Edward Braun vom 7. September 2011 ließ sie indessen den Ministerialrat Michael Grauel wie folgt antworten:

> *»Die Sachbehandlung durch die Staatsanwaltschaft Nürnberg-Fürth in den Verfahren gegen Herrn Mollath war ebenfalls bereits mehrfach Gegenstand umfangreicher Prüfung durch das Bayer. Staatsministerium der Justiz. Auch insoweit bestehen keinerlei Gründe, die Tätigkeit der verantwortlichen Staatsanwälte zu beanstanden.«*
>
> (Schreiben vom 19. September 2011)

Man war also da oben voll informiert über die Machenschaften da unten – und man billigte sie. Da drängt sich die Frage auf, ob nicht die Staatsanwaltschaft Nürnberg von vornherein mit Zustimmung oder auf Weisung des Justizministeriums so gehandelt hat.

Nach Durchsicht der Unterlagen des Falles Mollath wandte sich Dr. Maria Fick als Menschenrechtsbeauftragte der Bayerischen Landesärztekammer mit Schreiben vom 30. Oktober 2012 an die Justizministerin. Sie rügte, dass die Justiz die Schwarzgeldtransfers in die Schweiz als Ursache des Falles nicht geahndet habe, und schloss daraus:

> *»Man gewinnt den Eindruck, es sollte etwas nicht auf- und abgeklärt werden, und Herr Mollath sollte aus der Öffentlichkeit für unbestimmte Zeit verschwinden.«**

* siehe Maria E. Fick, *Die Rolle der Ärzte im Fall Gustl Mollath*, in: Pommrenke/Klöckner (Hg.), *Staatsversagen auf höchster Ebene*, S. 102–109, hier S. 109

Die schweren Verdachtsgründe gegen die Justizministerin Beate Merk

Beate Merk war Justizministerin seit 14. Oktober 2003. Der Fall Mollath fiel nahezu von Anfang an voll in ihre Amtszeit.

Ob die Justizministerin die gesetzwidrige Inhaftierung Mollaths veranlasst hat oder wissentlich geschehen ließ, lässt sich aufgrund der bisher bekannten Umstände nicht ausschließen, aber auch nicht behaupten. Dazu bedürfte es einer gezielten Beweiserhebung, eventuell durch einen zweiten Untersuchungsausschuss. In jedem Fall aber müsste sich Beate Merk, wie schon ausgeführt, einem strafrechtlichen Ermittlungsverfahren wegen des Verdachts vorsätzlicher Freiheitsberaubung stellen. Die Freiheitsberaubung ist ihr zumindest ab dem Zeitpunkt anzulasten, als ihr der Zahnarzt Edward Braun mit Schreiben vom 23. November 2011 per sogenannter eidesstattlicher Versicherung Tatsachen mitgeteilt hatte, die einen Wiederaufnahmegrund darstellten. Trotz Kenntnis ordnete sie erst ein ganzes Jahr später die Wiederaufnahme an – unter dem Druck der Öffentlichkeit.

Trickreich tischte die Justizministerin im Landtag und gegenüber den Medien eine ganze Kette von Unwahrheiten auf, um die weitere Inhaftierung Mollaths zu rechtfertigen. So ließ sie durch den CSU-Abgeordneten Jürgen Heike in der Plenarsitzung des Landtags – in ihrer Gegenwart – am 15. Dezember 2011 vortragen:

> »*Interessant ist, dass der Verurteilte die Taten eingeräumt hat.*«
>
> (Protokoll S. 16)

Mollath, der im fernen Bayreuth nicht hören konnte, was sie ihm da anhängte, hatte indessen weder gestanden, dass er Reifen aufgestochen hatte, noch, dass er seine Frau über eineinhalb Stunden ihrer Freiheit beraubt hatte. Er hatte auch keineswegs gestanden, dass er seine Frau misshandelt habe. Vielmehr hatte er ausgesagt, dass diese ihn angegriffen und er sich dann dagegen gewehrt habe – das war keinesfalls ein Geständnis, dass er sie attackiert und ihr Verletzungen zugefügt hatte. Dass Mollath die Taten »eingeräumt« habe, war eine üble Erfindung.

Führt man sich nochmals summarisch die Verhaltensweisen der Justizministerin vor Augen, so sieht man vollends klar:

In der gleichen Landtagssitzung vom 15. Dezember 2011 berief sich die Ministerin darauf, renommierte psychiatrische Sachverständige hätten bei Mollath eine »Wahnsymptomatik« festgestellt, sie würden ihn weiterhin für gefährlich halten (Protokoll 16/92 S. 15). Sie verschwieg jedoch, worin der angebliche Wahn bestand, nämlich dass er Schwarzgeldverschiebungen der HypoVereinsbank betraf. Sie verschwieg zudem die entgegenstehenden Gutachten des Amtsarztes Dr. Simmerl und des Sachverständigen Dr. Weinberger, wonach Mollath keineswegs geisteskrank war.

Knapp zwei Monate später, am 8. Februar 2012, behauptete die Ministerin, wie bereits ausgeführt, im Rechtsausschuss des Landtags, Mollath habe bei Gericht einen Ordner mit einem wirren »Sammelsurium« von 106 Seiten als angebliche, aber völlig untaugliche Beweise für die Schwarzgeldverschiebungen vorgelegt. Sie zitierte dabei einige Schriftstücke, die in der Tat nichts mit Schwarzgeldverschiebungen zu tun hatten. Sie unterschlug jedoch, dass in dem besagten Ordner Überweisungen auf Nummernkonten in der Schweiz, Vermögensverzeichnisse der Schweizer Banken über das angelegte Geld sowie eine Korrespondenz Mollaths mit der HypoVereinsbank und Schweizer Banken über das Thema »Schwarzgeldverschiebungen« enthalten waren. Später stellte die Staatsanwaltschaft Regensburg zu dem angeblich »wirren Sammelsurium« fest: »Bei einer Lektüre ergibt sich keineswegs, dass die Ausführungen wirr sind« (Wiederaufnahmeantrag, erste Fassung).

In der gleichen Sitzung des Rechtsausschusses behauptete die Ministerin, die Strafanzeigen Mollaths über die Schwarzgeldverschiebungen hätten mangels zureichender Anhaltspunkte keinen Anfangsverdacht begründet. Auch dies war die Unwahrheit. Der Strafrechtsprofessor Henning Müller und der von den Freien Wählern mit einem Gutachten beauftragte Rechtsanwalt Dr. Strate aus Hamburg stellten das genaue Gegenteil fest, nämlich dass die Strafanzeigen sehr konkret waren, zahlreiche Namen nennend und Vorgänge schildernd.

Dann wurde plötzlich bekannt, dass die Steuerfahndung Nürnberg aufgrund dieser angeblich substanzlosen Strafanzeigen mittlerweile über 20 Steuerstrafverfahren eingeleitet hatte. Da brach Merks Strategie, Mollath weiterhin einen Wahn unterzuschieben, kläglich in sich zusammen. In ihrer Not behauptete sie wahrheitswidrig plötzlich in einer Presseerklärung vom 1. November 2012:

> *»Die Unterbringung Herrn Mollaths hat mit den Strafanzeigen nichts zu tun. Anlass für die Unterbringung waren in erster Linie seine gefährliche Körperverletzung gegen seine damalige Ehefrau, in zweiter Linie waren es Sachbeschädigungen in neun Fällen sowie eine eineinhalbstündige Freiheitsberaubung seiner Ehefrau.«*

Kein Wort mehr davon, dass Mollath wegen Geisteskrankheit weggesperrt war. Doch da war ein gewaltiger Haken: Ohne Geisteskrankheit kommt man nicht in die forensische Psychiatrie! Wegen Straftaten allein landet man allenfalls im Gefängnis. Ihre Lüge wiederholte Merk in einem sonntäglichen »Stammtischgespräch« des Bayerischen Fernsehens.

Spätestens jetzt hätte Merk die Staatsanwaltschaft anweisen müssen, bei der Vollstreckungskammer Bayreuth die sofortige Freilassung Mollaths zu beantragen, weil sich die Annahme einer Geisteskrankheit nicht mehr aufrechterhalten lasse. Eine solche Weisung wäre (unabhängig von einem nachfolgenden Wiederaufnahmeverfahren) nicht nur möglich gewesen, sie war rechtlich geboten. Da die Justizministerin das unterließ, ist sie auch aus diesem Grund dem Verdacht vorsätzlicher Freiheitsberaubung ausgesetzt, die erst mit der Freilassung Mollaths Anfang August 2013 endete. Doch man möchte es nicht glauben: Selbst nach Stellung des Wiederaufnahmeantrags beantragte die Staatsanwaltschaft Nürnberg wiederum die weitere Unterbringung Mollaths in der Psychiatrie – vermutlich mit Zustimmung der Ministerin, der Fall war schließlich Berichtssache.

Vorsorglich ist auf § 357 Abs. 2 des Strafgesetzbuches hinzuweisen. Danach macht sich ein Vorgesetzter, zum Beispiel ein Minister, der wissentlich eine Straftat eines Untergebenen geschehen lässt, in gleicher Weise strafbar wie der Täter – also auch dann, wenn er die Straftat nicht angeordnet hat.

Die Büchsenspanner im Justizministerium

Gingen adlige Herrschaften dereinst auf die Jagd, so hatten sie Gehilfen, die das Gewehr luden und ihnen zum Abschuss reichten. Geht ein Minister in den Landtag oder an die Öffentlichkeit, um Rede und Antwort zu stehen, so hat er ebenfalls seine Büchsenspanner. Im Fall Mollath waren das die Ministerialbeamten, die der Justizministerin Merk behilflich waren, zum Beispiel durch ausgefeilte Textvorlagen für ihre Berichte im Plenum und im Rechtsausschuss des Landtags. Und es sind diejenigen Ministerialbeamten, die dabei halfen, dass die Landtagseingaben und andere Eingaben Mollaths zurückgewiesen wurden, wie auch die Landtagseingabe der Arbeitsgemeinschaft »Solidarität mit Gustl Mollath« von 2010. Oder die die fundierten Eingaben des Zahnarztes Braun und des Facharztes Dr. Weinberger, gerichtet an die Ministerin persönlich, abwimmelten: Man habe den Fall schon mehrfach »vollumfänglich« überprüft, es sei alles in Ordnung.

Diese Staatsdiener hätten sich verantworten müssen! Es wäre festzustellen gewesen, wer von ihnen gegen die beamtenrechtliche Wahrheitspflicht verstoßen hat. Vor allem aber wäre zu prüfen gewesen, wer von ihnen mitschuldig ist für Molllaths Inhaftierung oder deren Fortdauer. Allein schon aus Gründen der rechtsstaatlichen Hygiene hätte es sich verboten, dass sie ungeschoren davonkamen, am Ende sogar noch befördert wurden.

Wie bereits eingangs erwähnt, hatte ich, nachdem Mollath sich per Brief an mich mit der Bitte um Hilfe gewandt hatte, unter dem Datum vom 28. März 2011 auf 30 Seiten eine detaillierte Beurteilung des Falles niedergeschrieben.

Darin hatte ich nachgewiesen, dass man Mollath eine Geisteskrankheit angedichtet hatte und dass es keine Beweise dafür gab, dass er Autoreifen aufgestochen und seine Ehefrau misshandelt hatte. Meine Ausarbeitung hatte der damalige Verteidiger Molllaths der Vollstreckungskammer Bayreuth zugeleitet. Da ich darin schwerste Vorwürfe gegen die beteiligten Chargen der Justiz bis hinauf zur Justizministerin und darüber hinaus gegen Ministerpräsident Stoiber erhoben hatte, war davon auszugehen, dass die Ausarbeitung sofort dem Justizministerium vorgelegt worden war. Im Untersuchungsausschuss konfrontierte der Abgeordnete Florian Streibl daher die Justizministerin mit der Frage, wie sie die von Dr. Schlötterer erstellte Analyse bewerte. Sie schien zu erschrecken. »Darauf bin ich nicht vorbereitet«, antwortete sie zögerlich.

Wie verfänglich die Frage war, war ihr offenbar bewusst. In einem nachgereichten Schreiben vom 24. Juni 2013 an den Untersuchungsausschuss räumte sie ein, dass ihrem Ministerium die Analyse seit Dezember 2011 vorlag (also bereits eineinhalb Jahre vor der Freilassung Molllaths). Die darin »angestellten Überlegungen« habe ihr Ministerium bei der Entscheidung über eine Aufsichtsbeschwerde des Zahnarztes Braun berücksichtigt. »Mir selbst lag die Ausarbeitung von Herrn Dr. Schlötterer nicht vor«, behauptete sie. Dies war höchst unglaubwürdig, zumal ihr von verschiedener Seite, sogar in einer von ihr anberaumten Pressekonferenz, diese Ausarbeitung vorgehalten worden war. Überdies hatte das Justizministerium meine Analyse keineswegs »berücksichtigt«, was SPD, Grüne und Freie Wähler der Ministerin im Minderheitsbericht des Untersuchungsausschusses dann auch vorwarfen (siehe dort S. 72, 85).

Was meine Analyse anscheinend auslöste, wird illustriert durch eine E-Mail der Staatsanwaltschaft Nürnberg vom 14. Dezember 2011 an die Generalstaatsanwaltschaft. Darin hieß es zum Fall Mollath:

> *»Der Vorgang war bereits Gegenstand mehrstündiger Besprechungen zwischen dem Ministerium, Herrn Baltes und Frau Gabriels-Gorsolke.« (Ersterer vermutlich ein Oberstaatsanwalt, sie Oberstaatsanwältin in Nürnberg)*

Man war also in heller Aufregung. Bei einem Strafverfahren gegen Beate Merk und verantwortliche Beamte des Justizministeriums wäre die Kenntnis der Analyse ein schwerwiegender Belastungsbeweis gewesen.

Die Verschwörungstheorie

Zu ihrer Verteidigung führte die Justizministerin wiederholt ins Feld, niemand könne doch ernsthaft annehmen, dass sich die Richter, die Staatsanwaltschaft, die Gutachter, der Bundesgerichtshof und andere Beteiligte allesamt gegen Mollath verschworen hätten, um ihn seiner Freiheit zu berauben. Auf den ersten Blick erscheint das plausibel, auf den zweiten aber erkennt man die Vordergründigkeit. Sicher hat hier keine Verschwörung in der Weise stattgefunden, dass sich alle gemeinsam an einen runden Tisch gesetzt und beschlossen hätten, Mollath hinter Gitter zu bringen. Abwegig wäre auch die Annahme, die Justiz habe sich mit Mollaths Ex-Ehefrau bei deren Bemühen, Mollath in die Psychiatrie zu verfrachten, abgesprochen. Was den Bundesgerichtshof angeht, so hat die Staatsanwaltschaft Regensburg in ihrem Wiederaufnahmeantrag, erste Fassung, festgestellt, dass die Richter Brixner und Heinemann die Begründung des Urteils so täuschend abgefasst hätten, dass der Bundesgerichtshof dessen Unhaltbarkeit gar nicht erkennen konnte.

Ansonsten ist zu differenzieren. Es spricht sehr viel dafür, dass die Akteure nicht dieselben Motive hatten. Aber sie hatten anscheinend dasselbe Ziel, nämlich Mollath mundtot zu machen: Die Ex-Ehefrau, weil sie in Angst war, dass Mollaths Strafanzeigen sie ins Gefängnis bringen könnten. Die Staatsanwaltschaft und die Generalstaatsanwaltschaft, weil sie die HypoVereinsbank und deren Schwarzgeld-Klientel verschonen wollten – eine Absicht, die bewiesen ist durch ihre konsequente gesetzwidrige Weigerung, hinsichtlich der angezeigten Schwarzgeldverschiebungen Ermittlungsverfahren einzuleiten. Sodann steht fest, dass Stoiber, Beckstein und Merk über die Schreiben Mollaths informiert waren; es liegt daher sehr nahe, dass sie aus »parteipolitischen« Gründen keine Strafverfolgung wünschten.

Die Richter Brixner und Heinemann schließlich mochten eigene Motive haben. Wie erwähnt, bescheinigte ihnen die Staatsanwaltschaft Regensburg, sie hätten »aus sachfremder Motivation« heraus gehandelt. In jedem Fall musste ihnen bewusst gewesen sein: Würden sie die Angaben Mollaths überprüfen, würden die HypoVereinsbank und ihre Schwarzgeldkunden auffliegen und die angebliche Geisteskrankheit Mollaths würde sich verflüchtigen.

Dass eine solche Überprüfung um jeden Preis verhindert werden sollte, belegt schon das Schicksal der allerersten Strafanzeige Mollaths. Die Justizministerin behauptete im Rechtsausschuss des Landtags, Mollath habe erstmals am 25. September 2003 und zum zweiten Mal mit Schreiben vom 9. Dezember 2003 Anzeige erstattet. Das entsprach nicht der Wahrheit. Tatsächlich hatte Mollath bereits im Scheidungsverfahren mit Schreiben vom 11. Juni 2003 beim Amtsgericht Nürnberg Strafanzeige erstattet: Wegen falscher eidesstattlicher Versicherung seiner Ehefrau und wegen der Schwarzgeldverschiebungen der HypoVereinsbank! Seine

Frau habe versichert, sie sei völlig mittellos, in Wahrheit gehöre ihr eine eigene Wohnung, betreibe sie eine eigene Firma für Geldanlagen und sie verfüge über Schwarzgeldkonten in der Schweiz. Sie habe »bei und für die HypoVereinsbank, mit der damaligen Schweizer Tochter AKB-Bank bei illegalen Geldgeschäften Beihilfe zur Steuerhinterziehung geleistet«. Nahezu wöchentlich erledige sie Kurierfahrten in die Schweiz.

Als Beleg fügte Mollath Vermögensverzeichnisse der Schweizer Bank Leu und Kopien von Überweisungen auf Schweizer Nummernkonten bei. Die Staatsanwaltschaft hätte zwingend ermitteln müssen, dies schon wegen der falschen eidesstattlichen Versicherung! Mollath aber erhielt – trotz wiederholter Mahnschreiben – rechtswidrigerweise nie einen Bescheid auf seine Anzeige vom 11. Juni 2003. Es ist daher nachvollziehbar, warum die Justizministerin diese Strafanzeige vor dem Rechtsausschuss unerwähnt ließ.

6. Pseudopolitische Strukturelemente des Justizapparats

Dass sich der Fall Mollath gerade in Bayern ereignete und nicht anderswo, war kein Zufall. Er war möglich, weil der Rechtsstaat hier auf durchweichtem Boden steht, wenn es um politische, genauer: pseudopolitische Sachverhalte geht. Pseudopolitisch deshalb, weil es nicht wirklich um Politik geht, sondern um persönliche Interessen von Politikern und ihrer Gefolgsleute. Mollath wurde das Opfer eines bewährten Systems, das den Blicken der Öffentlichkeit entzogen ist.

Ein Notar, der tiefen Einblick in diese Gepflogenheiten hatte, schrieb zum Fall Mollath an eine Landtagsfraktion:

> *»Es ist aber nur die Spitze des Eisbergs, eben nur ein – Gott sei Dank – augenfällig gewordener Beweis des Ausmaßes der Verkommenheit des Systems staatlicher Willkür und vor allem des vollständigen Versagens effektiver rechtsstaatlicher Kontrolle von rechtsstaatswidrigen Willkürakten der Bayerischen Justiz.«*

Der Notar machte in seinem Schreiben verschiedene Vorschläge für Gesetzesänderungen. Zugleich räumte er ein, »dass die ganz überwiegende Mehrheit der Richter und Staatsanwälte ernsthaft versucht, einen ordentlichen Job zu machen«. Aber es gibt halt auch die andere Seite.

Die Staatsanwaltschaft als politisches Steuerungsinstrument

Wenn es um normale Fälle geht, bewährt sich die Justiz in Bayern wie in allen anderen Bundesländern auch. Ganz anders sieht es aus, wenn es um die Interessen bestimmter Führungspersonen der Regierungspartei geht, mit Strauß hatte es angefangen, mittlerweile ist es gefestigte Tradition.

Januar 1994 kam es im Rechtsausschuss des Landtags zu einem gewaltigen Eklat. Der damalige CSU-Justizminister Hermann Leeb rechtfertigte eine heftig umstrittene Durchsuchungsaktion bei der FDP-Abgeordneten Karin Hiersemenzel und ihrem Ehemann, dem Justiziar der Anwaltskammer. Da ergriff plötzlich der frühere CSU-Innenstaatssekretär und Münchner Ex-Oberbürgermeister Erich Kiesl das Wort. Er warf dem Justizminister an den Kopf, dass spezielle Teile von Staatsanwaltschaft und Gerichten in Bayern sich »zu politischen Zwecken gebrauchen lassen oder missbraucht werden«. Dies sei gang und gäbe. Er forderte Leeb auf: »Achten Sie darauf, dass der Missbrauch der Rechtspflege für politische Zwecke nicht überhandnimmt.«

Im Schreiber-Untersuchungsausschuss des Landtags erklärte 2001 der langjährige Generalstaatsanwalt Hermann Froschauer ungeniert, die Staatsanwaltschaft habe »auch das Kräftefeld der politischen Strebungen, Erwünschtheiten, besser Verträglichkeiten einzubeziehen«. Was er da von sich gab, war eine Ungeheuerlichkeit. Selbstverständlich darf die Staatsanwaltschaft genau das nicht tun, sie hat allein nach Recht und Gesetz vorzugehen, andernfalls macht sie sich strafbar. Dennoch hat sich kein bayerischer Justizminister bis heute von Froschauers skandalöser Parole distanziert, die offenbarte, was in Bayern die gängige Praxis war und – wie der Fall Mollath und andere Fälle beweisen – auch weiterhin ist.

Die *Süddeutsche Zeitung* zitierte 2016 in einem Bericht einen Insider der Justiz, wonach der Generalstaatsanwalt Christoph Strötz »offen eine parteipolitische Linie« vertreten habe. Strötz, zu diesem Zeitpunkt bereits zum Präsidenten des Oberlandesgerichts Nürnberg befördert, ist, soweit bekannt, diesem Bericht nicht entgegengetreten. Eine parteipolitische Linie bei der Strafverfolgung! Man nahm es ohne Erstaunen zur Kenntnis.

In einer Lesung, in der ich die Missbräuche der Staatsanwaltschaft anprangerte, meldete sich eine frühere Richterin des Oberlandesgerichts München zu Wort. Vor über 100 Zuhörern klärte sie auf: Die Staatsanwälte seien weisungsgebunden. In politischen Fällen würden sie von oben Weisungen erhalten, diese müssten sie dann halt befolgen! Damit bestätigte sie, was die Bürger keinesfalls wissen dürfen. Der Vorsitzende Richter einer Strafkammer schimpfte in Gegenwart eines Staatsanwalts und eines Rechtsanwalts, dass bisweilen die Staatsanwälte die Weisungen des Justizministeriums sogar noch in den Akten liegen ließen. Der renommierte Münchner Fachanwalt für Steuerstrafrecht Dr. Peter Spörlein, der tiefen Einblick in die Justiz hatte, prangerte am 22. Oktober 2001 in der *Süddeutschen Zeitung* an, in politischen Fällen hänge die Staatsanwaltschaft »am Gängelband der Politik«, die »Korruption in unserem Land hat längst die Justiz erreicht«.

Korruption in der Justiz? Gibt es wirklich bestechliche Richter und Staatsanwälte? Wohl nicht in der Weise, dass Bestechungsgeld fließt. Das mag es zwar, wie in anderen staatlichen Bereichen, auch geben, ist aber bestimmt der Ausnahmefall. Gemeint ist vielmehr die Korruption als Willfährigkeit gegenüber gesetzwidrigen Ansinnen »von oben«. Sie beruht auf mangelndem Stehvermögen, auf einschlägiger politischer Gesinnung oder auf dem Bestreben, Karriere zu machen, was wohl das häufigste Motiv ist. Beförderung bedeutet ein höheres Gehalt – sie ist die unauffälligste und zugleich für den Begünstigten schmeichelhafteste Art der Korruption, strafrechtlich risikolos, ausgeübt durch die politische Spitze. Umgekehrt riskiert, wer sich uneinsichtig zeigt, beruflich nicht mehr voranzukommen. Dafür gibt es dokumentierte Beispiele.

Sicher werden ein Justizminister und seine Ministerialbeamten der Staatsanwaltschaft in der Regel keine unmittelbaren Weisungen erteilen, schon gar nicht schriftlich, denn damit würden sie sich verraten. Vielmehr geschieht dies verdeckt über den jeweiligen Generalstaatsanwalt. Aber auch dieser wird kaum eine Weisung in schriftlicher Form erhalten, er wird telefonisch oder in einer anberaumten Besprechung »instruiert«. Generalstaatsanwälte ihrerseits verfahren in der Regel gegenüber der Staatsanwaltschaft nicht anders. Der frühere Augsburger Staatsanwalt Winfried Maier, inzwischen Vorsitzender Richter am Oberlandesgericht München, beklagte, die gefährlichste Form des Eingriffs von oben seien die Besprechungen, zu denen man gebeten werde. Natürlich, so etwas macht man nur mündlich.

Verblüffenderweise behauptet das bayerische Justizministerium, dass es »faktisch« keine Weisungen erteile, es äußere allenfalls nur »Prüfungsbitten« (SZ vom 13.11.12 und FAZonline vom 09.12.12). Dies ist eine Begriffsverdrehung. Natürlich ist eine von oben kommende Prüfungsbitte nichts anderes als eine Weisung. Auf die Spitze trieb es der neu ernannte Generalstaatsanwalt Manfred Nötzel im Schottdorf-Untersuchungsausschuss Ende 2015. Der frühere Staatsanwalt Andreas Harz, inzwischen Vorsitzender Richter am Landgericht München I, hatte zuvor ausgesagt, Nötzel habe als Abteilungsleiter in der Generalstaatsanwaltschaft im Skandalfall »Schottdorf/Laborärzte« ihm acht mündliche Weisungen erteilt. Der Ton Nötzels ihm gegenüber, beklagte Harz, sei immer schärfer geworden.

Mit dieser Aussage im Untersuchungsausschuss konfrontiert, äußerte Nötzel ganz lässig: »Das waren keine Weisungen, sondern Hinweise oder Vereinbarungen!« Es habe ja keinen Widerstand gegeben! Die Einlassung Nötzels war drollig, man staunte, wie er selbst das Eindeutige leugnete. Als ihm aus den Akten vorgehalten wurde, er sei »außer sich vor Wut gewesen«, nachdem er erfuhr, der Staatsanwalt Harz habe einen weiteren Grund festgestellt, wonach gegen die Laborärzte Strafverfahren eingeleitet werden müssten, stritt Nötzel auch dies zunächst ab. Dann aber besann er sich. Ja, er habe sich schon geärgert, aber aus einem anderen Grund, nämlich weil ihm Harz immer noch keinen zweifelsfreien Fall präsentiert habe. Doch wenn sogar in einem schriftlichen Bericht festgehalten wurde, dass er außer sich vor Wut war, weiß man, was da los war und warum.

Sogar der CSU-Vorsitzende des Untersuchungsausschusses »Großlabor Schottdorf« konstatierte schließlich, es sei schon auffällig, wie oft die Staatsanwaltschaft an die Generalstaatsanwaltschaft berichten musste und wie oft diese wiederum dem Ministerium Bericht erstattete. Warum war dies wohl so? Ausgerechnet in diesem Fall? Mit der dringlich gebotenen Aufklärung der NSU-Morde in Bayern hingegen befasste sich die Justizministerin Merk, soweit bekannt und kritisiert wurde, erstaunlicherweise seinerzeit nicht.

Am 14. März 2016 musste die frühere Justizministerin im Untersuchungsausschuss »Großlabor Schottdorf« aussagen. Beate Merk reklamierte für sich:

> *»Ich habe zu keinem Zeitpunkt Einfluss auf Ermittlungen im Komplex Labor genommen.«*

Im Hinblick auf ihre allseits bekannte Wahrheitsliebe bestand daran nicht der geringste Zweifel. Erlaubt sei dennoch die höfliche Frage: Was ließ sie geschehen? Die Generalstaatsanwaltschaft hatte doch laufend berichtet! Wer zusieht, was Untergebene tun, ist gegebenenfalls in gleicher Weise verantwortlich – sogar strafrechtlich, nicht nur politisch.

Um kein Missverständnis aufkommen zu lassen: Weitaus die Mehrzahl der Staatsanwälte und Richter hält sich engagiert an Recht und Gesetz. Aber es gibt eben die skandalösen Ausnahmen in Fällen mit politischem Bezug – und das insbesondere im Bereich der weisungsgebundenen Staatsanwaltschaft, zumal in der politischen Abteilung. Dort lässt sich eventueller Widerstand in bewährter Manier leicht überwinden: Der Staatsanwalt wird wegversetzt oder wegbefördert oder der Fall wird einer anderen Staatsanwaltschaft übertragen (siehe Laborärzte)! Opportunisten aber machen auf Kosten ihrer Kollegen Karriere. Sie sind es, die die gesamte Justiz in Verruf bringen. Umso mehr Anerkennung verdienen all diejenigen Staatsanwälte und Richter, die nicht willfährig sind.

Die Praxis von Strafverfolgung und Strafverschonung

Wonach richtet sich in Bayern die Strafverfolgung? Nach dem Strafgesetzbuch und der Strafprozessordnung? Sicherlich würde jeder CSU-Justizminister sein Ehrenwort geben, dass hierzulande stets nach Recht und Gesetz verfahren wird. Doch dem ist in »politischen« Fällen nachweislich nicht so, vor allem dann, wenn es um den Verdacht der Steuerhinterziehung gegen potente Parteispender oder bestimmte Spitzenpersönlichkeiten geht.

So kann es geschehen, dass Personen, gegen die ein Tatverdacht besteht, geschont werden, oder solche, gegen die kein begründeter Tatverdacht besteht, mit Strafverfolgung überzogen werden. Bei der ersteren Sparte geht es meist um den Verdacht der Steuerhinterziehung. Als Paradebeispiele zu nennen sind die früheren Fälle Leo Kirch mit 400 Millionen D-Mark, Eduard Zwick mit 63 Millionen D-Mark sowie die Milliardäre Karl Diehl und Otto Beisheim. Die beiden Letzteren waren vorgeblich in der Schweiz ansässig, tatsächlich aber hielten sie sich offenkundig in Nürnberg und am Tegernsee auf. (Und sie starben auch hier.) Trotz Strafanzeigen des Fachanwalts für Steuerrecht Dr. Peter Spörlein wurden sie von der Staatsanwaltschaft nicht behelligt.

Ein Verdachtsfall aus jüngster Zeit: Wegen des Hypo-Alpe-Adria-Debakels mit einem Schaden von 4,7 Milliarden Euro ging die Staatsanwaltschaft allein gegen die Vorstände der Landesbank vor, nicht aber gegen die verantwortlichen Minister, die im Verwaltungsrat saßen (Kurt Faltlhauser, Erwin Huber, Günther Beckstein). Dies sei, wie in einem Beschluss des Landgerichts München I stand, »nicht nachzuvollziehen«. Die SZ berichtete: »Staatsanwaltschaft weist Vorwurf der CSU-Schonung zurück«, und zwar »auf das Energischste«. Diesen Vorwurf hatte die SZ zuvor erhoben.

Grelle Machenschaften der bayerischen Justizspitze sind fürsorgliche Vorwarnungen. Obwohl als Strafvereitelung im Amt mit schwerer Strafe bedroht, haben sie mittlerweile Kontinuität. Zu Strauß' Zeiten wurde dessen finanzieller Gönner Eduard Zwick durch ein Telex des Justizministeriums (!) vor bevorstehenden Durchsuchungen der Staatsanwaltschaft und der Steuerfahndung gewarnt (wie Steuerbeamte vor einem Untersuchungsausschuss aussagten). Später wurde Zwick auf Anregung des Amtschefs des Justizministeriums, Wolfgang Held, vor einem drohenden Haftbefehl der Staatsanwaltschaft Frankfurt gewarnt (ausweislich eines Aktenvermerks der Staatskanzlei).

Zu Stoibers Zeiten wurde Holger Pfahls gewarnt, als eine staatsanwaltschaftliche Durchsuchung seiner Villa am Tegernsee bevorstand (so die Aussage eines Oberstaatsanwalts vor dem Schreiber-Untersuchungsausschuss). Später wurde er – was er allerdings bestreitet – anscheinend nochmals gewarnt, nachdem gegen ihn ein Haftbefehl erlassen worden war. Zornig warf der Leiter der Staatsanwaltschaft Augsburg, Jörg Hillinger, dem Amtschef des Justizministeriums damals diese Vorwarnungen vor. Auch Max Strauß wurde damals vermutlich vorgewarnt, denn er warnte seinerseits völlig aufgeregt die Ehefrau des in der Schreiber-Affäre (zu Unrecht) mitbeschuldigten Staatssekretärs Dr. Erich Riedl, sie solle alle Unterlagen über (von ihm vermutete) Konten in der Schweiz verschwinden lassen, es drohe eine Durchsuchung.

Nachstehend drei neuere signifikante Beispiele für das Vorgehen der politisch geleiteten Staatsanwaltschaft, die zeigen, dass der Fall Mollath zwar ein Extremfall war, aber dass er durchaus in das Raster passt.

1. *Fall: Ein gescheitertes Attentat*

Im Jahr 2010 wurden die Geschwister Strauß, die gegen mich, den Autor dieses Buches, Strafantrag wegen Verleumdung ihres verstorbenen Vaters gestellt hatten, durch die Staatsanwaltschaft München I vorgewarnt. Der frühere Vicepresident der CitiBank Deutschland, Bernhard L. (Name geändert), hatte mir und meinem Anwalt mitgeteilt, in einem 1992 geführten Telefongespräch mit Max Strauß habe ihm dieser eröffnet, er wolle 300 Millionen D-Mark in bar (!) zur CitiBank Luxemburg transferieren. Das ist »das Erbe unseres Vaters Franz Josef Strauß«, habe Max Strauß gesagt. Der Anwalt hatte diese Aussage schriftlich der Justizministerin Merk persönlich zugeleitet. Was geschah? Sogleich verständigte der Staatsanwalt Lutz davon telefonisch Franz Georg Strauß! Der Staatsanwalt hat sicherlich auf höhere Weisung gehandelt, anderenfalls wäre das sein berufliches Ende gewesen – mit schweren strafrechtlichen Konsequenzen.

Auf eine parlamentarische Anfrage hin behauptete Justizministerin Merk, der Staatsanwalt Lutz habe den Geschwistern Strauß damit »rechtliches Gehör« gewährt. Sie widerlegte sich jedoch selbst, indem sie zugleich behauptete, darüber gebe es keine schriftlichen Aufzeichnungen, auch erinnere sich der Staatsanwalt »nicht mehr so genau«. Hätte es sich wirklich um rechtliches Gehör gehandelt, so hätte dies zwingend nach Frage und Antwort in den Akten dokumentiert werden müssen (§ 168 b I Strafprozessordnung).

Fünf Jahre seit dem Strafantrag der Geschwister Strauß gegen mich waren bereits verstrichen, ohne dass sich etwas getan hätte. Plötzlich aber, Ende Mai 2015, konnte ich in der *Süddeutschen Zeitung* lesen, die Staatsanwaltschaft München I habe der Deutschen Presse-Agentur mitgeteilt, sie habe beim Amtsgericht München gegen mich einen Strafbefehl beantragt – wegen Verunglimpfung des früheren Ministerpräsidenten Franz Josef Strauß »durch nicht erweisliche Behauptungen«. Kurz vor Weihnachten 2015 wurde mir ein Beschluss des Amtsgerichts zugestellt: Die zuständige Richterin hatte den Antrag der Staatsanwaltschaft abgelehnt! (AZ: 851 Cs 115 Js 10673/10).

Ihre Begründung hatte es in sich. Die Richterin warf der Staatsanwaltschaft faktisch Rechtsbeugung und Verfolgung eines Unschuldigen vor. Die Staatsanwaltschaft hatte Äußerungen, die ich am 9. Dezember 2009 bei einer Lesung im Presse-Club München gemacht hatte, für unwahr erklärt. Dabei ging es um das in meinem Buch *Macht und Missbrauch* niedergelegte abenteuerliche Gerücht, Strauß habe ein riesiges Vermögen hinterlassen und Gelder auf verschiedenen Konten in der Schweiz gebunkert. Über diese Konten hatte früher schon das Nachrichtenmagazin *Der Spiegel* in großer Aufmachung berichtet.

Die Richterin hielt der Staatsanwaltschaft vor, sie habe den Strafbefehl ohne rechtliche Grundlage beantragt. Zunächst habe sie »über Jahre hinweg aus unbekannten Gründen« nahezu keine Ermittlungen getätigt. Den später beigezogenen Nachlassakten sei »keine abschließende und vollumfängliche Aufstellung des Vermögens, insbesondere des offensichtlich vorhandenen Auslandsvermögens« von FJ Strauß zu entnehmen gewesen. Trotzdem habe die Staatsanwaltschaft weder die Geschwister Strauß noch von mir benannte oder zuvor vom Nachrichtenmagazin *Der Spiegel* zitierte Zeugen vernommen. Sie habe überdies keine Ermittlungen angestellt hinsichtlich der »schweizerischen Finanzinstitute Bär, Deutsche Bank (Schweiz), Ernst und Cie, Pictet und Vontobel, bei denen der Verstorbene Dr. Franz Josef Strauß und dessen Ehefrau Marianne Strauß angeblich Bankkonten eventuell unter Tarnnamen unterhielten und Bareinzahlungen vornahmen«.

Zudem hätte, rügte die Richterin, die Staatsanwaltschaft feststellen müssen, ob Strauß Einnahmen tatsächlich unter Gesetzesverstößen und durch Steuerhinterziehung erzielt habe. Dies gelte insbesondere für die von der Friedrich-Baur-Stiftung gezahlte Testamentsvollstrecker-Vergütung von bis zu 300.000 D-Mark pro Jahr. Entsprechende Nachforschungen würden sich aufdrängen! Dies gelte ebenso für die neuen, vom *Spiegel* in der Ausgabe 35/2015 und in der 2015 erschienenen Strauß-Biografie von Peter Siebenmorgen erhobenen Korruptionsvorwürfe im Zusammenhang mit der Eureco Wirtschaftsberatung GmbH & Co. KG, hinter der Strauß und seine Frau standen. Trotzdem habe die Staatsanwaltschaft »solche Nachforschungen bisher nicht ansatzweise durchgeführt«.

Die Richterin stellte heraus, dass Strauß sowohl zu seinen Lebzeiten als auch nach seinem Tod immer wieder Korruptionsvorwürfen ausgesetzt war. So habe *Der Spiegel* bereits 1965 aus einem offenen Brief des Bundestagsabgeordneten Hellmut Kalbitzer vom 8. Oktober 1963 zitiert, Strauß habe ein Vermögen erworben, »wie es ein Politiker seit 1945 nicht auf normalem Wege erlangen konnte«. Unter Berufung auf angebliche Äußerungen von Dr. Eduard Zwick und Dr. Walter Schöll (Anmerkung: beide waren engste Strauß-Spezi) sei später (vom *Spiegel*) berichtet worden, dass Strauß trotz eines Jahresgehalts als Ministerpräsident von nur etwa 300.000 D-Mark bei den schweizerischen Banken Pictet und Bär persönlich Kunde war. Und dass er daher offensichtlich über reichlich Geld verfügte, da man schon ein paar kräftige Millionen dabeihaben musste, um sich dort als Kunde sehen zu lassen.

Der Spiegel habe, so die Richterin weiter, außerdem Dr. Eduard Zwick mit einer Äußerung zitiert, Strauß habe einen dreistelligen Millionenbetrag in der Schweiz deponiert. In der Ausgabe 15/1994 habe *Der Spiegel* veröffentlicht, dass Dr. Eduard Zwick und Angelika Zwick mitgeteilt hätten, ihr Sohn Johannes Zwick habe nach dem Tod von Strauß Monika Hohlmeier auf die Konten ihres Vaters in der Schweiz hingewiesen und sie gefragt, ob die Erben informiert seien, dass es dafür Tarnnamen gebe.

Schließlich stellte die Richterin fest: Bereits früher habe das Landgericht München I in seinem Urteil vom 15. Juli 1965 AZ: 0 680/14 Prozess festgestellt, dass Strauß zweifelsfrei »im Ruch der Korruption« stehe.

Mit dieser geharnischten Begründung wies sie den Antrag der Staatsanwaltschaft auf Erlass eines Strafbefehls in Höhe von 7800 Euro zurück. Zuvor hatte sie mit Verfügung vom 15. Juli 2015 die Staatsanwaltschaft aufgefordert, entweder den Strafbefehlsantrag zurückzunehmen oder aber die erforderlichen Ermittlungen vorzunehmen – vergeblich.

Dies müsste für die Befehlshaber der Justiz ein heilsamer Schock gewesen sein, möchte man meinen. Weit gefehlt! Man legte sofort Beschwerde ein. Doch das Landgericht München I wies sie zurück. Die trockene Begründung: Die Entscheidung des Amtsgerichts entspreche der Sach- und Rechtslage! Zusätzlich stellte das Landgericht fest: Weder aus den Nachlassakten noch aus den anderen Akten ergeben sich

> *»hinreichend tragfähige Feststellungen zum tatsächlichen Umfang und Wert des Erbes des Verstorbenen, erst recht nicht dazu, aus welchen Einnahmequellen dieses stammte und ob und ggf. inwieweit die betreffenden Vermögenswerte versteuert wurden«* (AZ: 24 Qs 3/16).

Die Aussage der Geschwister Strauß vor dem Landgericht Köln, der Nachlass habe nur 6 Millionen D-Mark betragen, fiel damit in sich zusammen.

Erwiesen ist somit: Die Staatsanwaltschaft vermied es hartnäckig, die Wahrheit durch Ermittlungen zutage zu fördern. Die Parteiikone Strauß durfte nicht angetastet werden, um keinen Preis! Der Antrag auf Erlass eines Strafbefehls ohne Beweise war strafbare Rechtsbeugung. Verantwortlich: der Leitende Oberstaatsanwalt Manfred Nötzel, der Generalstaatsanwalt Christoph Strötz und Justizminister Winfried Bausback.

Auf eine Anfrage der Münchner *Abendzeitung* im Justizministerium musste eine Sprecherin des Justizministers zugeben, dass man »regelmäßig« über den Fortgang der Ermittlungen informiert worden sei. Eine Weisung habe es aber nicht gegeben, behauptete sie. Selbst wenn Justizminister Bausback keine Weisung erteilt haben sollte, steht dennoch hiermit fest: Alles geschah mit Wissen und Willen des Ministers! Damit war er nicht nur politisch, sondern auch strafrechtlich voll verantwortlich (§ 357 I Strafgesetzbuch).

Hinzu kam eine weitere schwere Rechtsbeugung. Wie das Amtsgericht in einer internen Verfügung vom 15. Juli 2015 der Staatsanwaltschaft vorhielt, dauerte das Verfahren ohne Not wenigstens drei Jahre zu lang. Das war ein als Rechtsbeugung strafbarer Verstoß gegen das Beschleunigungsgebot, das Beschuldigte vor übermäßiger Belastung schützen will.

2. Fall: Wie man mit zwei Kriminalhauptkommissaren umsprang

Wie missbräuchlich und brutal die weisungsgebundene Staatsanwaltschaft zuschlägt, wenn es um politische Interessen geht, beweist auch folgende unglaubliche Story: Der Kriminalhauptkommissar S., Leiter einer Sonderkommission des Landeskriminalamts, die gegen betrügerische Laborärzte ermittelte, beklagte in der Hauptverhandlung gegen einen Laborarzt, nachdem man bei einer Durchsuchung Papiere über Spenden des Großlabors Schottdorf an die CSU (Dr. Stoiber) gefunden hätte, sei »von oben« massiv in die Ermittlungen eingegriffen worden. Man habe die Sonderkommission von 17 auf vier Beamte reduziert. Auf »Anregung« Dr. Peter Gauweilers als Anwalt des Großlabors leitete daraufhin die Staatsanwaltschaft gegen S. ein Strafverfahren wegen Falschaussage ein (SZ-Bericht vom 8. Februar 2018). Das Verfahren wurde erst nach drei (!) Jahren eingestellt. S. verklagte den Freistaat Bayern auf Schadensersatz.

Am 17. Januar 2018 erging das Urteil. Darin rügte das Landgericht München I scharf das Verhalten der Staatsanwaltschaft. Diese habe sich einer zweifachen Amtspflichtverletzung schuldig gemacht: Sie hätte das Verfahren gar nicht einleiten dürfen, weil die Äußerung über den Eingriff von oben nichts mit der eigentlichen Aussage zu tun hatte. Zudem habe sie das Verfahren unter Verstoß gegen das Beschleunigungsgebot rechtswidrig in die Länge gezogen.

Das Urteil erregte enormes Aufsehen, die Staatsanwaltschaft war als politischer Handlanger enttarnt worden. »Die Entscheidung hat schon eine Wucht«, sagte der SPD-Abgeordnete Franz Schindler, Vorsitzender des Rechtsausschusses des Landtags (SZ vom 8. Februar 2018).

Ebenso rechtswidrig war das nach drei Jahren eingestellte Strafverfahren gegen den Kriminalhauptkommissar M. wegen angeblicher »Verfolgung eines Unschuldigen«, gemeint war Schottdorf. Man hatte in der gleichen Sache ermittelt. Auch er klagte auf Schadensersatz. Und auch hier bestätigte das Landgericht München I, dass die Staatsanwaltschaft missbräuchlich ihre Amtspflichten verletzt hatte (SZ vom 27. Januar 2015).

Natürlich hatte die Staatsanwaltschaft nicht jeweils in Eigenregie gehandelt, sondern unter der Obhut der übergeordneten Instanzen.

3. Fall: Der verschonte Schatzmeister der CSU

Entlarvend ist auch der Parallelfall, in dem Justizminister Bausback gebotene Ermittlungen nicht veranlasste. Eberhart H., Jurist und Händler wertvoller Kunstteppiche, hatte in früheren Jahren Strafanzeige wegen Verdachts der Steuerhinterziehung gegen einen absoluten Spitzenfunktionär der CSU erstattet, betraut mit der Aufgabe des Schatzmeisters. Zum einen, weil dieser, der Information eines bekannten Münchner Bankers zufolge, in Liechtenstein über ein Vermögen von 100 Millionen D-Mark verfügte. Zum anderen, weil er Teppiche mit Geld von Schweizer Konten bezahlte, das sich Eberhart H. eigens in der Schweiz abholen musste (Gesamtbetrag: 750.000 D-Mark).

Obwohl Eberhart H. zu diesen eindeutigen Schwarzgeldzahlungen detaillierte und nachprüfbare Angaben gegenüber der Münchner Staatsanwaltschaft machte, unterließ diese rechtswidrigerweise jegliche Ermittlungen – nach Einschaltung des Generalstaatsanwalts. Dies spielte sich bereits in der Zeit vor Bausback ab, doch es gab eine Fortsetzung in seiner Amtszeit.

Auf eine parlamentarische Anfrage der Landtagsabgeordneten Prof. Peter Bauer/Freie Wähler und Horst Arnold/SPD hin räumte Justizminister Bausback 2014 ein, dass die Steuerfahndung Düsseldorf mit Schreiben vom 9. Juni 2010 der Steuerfahndung München Unterlagen übersandt habe, »die sich u. a. mit dem Vorwurf befassen, dass die in der schriftlichen Anfrage genannte Person über unversteuerte Vermögenswerte in Liechtenstein verfügen soll, die aber tatsächlich der CSU wirtschaftlich zuzurechnen seien«.

Die Steuerfahndung München habe, so Bausback, die Ermittlungen am 13. August 2010 eingestellt, weil aufgrund der übergebenen Unterlagen keine Anhaltspunkte für eine Straftat und ebenso wenig für ausländisches Vermögen der CSU vorgelegen hätten. Auf nochmalige parlamentarische Anfrage musste Bausback jedoch zugeben, dass die Steuerfahndung München weder den Anzeigeerstatter Eberhart H. noch den CSU-Spitzenmann vernommen hatte, also überhaupt keine Ermittlungen angestellt hatte! Aus der Antwort Bausbacks war außerdem zu schließen, dass er keine Weisung zu Ermittlungen erteilte, obwohl dies dringend geboten war. Wiederum fügt sich das eine zum anderen.

Die CSU-Spitze konnte sich glücklich schätzen, über einen Justizminister zu verfügen, der sich so für ihre elementaren Belange ins Zeug legte. Anderer Meinung wäre da sicher das CSU-Fußvolk, wenn es davon wüsste. Darum darf es nichts wissen – es könnte sich sonst zu sehr aufregen, ja sich sogar weigern, vor Wahlen um Vertrauen werbende Plakate zu kleben.

Die Personalpolitik des Justizministers Winfried Bausback

Ein Bekannter aus der oberen Etage der Justiz äußerte mir gegenüber, ursprünglich habe man auf den neuen Justizminister Bausback Hoffnungen gesetzt. Dann aber habe man schnell aufgrund seiner Personalpolitik erkennen müssen, dass sich im Vergleich zu vorher nichts ändern würde. In der Tat war die Personalpolitik des Winfried Bausback – zurückhaltend gesagt – äußerst befremdlich.

Reinhard Nemetz

Da war zunächst die Beförderung des Reinhard Nemetz, 63 Jahre, zum Präsidenten des Amtsgerichts München – zugleich unter Verlängerung seiner Amtszeit um drei Jahre, damit sich seine höhere Besoldung auch in einer höheren Pension niederschlagen kann. Als Leiter der Staatsanwaltschaft Augsburg war Nemetz im Schreiber-Untersuchungsausschuss des Landtags 2002 von dem Staatsanwalt Dr. Winfried Maier und einer weiteren Staatsanwältin beschuldigt worden, dass er verboten habe, Differenzen über die Sachbehandlung in den Akten festzuhalten (Landtagsdrucksache vom 9. Juli 2002, S. 61). Das war eine rechtswidrige Weisung, genau das Gegenteil war in § 18 der Allgemeinen Geschäftsordnung vorgeschrieben. Nemetz rechtfertigte sich mit der vielsagenden Begründung: »So eine Handakte ist kein Tagebuch.« Der Staatsanwalt Dr. Winfried Maier, der die Ermittlungen gegen Karlheinz Schreiber, Holger Pfahls, Max Strauß und andere führte, ließ sich bei seinen Ermittlungen nicht beirren. Das sollte er büßen, ab 1999 wurde der hervorragende Jurist von Nemetz dienstrechtlich plötzlich als »eigenmächtig und unverträglich« abqualifiziert. Nemetz eröffnete ihm, als Staatsanwalt könne er nichts mehr werden, er ließ ihn, so Maier, im Vorzimmer jeweils ewig lange warten, bis er ihn vorließ.

Dann war da die Sache mit dem anonymen Brief des Bankers Bernhard L. (Name geändert), den dieser, wie er bei der Staatsanwaltschaft Bochum zu Protokoll gab, anlässlich des Prozesses gegen Max Strauß der Staatsanwaltschaft Augsburg zugesandt hatte. Inhalt: Er wisse aus einem Gespräch mit Max Strauß, dass dieser Bargeld in Höhe von 300

Millionen D-Mark auf die CitiBank in Luxemburg transferieren wollte. Der Bochumer Oberstaatsanwalt Krück wollte wissen, was die Staatsanwaltschaft Augsburg mit diesem Brief gemacht hatte, er rief Nemetz an. Doch dieser behauptete, er wisse von einem solchen Schreiben nichts. Auch nochmalige Anfragen Krücks bei der Staatsanwaltschaft Augsburg blieben erfolglos, wie Krück in einem Aktenvermerk festhielt.

Doch als die Landtagsfraktion der Freien Wähler im Dezember 2012 die Justizministerin Merk nach diesem Brief fragte, gab es eine freudige Überraschung: Sie bestätigte in ihrer an den Landtag gerichteten Stellungnahme vom 18. Februar 2013, dass das Schreiben am 26. Januar 2004 bei der Staatsanwaltschaft Augsburg eingegangen sei. Darin sei von einem dreistelligen Millionenvermögen der Familie Strauß die Rede gewesen. Weiter führte die Justizministerin aus:

> *»Die Staatsanwaltschaft Augsburg hat mit Verfügung vom 30. Januar 2004 von der Einleitung eines Ermittlungsverfahrens ... abgesehen, da keine Anhaltspunkte dafür bestanden, dass Max Strauß oder dessen Familie über ein derartiges Vermögen, noch dazu in bar, verfügten.«*

Hatte Nemetz den Bochumer Oberstaatsanwalt mit der Unwahrheit bedient, weil er verbergen wollte, dass man keine Ermittlungen aufgenommen hatte?

Später geriet Nemetz schwer in die öffentliche Kritik wegen seines Vorgehens gegen den Kunstsammler Cornelius Gurlitt. Schließlich wurde Nemetz 2015 massiv belastet durch die Zeugenaussagen im Untersuchungsausschuss »Großlabor Schottdorf«. Seine Staatsanwaltschaft hatte 150 Ermittlungsverfahren gegen betrügerische Laborärzte eingestellt und bewusst 3000 weitere Fälle verjähren lassen, während ein Münchner Arzt wegen des gleichen Betruges zu dreieinhalb Jahren Gefängnis verurteilt wurde – ein Urteil, das der Bundesgerichtshof bestätigte. Auf die Frage eines Abgeordneten im Untersuchungsausschuss, wer für die

Sachbehandlung in Augsburg verantwortlich gewesen sei, erwiderte Nemetz keck: »Die Verantwortung übernehme ich« (SZ-Bericht). Dies konnte er jetzt getrost tun, nachdem er von Bausback sogar noch befördert worden war.

Ein Bericht der *Süddeutschen Zeitung* vom 29. Juli 2014 setzte sich kritisch mit der Beförderung von Nemetz auseinander. Er bezog sich darauf, dass der nach dem Richtergesetz zu hörende Präsidialrat womöglich (oder tatsächlich) der Beförderung nicht zugestimmt habe. Der Präsidialrat habe Justizminister Bausback, so deutete die *Süddeutsche Zeitung* an, einen Gegenvorschlag unterbreitet, den Bausback aber nicht akzeptiert habe. Bei der Amtseinführung begründete Bausback die Beförderung: Nemetz sei ein Vorbild und eine Führungskraft, der man vertraue! Damit ist alles gesagt – auch über Bausback selbst.

Christoph Strötz

Im Frühjahr 2015 wurde der bisherige Generalstaatsanwalt Christoph Strötz zum Präsidenten des Oberlandesgerichts Nürnberg befördert. Auch er war in den Augen Bausbacks offenbar eine Führungskraft, der man vertrauen konnte. Signifikante Beispiele dafür, dass Strötz sich als Generalstaatsanwalt insoweit bewährt hat, lassen sich anführen: Er hat die Entscheidung von Nemetz abgesegnet, dass gegen die Schuldigen im Fall Mollath keine Strafverfahren eingeleitet werden. Strötz hat als aufsichtsführender Generalstaatsanwalt zu vertreten, dass die Staatsanwaltschaft Augsburg, wie erwähnt, 150 Ermittlungsverfahren gegen betrügerische Laborärzte einstellte und weitere 3000 Fälle vorsätzlich verjähren ließ.

Im Schottdorf-Untersuchungsausschuss wurde Strötz, »der General«, vom Präsidenten des Landgerichts München II, Christian Schmidt-Sommerfeld (früherer Leiter der Staatsanwaltschaft München I), insoweit schwer belastet. Der Generalstaatsanwalt habe dreimal konkret eingegriffen: Er unterband geplante Durchsuchungen, er untersagte verjährungsunterbrechende Maßnahmen und er übertrug die Betrugsfälle von der Münchner Staatsanwaltschaft, die auf der Strafverfolgung bestand, auf die Augsburger Staatsanwaltschaft, wo die Verfahren dann sogleich eingestellt wurden. Die Oberstaatsanwältin Hildegard Bäumler-Hösl berichtete dem Untersuchungsausschuss, dass 2008 sogar eine bereits vorbereitete Durchsuchung im Großlabor Schottdorf wieder abgesagt werden musste. Das Verbot habe der Generalstaatsanwalt nie begründet! Unausgesprochen war dies der Vorwurf einer versuchten Strafvereitelung im Amt, denn offenbar hatte Strötz keine vorzeigbare Begründung.

Manfred Nötzel

Als Nachfolger von Strötz wurde Manfred Nötzel, Leiter der Staatsanwaltschaft München I, von Bausback zum Generalstaatsanwalt befördert. Hinsichtlich der betrügerischen Laborärzte war er, damals noch Leiter der Wirtschaftsabteilung bei der Generalstaatsanwaltschaft, derjenige gewesen, der (zusammen mit Strötz) gegenüber der Staatsanwaltschaft München I in der beschriebenen Weise »aktiv« war. Vorzuhalten ist ihm auch die Hypo-Alpe-Adria-Affäre. Wie erwähnt, warf die zuständige Strafkammer Nötzels Staatsanwaltschaft vor, sie sei nur gegen die Vorstandsmitglieder der Landesbank vorgegangen, nicht aber gegen die im Verwaltungsrat sitzenden Minister.

In der Affäre um die betrügerischen Laborärzte hätte Bausback das Verhalten Nötzels ahnden müssen. Wenn er dies schon rechtswidrigerweise unterließ, dann hätte er Nötzel wenigstens, als dieser 65 Jahre alt wurde, in die normale Pension verabschieden können. Aber was tat Bausback? Nicht nur, dass er ihn zum Generalstaatsanwalt beförderte, er verlängerte – wie bei Nemetz – sogar noch seine Amtszeit um drei

Jahre. Auf eine derart qualifizierte Führungskraft wollte Bausback nicht verzichten. Seine Qualifikation stellte der frisch Beförderte im Untersuchungsausschuss »Großlabor Schottdorf« eindrucksvoll unter Beweis. Generös räumte er ein: »Mit komfortablem Abstand kann man zum Schluss kommen, dieses und jenes hätte optimaler und besser gemacht werden können.« So manche Frage der Abgeordneten sei »durchaus nachvollziehbar«. In die Enge getrieben, wusste er bei Vorhalten keine Erklärung: »Diese berechtigten Fragen kann ich Ihnen nach partieller Akteneinsicht auch nicht beantworten.« Er habe keine Erinnerung mehr (SZ-Bericht). Warum wird einer, der angeblich ein so löchriges Gedächtnis hat, dann mit 65 Jahren noch für drei Jahre zum Generalstaatsanwalt befördert?

Mehrere Personen stellten gegen Manfred Nötzel, Christoph Strötz und Beate Merk in der Affäre »Laborärzte« Strafanzeige wegen Strafvereitelung im Amt (SZ-Bericht vom 1. Dezember 2015). Obwohl doch deren Unschuld anscheinend a priori feststand, musste die Staatsanwaltschaft Hof diese Strafanzeigen »bearbeiten«. Das Ergebnis wurde nicht bekannt, aber es lässt sich denken.

Frank Arloth

Nicht zu vergessen ist schließlich eine in der Öffentlichkeit nahezu unbemerkt gebliebene Personalie: Frank Arloth. Er wurde von Bausback zum Amtschef des Justizministeriums erkoren. Arloth war zeitweise als Ministerbüroleiter der Beate Merk deren engster Mitarbeiter, und deshalb vermutlich auch mit dem Fall Mollath sowie mit anderen »schwierigen« Fällen befasst. In einem im Mitteilungsblatt des Bayerischen Beamtenbundes vom November 2014 abgedruckten Interview führte er das gesunkene Vertrauen in die bayerische Justiz darauf zurück, dass »in den Medien zunehmend personalisiert, skandalisiert und entdifferenziert«

werde. Fürwahr eine einleuchtende Erklärung für den Fall Mollath! Die Medien sind schuld! Damit offenbarte er zugleich, dass er nichts zu ändern gedachte. Man erkennt sofort, dass Frank Arloth bei dieser traditionswahrenden Einstellung die bestmögliche Besetzung als Amtschef und damit oberster Beamter der Justiz war.

Daher nahm es nicht wunder, dass er die Schadensersatzansprüche Mollaths zurückwies, für den Fall eines Prozessvergleichs maximal 170.000 Euro zahlen wollte, hätte nicht das Landgericht München unter Hinweis auf die Rechtslage anders entschieden.

Hans Kornprobst

Nachfolger Nötzels als Leiter der Staatsanwaltschaft München I wurde Hans Kornprobst, sein Stellvertreter seit 2013. Bei der Amtseinführung durch Justizminister Bausback im Februar 2016 postulierte er, dass »nicht gleich jeder Fehler skandalisiert« werden dürfe (SZ-Bericht). Jedenfalls war er, als er noch im Justizministerium war, mit dem Fall Mollath befasst. Eine Landtagseingabe des weggesperrten Mollath vom 20. Juli 2006 zur Verschiebung von Schwarzgeldern durch die HypoVereinsbank in die Schweiz erklärte er gegenüber dem Landtag mit Stellungnahme vom 24. Januar 2007 für unbegründet. Er schrieb: »Die Sachbehandlung der Staatsanwaltschaft vermag ich nicht zu beanstanden.«

Die vorgenannten verdienstvollen Persönlichkeiten stehen in der Nachfolge der unvergessenen Justiz-Größen Hermann Froschauer und Wolfgang Held, die ebenfalls das uneingeschränkte Vertrauen der politischen Spitze genossen – anders als zum Beispiel der unter mysteriösen Umständen ums Leben gekommene Leitende Oberstaatsanwalt Jörg Hillinger, der in der Schreiber-Affäre unnachgiebig auf Ermittlungen und Strafverfahren beharrte.

Erhellende Elogen

Bei feierlichen Akten wie der Amtseinführung oder Verabschiedung eines Gerichtspräsidenten oder Generalstaatsanwalts rühmt ein Justizminister stets deren erlesene Qualität und ihre nimmermüde Hingabe an die Rechtspflege. Die zusammengetrommelten Richter und Staatsanwälte sehen dann, was ein Vorbild ist. Diejenigen, die noch Beförderungschancen haben, erkennen, dass sie diesem Vorbild nacheifern müssen. Diejenigen, die keine mehr haben, wissen, warum sie es nicht so weit gebracht haben, darüber murmeln sie untereinander.

Überraschend ist die aus der Beförderungsauswahl resultierende Einsicht, dass es in der Justiz offenbar nur eine sehr beschränkte Zahl von Persönlichkeiten gibt, die über die erforderlichen Führungsqualitäten verfügen. Wer hätte das gedacht!

Eine teilweise Erklärung hierfür findet sich in Art. 12 des Bayerischen Richtergesetzes. Danach werden die Präsidenten der höchsten Gerichte und die Generalstaatsanwälte vom Kabinett ernannt. Hingegen werden diese in allen anderen Bundesländern vom Landtag gewählt, sodass dort die Eignung des Kandidaten geprüft wird, insbesondere seine Unabhängigkeit. Kein Wunder, dass in Bayern die Präsidenten der höchsten Gerichte und die Generalstaatsanwälte der CSU angehören oder dieser jedenfalls nahestehen. Aufgrund einer Vorlage des Präsidenten des deutschen Richterbundes prüft die EU-Kommission inzwischen diesen Sachverhalt.

Gegenwehr gegen Justizwillkür

Justizwillkür erschüttert die Grundlage der Gesellschaft, es gilt ihr entgegenzutreten. Die Möglichkeiten sind indessen in Bayern sehr begrenzt, häufig gibt es nicht die geringste Chance.

Gerade der Fall Mollath wirft die Frage auf: Wie kann sich ein einzelner Betroffener gegen Justizwillkür wehren?

Geht das Unrecht von einem Gericht aus, bleibt nur die Einlegung eines Rechtsmittels bei einer höheren Instanz. Der letztendliche Gang zum Bundesverfassungsgericht hat nur sehr geringe Erfolgsaussichten, nur eine minimale Zahl der Verfassungsbeschwerden ist erfolgreich, nämlich zwei von hundert. Eine Eingabe an den Landtag wäre vergeblich, da sich der Landtag wegen des Gewaltenteilungsgrundsatzes nicht mit Entscheidungen von Gerichten befasst.

Geht das Unrecht von der Staatsanwaltschaft aus, ist die Beschwerde an die Generalstaatsanwaltschaft möglich, aber sinnlos, wenn diese – wie in den »kritischen« Fällen – die Staatsanwaltschaft vorher dazu angewiesen hat, gegebenenfalls in Absprache mit dem Justizministerium. Die Beschwerdeentscheidung besteht meist nur aus ein paar lakonischen Sätzen, dass alles ordnungsgemäß sei. Sie endet mit der üblichen, gegebenenfalls provokanten Formel: »Damit muss es sein Bewenden haben.«

Wendet sich der Geschädigte nunmehr hoffnungsvoll mit einer Eingabe an den Landtag, wird das Landtagsamt das Justizministerium um eine Stellungnahme ersuchen. Diese wird so ausfallen, dass die Sachbehandlung der Staatsanwaltschaft nicht zu beanstanden sei, der Sachverhalt wird entsprechend dargestellt. Und so wird er dann auch von einem CSU-Abgeordneten im zuständigen Ausschuss vorgetragen. Weil alles schlüssig erscheint, wird der Mitberichterstatter – ein Abgeordneter der Opposition – nichts dagegen sagen können. Und selbst wenn: Dann wird abgestimmt, die Regierungspartei hat die Mehrheit, der Ausschussvorsitzende stellt fest: »Die Eingabe ist mit der Erklärung der Staatsregierung erledigt.« So geschehen zum Beispiel mit einer Eingabe Mollaths und einer späteren Eingabe der »Solidargemeinschaft für Gustl Mollath«. Die Stellungnahme der Justizministerin Beate Merk hatte entscheidende Fakten verschwiegen. Weitere Beispiele ließen sich anführen!

Jetzt aber sucht der Geschädigte sein Heil bei der Presse, er ist überzeugt, diese werde seinen (echten oder vermeintlichen) Skandal sofort aufgreifen. Die Presse ist jedoch keineswegs so begierig, schon gar nicht, wenn es um Akte der Justiz geht, denn die haben den Anschein der Legalität für sich. Wird ein Journalist dennoch tätig, muss er vor einer Veröffentlichung eine Stellungnahme der Justiz einholen. Was deren Pressesprecher sagen, ist klar. Dann unterbleibt der Pressebericht, oder er ist so vorsichtig und nur deskriptiv gehalten, dass alles versandet.

Zu bedenken ist: Wagt sich ein Journalist zu weit vor, riskiert er, bei seinem Chefredakteur in Ungnade zu fallen oder gar seinen Job zu verlieren. Und der Chefredakteur und der Verleger wollen schon gar nicht eine einstweilige Unterlassungsverfügung gegen ihre Zeitung kassieren – das wäre kostenträchtig und rufschädigend.

Aber wie steht es mit der Allgemeinheit, der Öffentlichkeit, ist sie ein letzter Rettungsanker für den Geschädigten? Im Fall Mollath war das so, aber nur deshalb, weil es in langen Kämpfen gelang, über die Medien die Öffentlichkeit wachzurütteln und zu mobilisieren, vor allem aber, weil die Landtagswahl 2013 bevorstand! Im Normalfall nehmen überhaupt nur verhältnismäßig wenige Bürger von einem einschlägigen Zeitungsartikel Kenntnis, dieser wandert zudem am nächsten Tag in die Mülltonne. Und was können die Mitbürger, die sich aufregen, überhaupt tun? So gut wie nichts, denn sie sind nicht organisiert.

Ergo: Wer einer tatsächlichen Justizwillkür ausgesetzt ist, zum Beispiel indem die Staatsanwaltschaft aus sachfremden Motiven ein Strafverfahren einleitet oder wider bessere Erkenntnis aufrechterhält, hat kaum eine Chance. Dass dies den Straftatbestand der Verfolgung Unschuldiger und der Rechtsbeugung erfüllt (§§ 344, 339 Strafgesetzbuch), erschreckt von ihren politischen Oberen angeleitete und gedeckte Generalstaatsanwälte und Staatsanwälte überhaupt nicht. Überdies beruft man sich dann missbräuchlich darauf (so im Fall Mollath), dass nach der heftig umstrittenen Rechtsprechung des Bundesgerichtshofs eine vorsätzliche Rechtsbeugung entgegen dem Gesetzeswortlaut nur dann strafbar ist, wenn der Täter sich »bewusst und in schwerwiegender Weise vom Recht und Gesetz entfernt«. So auch die 7. Strafkammer des Landgerichts Regensburg in ihrem Beschluss vom 24. Juli 2013, mit dem die Wiederaufnahme des Falles Mollath zunächst abgelehnt wurde. Wo bleibt da der Schutz des Bürgers?

Der gebräuchlichste Fall von Justizwillkür ist indessen die Weigerung, gegen eine aus pseudopolitischen Gründen zu schonende Person ein Strafverfahren einzuleiten und durchzuführen. Dies wird dann wahrheitswidrig damit begründet, es gebe »keine ausreichenden Anhaltspunkte für einen Anfangsverdacht« – unter diesem Vorwand wurden die Strafanzeigen Mollaths über die millionenfachen Schwarzgeldverschiebungen der HypoVereinsbank abgeschmettert. Oder es wird wahrheitswidrig behauptet, es gebe »keine weiteren Ermittlungsmöglichkeiten« – unter diesem Vorwand wurden die Geschwister Strauß verschont, als der Autor und sein Anwalt Hildebrecht Braun gegen sie Strafanzeigen u. a. wegen des Verdachts der Steuerhinterziehung stellten, unter Hinweis auf einen vorgelegten internen Prüfbericht der DG-Bank vom 4. April 1994, wonach Franz Josef Strauß einen Betrag von rund 360 Millionen D-Mark auf einem Konto der DG-Bank Schweiz hinterlassen habe (siehe den oben erwähnten gleichartigen Vorwurf des Amtsgerichts bzw. Landgerichts München I gegenüber der Staatsanwaltschaft in der Sache Strauß).

Gegen diese Form der Justizwillkür ist in Bayern kein Kraut gewachsen. Ein Anzeigeerstatter hat, wenn er nicht »Verletzter« ist, kein Rechtsmittel. Er darf froh sein, wenn er nicht wegen falscher Verdächtigung (§ 164 Strafgesetzbuch) belangt oder im Extremfall wie Mollath als querulatorischer Geisteskranker deklariert wird.

Parlamentarische Kontrolle der Justiz

Dass es im vorgeblichen Rechtsstaat Bayern eine politisch induzierte und zu verantwortende Justizwillkür gibt, ist vielen bewusst, zumal Politikern.

Kontrollversuche

Unter Führung des Landtagsabgeordneten Florian Streibl, Sohn des früheren Ministerpräsidenten Max Streibl, brachten die Freien Wähler, als sie noch in der Opposition waren, 2011 im Landtag den Antrag ein, die Staatsregierung (Ministerpräsident war Seehofer) zu verpflichten, dass Weisungen des Justizministeriums an die Generalstaatsanwaltschaften und Staatsanwaltschaften nur noch schriftlich zu ergehen hätten und über die erteilten Weisungen dem Landtag jährlich Bericht zu erstatten sei. Das erklärte Ziel war, die politische Steuerung der Staatsanwaltschaften durch nicht dokumentierte mündliche Weisungen zu unterbinden. Seehofers Regierung wies dies entschieden zurück.

In einer in der zweiten Jahreshälfte 2019 eingebrachten Landtagsanfrage an die Staatsregierung unter Markus Söder wandten sich die Landtagsabgeordneten Martin Hagen (FDP) und Toni Schuberl (Grüne) dagegen, dass die Staatsanwaltschaften gegenüber dem Justizministerium grundsätzlich berichtspflichtig sind, sowie gegen dessen Weisungen an die Staatsanwaltschaften. »Die Zahl von Hunderten Berichten der Staatsanwaltschaften zu einzelnen Verfahren an die Staatsregierung ist besorgniserregend«, so Hagen. Das lege den Verdacht nahe, dass häufig verfahrenslenkend eingegriffen werde und dies »ohne die Kontrolle des Parlaments möglich« sei. Der Abgeordnete Toni Schuberl erhob den Vorwurf: »Der politische Einfluss auf die Justiz ist so intransparent, dass das Parlament keine Chance hat, seine Kontrollrechte wahrzunehmen« (SZ vom 17. Oktober 2019).

Die Staatsregierung konterte: Wenn bayerische Justizminister von ihrem Einzelfallweisungsrecht Gebrauch machten, begründe das noch »keine Gefahr, dass der Anschein der politischen Beeinflussung konkreter Strafverfahren hervorgerufen wird«. (Also: Was nicht sein darf, das nicht sein kann – man leugnet selbst das, was offen zutage liegt.) Zudem sei es ein »unzumutbarer Aufwand«, alle Weisungen schriftlich zu erteilen und sie zu registrieren (ebd).

Eine Kontrolle durch Einsichtnahme in die Ermittlungsakten eines Falles scheitert weitgehend daran, dass heikle Schriftstücke den staatsanwaltschaftlichen Nebenakten beigefügt werden, insbesondere die Berichte »nach oben«. Die Rechtsanwälte haben nur das Recht, die Ermittlungsakten einzusehen. Hinzu kommt, dass Aktenseiten eventuell einfach umpaginiert werden, ja sogar erst nachträglich zusammengestellt werden. Das sogenannte Transparenzgebot geht damit ins Leere.

Straffreiheit für falsche Aussagen

Die parlamentarische Kontrolle der Justiz wie überhaupt der gesamten Staatsregierung wird überdies dadurch vereitelt, dass der Regierung genehme unwahre Aussagen und Angaben gegenüber dem Landtag, zumal in einem Untersuchungsausschuss, nicht geahndet werden. Diese Zeugen, zumeist höhere Beamte, genießen – man kann sagen als ständige Praxis – faktisch Straffreiheit! Umgekehrt muss sich derjenige vorsehen, der Aussagen und Angaben macht, die wahr sind, aber von der Regierung bestritten werden, gegebenenfalls unter Aufbietung anderer Zeugen.

Wegen falscher, teilweise haarsträubender Aussagen vor dem Haderthauer-Untersuchungsausschuss erstattete der Richter a. D. Dr. Dieter Eckermann, als Anwalt Rechtsberater der Freien Wähler, gegen mehrere Zeugen Strafanzeigen. Die Begründungen des langjährigen früheren

Richters hatten Hand und Fuß. Dennoch wies die Staatsanwaltschaft sämtliche Strafanzeigen zurück, sicher mit Rückendeckung »von oben«.

In der Sache Mollath machte der Nürnberger Generalstaatsanwalt Hasso Nerlich im Rechtsausschuss des Landtags eine Reihe unwahrer Angaben (siehe W. Schlötterer, Wahn und Willkür, Taschenbuchausgabe S. 387 f., S. 399 ff.). Ebenso Roland Jüptner, Präsident des Landesamts für Steuern. Er gab an, über einen skandalösen Telefonanruf des Richters Brixner bei der Steuerfahndung – Brixner stellte Mollath als wirren Querulanten hin – gebe es keinen Aktenvermerk. Doch dann stellte sich heraus, dass er kurz zuvor in einem Bericht an das Finanzministerium sogar zwei solcher Aktenvermerke präsentiert hatte. Die Landtagsopposition war über Nerlich und Jüptner empört, verlangte in ihrem Untersuchungsausschuss-Bericht ihre Entfernung aus dem öffentlichen Dienst. Beamte haben eine Wahrheitspflicht gegenüber staatlichen Organen, erst recht gegenüber dem Parlament. Ein Verstoß dagegen ist ein Dienstvergehen. Doch weder die Justizministerin Merk noch der Finanzminister Söder leiteten ein Disziplinarverfahren ein.

Quintessenz: Wer zugunsten der Regierung lügt, hat nichts zu befürchten! Dies ist ein weiterer Beweis dafür, dass sich – so widersprüchlich dies zu sein scheint – ein Unrechtssystem in einer Demokratie, die der Freistaat Bayern weiterhin ist, fest etablieren kann.

Erinnert sei an die Erkenntnis des griechischen Philosophen und Historikers Thukydides, der bereits ca. 400 v. Chr. feststellte:

> *»Recht und Gerechtigkeit gibt es nur zwischen Starken: Sonst werden die Starken erreichen, was sie wollen, und die Schwachen werden erleiden, was sie müssen.«*

Wenn die Abläufe so programmiert sind wie hierzulande, dann ist klar, wer stark ist und wer schwach, wer obsiegt und wer auf der Strecke bleibt.

Ethik in der Psychiatrie

Der Fall Mollath zeigt, wie es möglich ist, mithilfe der Psychiatrie Menschen auszuschalten, indem man sie als geisteskranke Querulanten hinstellt, nur weil sie schweres Unrecht nicht hinnehmen wollen. Psychiatrisierung ist eine häufig von Privatleuten benutzte heimtückische Waffe, die kaum abzuwehren ist, wenn sich willige oder leichtfertige Helfer finden, zumal psychiatrische Sachverständige ... Aber wenn staatliche Amtsträger sich solcher Mittel bedienen oder Hilfestellung dabei leisten, dann muss die Öffentlichkeit schärfste Sanktionen einfordern, Haftung und Bestrafung. Der Fall Mollath und der Fall der vier hessischen Steuerfahndungsbeamten, die zur Amtszeit des Ministerpräsidenten Roland Koch wegen angeblicher Paranoia zwangspensioniert wurden, nachdem sie bei verschiedenen Großbanken riesige Schwarzgeldverschiebungen aufgedeckt hatten, sind Paradebeispiele.

Die renommierte wissenschaftliche Walter-von-Baeyer-Gesellschaft für Ethik in der Psychiatrie unter der Leitung von Dr. Weinberger und Prof. Dieckhöfer tritt seit Langem Gutachten psychiatrischer Sachverständiger entgegen, die unter Überschreitung der anerkannten Grundregeln der Psychiatrie Diagnosen und Prognosen stellen. In ihren Veröffentlichungen hat sie dies den Gutachtern Hans-Ludwig Kröber (Berlin), Friedemann Pfäfflin (Ulm), Hans-Jürgen Möller (München), Klaus Leipziger (Bayreuth) und Thomas Holzmann (Frankfurt) vorgehalten. Deren Votum war für die Betroffenen verheerend. Dass jemand den Professorentitel führt oder gar als Koryphäe gilt, ist für sich allein weder ein Qualitäts- noch ein Glaubwürdigkeitsnachweis. Das ist inzwischen erwiesen. Die jeweiligen Motive seien hier dahingestellt.

Der Fall Mollath förderte einen weiteren ungeheuren Skandal zutage: In Bayern wurden bisher doppelt so viele Menschen in die Psychiatrie zwangsweise eingewiesen wie im Durchschnitt aller anderen Bundesländer! Doppelt so viele! Das bedeutet, dass die Hälfte dieser Unglücklichen augenscheinlich ohne Notwendigkeit ihrer Freiheit beraubt wurde.

Elegische Betrachtung

Der Fall Mollath ist nur vergleichbar mit der Affäre Dreyfus, die 1894 und in den Jahren danach als schwerste innenpolitische Krise ganz Frankreich erschütterte (Roman Polanski verfilmte die Affäre unter dem Titel *J'accuse*, er erhielt dafür 2019 den Großen Preis der Jury des Filmfestivals von Venedig). Der jüdische Hauptmann Alfred Dreyfus, Mitglied des Generalstabs, war wegen des Verdachts, er habe ein militärisches Geheimnis an das deutsche Kaiserreich verraten, von einem Kriegsgericht zur Verstoßung aus der Armee und lebenslanger Verbannung auf eine Strafinsel vor der Küste Südamerikas verurteilt worden. Das Urteil war ein Justizirrtum. Der Chef des militärischen Geheimdienstes, der Oberst Georges Picquart, deckte auf, dass Dreyfus unschuldig war. Er entlarvte den wahren Täter, einen Ungarn. Picquart setzte sich mit aller Kraft für die Freilassung und Rehabilitierung Dreyfus' ein, stieß aber auf gewaltigen Widerstand und wurde selbst mit Versetzung und Gefängnishaft abgestraft. Der Dichter Emile Zola, der öffentlich den Dreyfus-Skandal mit seinem berühmten Artikel »J'accuse« anprangerte, musste vor einer drohenden Haftstrafe nach England fliehen.

Nach vier Jahren wurde Dreyfus von der Strafinsel zurückgeholt, es fand ein neuer Prozess statt. Doch das Kriegsgericht erklärte ihn wiederum für schuldig, weil es den eigenen früheren Irrtum nicht eingestehen wollte. Dreyfus wurde zu zehn Jahren Festungshaft verurteilt, jedoch begnadigt. 1906 wurde er endgültig rehabilitiert, zum Major befördert und in einer ehrenvollen Zeremonie als Ritter in die Ehrenlegion aufgenommen. Der Oberst Picquart, der so sehr für Dreyfus gekämpft hatte, wurde zum General befördert. Ministerpräsident Georges Clemenceau ernannte ihn schließlich zum Kriegsminister.

In der Spitze der bayerischen Justiz gab es keinen Oberst Picquart. Im Justizministerium war kein Einziger, der sich für die Freilassung Molaths eingesetzt hätte. Im Gegenteil, alle diese Beamten waren beflissen allein der Justizministerin zu Diensten, besonders augenfällig im Landtag, wenn sie in schwarzen oder dunkelblauen Nadelstreifenanzügen mit Aktendeckeln »Bayer. Staatsministerium der Justiz« hilfsbereit herumsaßen – scheinbar in treuer Erfüllung ihres Beamteneids, der sie zur Wahrung der Gesetze und der Verfassung verpflichtete. Sie bemerkten offenbar nicht, wie penetrant sie dabei wirkten. Wo blieb da die Selbstachtung?

Und was tat der sonst so rührige Politiker Markus Söder für seinen Nürnberger Mitbürger Gustl Mollath? Nichts! Oder der sich so rechtsstaatlich gebende Mittelfranke Joachim Herrmann? Nichts! Günther Beckstein war, wie erwähnt, ohnehin anders ausgerichtet. Was Herrmann anbetrifft, so hielt diesem der Grünen-Abgeordnete Sepp Dürr im Schottdorf-Untersuchungsausschuss zu Recht vor, dass er es als Dienstherr zugelassen hatte, dass gegen zwei korrekte Beamte des Landeskriminalamts bis zu zweieinhalb Jahre lang ergebnislos strafrechtlich und disziplinarrechtlich ermittelt wurde.

Den Vorwurf, dass Mollath das Opfer eines Verbrechens wurde, habe ich in vielen Versammlungen und Interviews erhoben, die Bestrafung der Schuldigen fordernd. Die Presse berichtete darüber unübersehbar (zum Beispiel: *tz* vom 22. Juli 2013, *Spiegel Online* am 6. August 2013, *Augsburger Allgemeine* vom 8. September 2013, *Nürnberger Nachrichten* und *Mainpost* vom 11. September 2013, *Mittelbayrische Zeitung* vom 5. April 2014). Doch weder von der Staatsregierung noch von der Justiz kam je ein Widerspruch. In einer Podiumsdiskussion in der Chirurgischen Universitätsklinik München war sogar ein Oberstaatsanwalt als Vertreter des Justizministers Bausback zugegen, als ich wiederum diesen Vorwurf erhob und ihn auch begründete! Wenn man hierzu schwieg, wusste man schon, warum.

Bei einer großen Veranstaltung in Ansbach am 9. September 2013 anlässlich seiner Freilassung appellierte Gustl Mollath an das Publikum:

»Nehmen Sie zur Kenntnis, was in diesem Land geschieht!« Starker Beifall. Ebenfalls in Ansbach, am 11. Januar 2016, gab Justizminister Bausback persönlich, wie die SZ berichtete, 50 Flüchtlingen einen Crashkurs zur Einführung ins deutsche Rechtssystem. »Einig sein, Recht achten, Freiheit leben. So funktioniert der deutsche Rechtsstaat«, klärte er auf. Aber wie ist das in Bayern?

Die geschilderte spezielle Funktionsweise des bayerischen Rechtsstaats ist das unbestreitbare Verdienst von Franz Josef Strauß, Edmund Stoiber, Horst Seehofer, Markus Söder und ihrer Justizminister (ausgenommen Justizminister Alfred Sauter).

Am 15. Oktober 2015 erklärte Horst Seehofer im Bayerischen Landtag, nie in seiner gesamten politischen Laufbahn hätte er gedacht, dass er als bayerischer Ministerpräsident gezwungen sein könnte, »den Rechtsstaat vom Kopf wieder auf die Füße zu stellen«. Das bezog sich aber nur auf die Flüchtlinge und als Vorwurf vor allem auf die Bundeskanzlerin, nicht etwa auf Bayern.

Wie jubelt doch Horst Seehofer immer wieder: »Bayern ist ein Premiumland, Bayern ist die Vorstufe zum Paradies.« Gegen Ende seiner Amtszeit als Ministerpräsident ließ er die Vorstufe weg, es war nunmehr bereits das Paradies.

Sein Nachfolger Markus Söder, kaum war er Ministerpräsident, dekretierte im Landtagswahlkampf als christliche Propagandawaffe – unter scharfer Missbilligung des Kardinals Reinhard Marx und des evangelischen Landesbischofs Heinrich Bedford-Strohm –, dass ab 1. Juni 2018 im Eingangsbereich aller staatlichen Gebäude ein Kreuz aufzuhängen sei – »als sichtbares Bekenntnis zu den Grundwerten der Rechts- und Gesellschaftsordnung in Bayern«. Sogar im Büro des Ministers Bausback »im Justizpalast hängt ein Kreuz, eher eine moderne Darstellung«, berichtete die Presse. Ja, hierzulande geschah und geschieht alles im Zeichen des Kreuzes. Der Fall Mollath und viele andere der Öffentlichkeit verborgen gebliebene Fälle beweisen es.

Literaturverzeichnis

Maria Fick, Die Rolle der Ärzte im Fall Gustl Mollath, in: Sascha Pommrenke/ Marcus B. Klöckner (Hg.), Staatsversagen auf höchster Ebene. Was sich nach dem Fall Mollath ändern muss, Frankfurt/Main 2013, S. 102–109.

Ernst Fricke, »Gut Ding braucht Weile« – der Rechtsstaat, die Öffentlichkeit und die Kritik an der Justiz, in: ebenda, S. 59–74.

Uwe Ritzer, Olaf Przybilla, Die Affäre Mollath – der Mann, der zu viel wusste, München 2013

Martin Runge, Der Politik- und Justizskandal Mollath – Streiflichter aus dem Untersuchungsausschuss des Bayerischen Landtags und politische Forderungen, in: ebenda, S. 41–51.

Hans See, Gustl Mollath und das Bankensystem – über Wirtschaftsmacht und Menschenrechte, in: ebenda, S. 147–155.

Wilhelm Schlötterer, Macht und Missbrauch. Franz Josef Strauß und seine Nachfolger. Aufzeichnungen eines Ministerialbeamten, München 2009.

Wilhelm Schlötterer, Wahn und Willkür. Strauß und seine Erben oder Wie man ein Land in die Tasche steckt, München 2015.

Gerhard Strate, Der Fall Mollath. Vom Versagen der Justiz und Psychiatrie, Zürich 2014.

Bradley Birkenfeld

Des Teufels Banker

Schweizer Nummernkonten und Offshore-Vehikel – Bradley Birkenfeld war Meister im Spiel um Millionen. Für die Schweizer Großbank UBS jettete er um die Welt, traf sich mit den Schönen und Reichen und half, deren Vermögen vor den Steuerbehörden oder den Ehe- und Geschäftspartnern zu verbergen. Als er Wind davon bekam, dass ihn die UBS als Sündenbock opfern wollte, brach er sein Schweigen und wandte sich als Whistleblower an die US-Regierung. Das Justizministerium versuchte, ihn mundtot zu machen. Doch Birkenfeld ließ sich nicht einschüchtern und gab seine Informationen weiter und verursachte Steuernachzahlungen von bisher 15 Milliarden Dollar und letzten Endes zum Fall des Schweizer Bankgeheimnisses. Dafür nahm er sogar 30 Monate Gefängnis in Kauf. Hier erzählt Bradley Birkenfeld erstmals die wahre Geschichte und gibt einen einmaligen und gleichsam schockierenden Einblick in eine Welt, in der Diskretion alles bedeutet.

352 Seiten | Hardcover | 24,99 € (D) | ISBN 978-3-95972-050-2

Utz Claassen, Ralph Guise-Rübe

Überlastet, überfordert, überrannt

In einer Zeit, die so schnelllebig ist wie nie zuvor, hält Deutschland in naiver Nostalgie an einem schwerfälligen Verwaltungsapparat fest, der in der Welt seinesgleichen sucht. Unterdessen sind Gerichte überlastet, Richter überfordert, die Justiz wird buchstäblich überrannt. Utz Claassen, einer der erfolgreichsten und streitbarsten Manager, und Ralph Guise-Rübe, Richter und Präsident des Landgerichts Hannover, diskutieren kontrovers die drängendsten Fragen unserer Gegenwart: Wie wurde aus Diskussionskultur bloße Meinungsmache? Ist unser Justizapparat den Herausforderungen noch gewachsen? Oder steht der Rechtsstaat kurz vor dem Zusammenbruch?

272 Seiten | Hardcover | 22,99 € (D) | ISBN 978-3-95972-348-0

Daniel Stelter

Das Märchen vom reichen Land

Wir leben in Deutschland in der scheinbar besten aller Welten, doch schon bald werden wir feststellen, dass wir nicht das reiche Land sind, das uns Medien und Politik glauben machen wollen. Denn der Boom der hiesigen Wirtschaft ist in erster Linie eine Folge der tiefen Zinsen, des schwachen Euro und des Verschuldungsexzesses im Rest der Welt. Um unseren Wohlstand zu sichern, müssten die regierenden Politiker den aktuellen Aufschwung nutzen, um in Infrastruktur, Bildung und Digitalisierung und somit in die Zukunft des Landes zu investieren. Doch stattdessen werfen sie das Geld für höhere Renten und Sozialausgaben zum Fenster raus. In seinem neuen Buch zeigt Daniel Stelter: Wenn wir weitermachen wie bisher, wird nicht nur unsere Wirtschaftskraft in den kommenden Jahren rapide sinken, sondern nachfolgende Generationen werden die finanziellen Lasten, die uns heutige Politiker aufbürden, nicht stemmen können. Es droht der volkswirtschaftliche Kollaps.

256 Seiten | Hardcover | 22,99 € (D) | ISBN 978-3-95972-153-0

Jürgen Michael Schick, Josef Girshovich

Der Eigentumsskandal

Der Traum vom Eigenheim – für viele Deutsche liegt seine Verwirklichung in weiter Ferne. Mehr als die Hälfte aller Menschen in unserem Land lebt zur Miete. Damit bildet unsere Nation eines der Schlusslichter im europäischen Vergleich. Auf staatliche Unterstützung bei der Finanzierung von Wohneigentum hoffen Mieter oft vergeblich. Stattdessen wird viel für die Erhaltung des Status quo getan und der Zugang zu Finanzierungsmöglichkeiten wird zunehmend erschwert. Jürgen Michael Schick, Präsident des IVD Immobilienverbands, und Josef Girshovich, Gesellschafter von PB3C, zeigen in diesem Buch, warum die Förderung von Wohneigentum gerade in Deutschland eine der besten Investitionen in die Zukunft ist.

192 Seiten | Hardcover | 19,99 € (D) | ISBN 978-3-95972-104-2